| 职业教育创新融合系列教材

混合动力汽车结构原理与维修

▶▶

崔亚楠　郑为民　主编

HUNHE DONGLI
QICHE
JIEGOU YUANLI
YU WEIXIU

化学工业出版社

·北京·

内容简介

本书以能力为本，以工作过程为导向，采用项目教学的方式组织内容，每个项目精心设计，内容层层递进，环环相扣。本书总共有七个项目，详细介绍了混合动力汽车动力系统各个系统的组成、工作原理与检修办法，注重理论与实践结合，针对性强，实用性强。为方便教学，本书配套电子课件等资源。

本书可作为职业院校汽车专业和新能源汽车专业相关课程的教材，也可作为相关技术人员、汽车维修人员的培训用书。

图书在版编目（CIP）数据

混合动力汽车结构原理与维修/崔亚楠，郑为民主编. —北京：化学工业出版社，2024.3
ISBN 978-7-122-43514-9

Ⅰ.①混… Ⅱ.①崔… ②郑… Ⅲ.①混合动力汽车-构造-职业教育-教材②混合动力汽车-车辆检修-职业教育-教材 Ⅳ.①U469.7

中国国家版本馆CIP数据核字（2023）第087635号

责任编辑：韩庆利　　　　　　　　　　　文字编辑：蔡晓雅
责任校对：王鹏飞　　　　　　　　　　　装帧设计：史利平

出版发行：化学工业出版社（北京市东城区青年湖南街13号　邮政编码100011）
印　　刷：三河市航远印刷有限公司
装　　订：三河市宇新装订厂
787mm×1092mm　1/16　印张17¾　字数443千字　2024年4月北京第1版第1次印刷

购书咨询：010-64518888　　　　　　　　售后服务：010-64518899
网　　址：http://www.cip.com.cn

凡购买本书，如有缺损质量问题，本社销售中心负责调换。

定　　价：55.00元　　　　　　　　　　　　　　　　　　　　版权所有　违者必究

前言

汽车是一种非常普及的交通工具，越来越广泛地融入了人们的生活。当今我国已经成为世界第一汽车生产和销售大国。随着汽车保有量的急剧增长，传统的内燃机汽车在促进社会繁荣与进步的同时，也给人类的生存环境带来严重的危害，环境保护已经上升到法律法规的范畴。另外世界上石油储量也日益短缺，迫使人们积极开发节能环保的新能源汽车，新能源汽车已是世界汽车发展的潮流。

目前，从市场表现来看，混合动力汽车是新能源汽车的主力军，混合动力汽车在结构、原理上与传统汽车差别很大，混合动力汽车除了常规的内燃机汽车零部件外还有电池、电机驱动系统两套系统。它不仅保持传统汽车的优越性，同时还具备电动车的节能环保特性。所以无论是从结构上还是控制上，混合动力汽车都比传统内燃机汽车复杂得多，这对汽车维修人员提出了更高的要求。为了满足越来越多的职业院校开设混合动力汽车结构原理与维修课程的需要，为了适应并推动高等职业教育的发展，使所培养的汽车维修技术人员能尽快掌握混合动力汽车的结构特点和维修技术，编者联合了相关专业院校和维修企业的专家和技术人员共同编写了本书。

本书以能力为本，以工作过程为导向，采用项目教学的方式组织内容，每个项目精心设计，内容层层递进，环环相扣。本书总共有七个项目，主要内容包括：混合动力汽车的总体认识，混合动力汽车的高压电安全防护，混合动力汽车动力电池系统的维修，混合动力汽车电机驱动系统的维修，混合动力汽车变速器的维修，混合动力汽车控制系统的维修，电动水泵和电动空调压缩机的维修。本书详细介绍了混合动力汽车动力系统各个系统的组成、工作原理与检修办法，注重理论与实践结合，针对性强，实用性强。

由于内燃机汽车的相关教材和资源已经非常成熟，本书内容只包含混合动力汽车与内燃机汽车不同的部分，发动机部分、底盘部分、电气设备部分相对来说自成体系，读者可以参考内燃机汽车相关书籍进行学习。另外，混合动力汽车车型种类繁多，考虑到现在丰田混合动力车型是市场上的主流车型，所以本书多以丰田混合动力车型展开，在知识拓展部分对其他车型进行补充。

本书建议使用方法如下。

（1）使用顺序

由于本书很多内容是建立在传统内燃机汽车基础上开展的，所以编者建议使用本书学习的读者最好在学习完常规内燃机汽车的电气设备构造与维修、汽车构造与维修、汽车电控系统结构与维修等内容之后再进行本书内容的学习。

（2）使用方法

针对当今高等职业教育学生的特点，本书内容文字简练，图文并茂，通俗易懂。本书按照"项目导入—相关知识—项目实施与评价—项目小结—思考与练习"这一思路进行编排，采用理实一体化的方式进行教学。

(3) 课时建议

根据本书的内容，建议参考学时为 96，各个项目的学时分配如下表所示。

项　　目	课程内容	学时安排 （理论、实训一体化）
项目一	混合动力汽车总体认识	4
项目二	高压电气安全防护与系统故障诊断	8
项目三	动力电池系统结构原理与维修	12
项目四	电机驱动系统结构原理与维修	24
项目五	传动系统原理与维修	16
项目六	控制系统结构原理与维修	24
项目七	辅助系统结构原理与维修	8
总　　计		96

本书由广州华夏职业学院崔亚楠、郑为民主编，广州华夏职业学院王利波、广州科技职业技术大学雷源春副主编。参加本书编写的还有：广州科技职业技术大学张晓东；广东省岭南工商第一技师学院邓思聪；中国一汽奔腾梅州腾辉 4S 店、中国一汽红旗广东腾辉 4S 店总经理魏相权；河源市深业汽车贸易有限公司蓝考军；广东工贸职业技术学院侯益坤、王锋、刘文苹、彭鹏峰；广州铁路职业技术学院郑毅；广东机电职业技术学院岳江、姜海燕；广州工程技术职业学院产文良、徐立平；广州欧纬德教学设备技术有限公司龙纪文；大昌行汽车控股有限公司深圳分公司李润如；广东省翁源县中等职业技术学校廖燕辉；广州蓼江汽车维修中心梁泽民；广州华夏职业学院车辆与自动化教研团队解福泉、李金泉、高馨月、郭平、骆孟波、刘学文、邱志兴、邝武军、刘海鹏、李颖姗、潘秀丽、陈金鑫、曹惠红、任兴贵、孙宏洁、刘婉如等。

本书编撰过程中得到广州华夏职业学院、广东省岭南工商第一技师学院、广东工贸职业技术学院、广州科技职业技术大学、广东机电职业技术学院、广州工程技术职业学院、广州铁路职业技术学院、广东省翁源县中等职业技术学校、广州欧纬德教学设备技术有限公司、中国一汽奔腾梅州腾辉 4S 店、（丰田）深业实业有限公司、中国电器科学研究院股份有限公司、蓼江汽车维修中心的专家、工程师和技师的大力支持！在此向所有对本书编写有帮助的各位同仁致以诚挚的感谢。

由于本书内容涉及新技术、新工艺、新材料和新观点，范围较广，一些新技术尚处于发展阶段，发展速度日新月异，且编者水平有限，故此书中的内容难免有不完善之处和出稿后的技术更新，亦恳请各位专家读者不吝赐教，以备再版。

编　者

目录

项目一　混合动力汽车总体认识 —— 1
- 一、项目导入 …… 1
- 二、相关知识 …… 2
  - (一) 混合动力汽车的特点 …… 2
  - (二) 混合动力汽车的基本组成 …… 2
  - (三) 混合动力汽车的类型 …… 3
  - (四) 混合动力汽车的结构与工作原理 …… 6
  - (五) 混合动力汽车的结构与工作原理实例 …… 12
- 三、项目实施与评价 …… 20
  - (一) 实施要求 …… 20
  - (二) 实施步骤 …… 21
- 四、知识与技能拓展 …… 24
- 五、项目小结 …… 26
- 思考与练习 …… 27

项目二　高压电气安全防护与系统故障诊断 —— 28
- 一、项目导入 …… 28
- 二、相关知识 …… 29
  - (一) 高压电危险和急救常识 …… 29
  - (二) 混合动力汽车高压电有关安全标准制定情况 …… 32
  - (三) 混合动力汽车高压电系统故障分析与安全防护 …… 33
  - (四) 丰田混合动力汽车高压电系统防护措施 …… 39
  - (五) 混合动力汽车高压电系统维修安全操作规程 …… 42
- 三、项目实施与评价 …… 44
  - (一) 实施要求 …… 44
  - (二) 实施步骤 …… 44
- 四、知识与技能拓展 …… 50
- 五、项目小结 …… 54
- 思考与练习 …… 55

项目三　动力电池系统结构原理与维修 —— 56
- 一、项目导入 …… 56
- 二、相关知识 …… 57
  - (一) 动力电池的概述 …… 57
  - (二) 典型动力电池的结构与工作原理 …… 60
  - (三) 混合动力汽车电池系统组成 …… 83
- 三、项目实施与评价 …… 88
  - (一) 实施要求 …… 88
  - (二) 实施步骤 …… 88
- 四、知识与技能拓展 …… 93
  - (一) 搭载太阳能电池板的普锐斯混合动力汽车 …… 93
  - (二) 丰田超级电容技术混动勒芒赛车 …… 94
  - (三) PSA Hybrid Air 空气混合动力系统 …… 94
- 五、项目小结 …… 96
- 思考与练习 …… 96

项目四　电机驱动系统结构原理与维修 —— 97
- 一、项目导入 …… 97
- 二、相关知识 …… 98
  - (一) 电动机的概述 …… 98
  - (二) 典型电动机的结构与工作原理 …… 100
  - (三) 混合动力汽车电机驱动系统组成 …… 111
- 三、项目实施与评价 …… 118

（一）实施要求 …………………… 118
　　（二）实施步骤 …………………… 119
　四、知识与技能拓展 ………………… 135
　　（一）比亚迪四驱混合动力驱动系统 …… 135
　　（二）讴歌 Sport Hybrid SH-AWD 电机

　　　四驱系统 ………………………… 137
　　（三）奥迪 Q5 混合动力车辆电机驱动
　　　系统 …………………………… 138
　五、项目小结 ………………………… 141
　思考与练习 …………………………… 141

项目五　传动系统原理与维修 ————————————————— 142

　一、项目导入 ………………………… 142
　二、相关知识 ………………………… 143
　　（一）混合动力汽车变速器的功能 ……… 143
　　（二）混合动力汽车变速器的分类 ……… 143
　　（三）混合动力汽车变速器的结构 ……… 146
　　（四）混合动力汽车变速器的工作原理 … 150
　三、项目实施与评价 ………………… 159
　　（一）实施要求 …………………… 159
　　（二）实施步骤 …………………… 160
　四、知识与技能拓展 ………………… 198
　五、项目小结 ………………………… 200
　思考与练习 …………………………… 200

项目六　控制系统结构原理与维修 ————————————————— 201

　一、项目导入 ………………………… 201
　二、相关知识 ………………………… 202
　　（一）混合动力汽车控制系统主要零
　　　部件的功能 …………………… 202
　　（二）混合动力汽车控制系统工作原理 … 204
　三、项目实施与评价 ………………… 218

　　（一）实施要求 …………………… 218
　　（二）实施步骤 …………………… 218
　四、知识与技能拓展 ………………… 256
　五、项目小结 ………………………… 259
　思考与练习 …………………………… 259

项目七　辅助系统结构原理与维修 ————————————————— 260

　一、项目导入 ………………………… 260
　二、相关知识 ………………………… 261
　　（一）电动水泵 …………………… 261
　　（二）电动压缩机空调系统 ……… 263
　三、项目实施与评价 ………………… 268

　　（一）实施要求 …………………… 268
　　（二）项目实施 …………………… 268
　四、知识与技能拓展 ………………… 274
　五、项目小结 ………………………… 275
　思考与练习 …………………………… 276

参考文献 ————————————————————————————— 277

项目一
混合动力汽车总体认识

 思维导图：

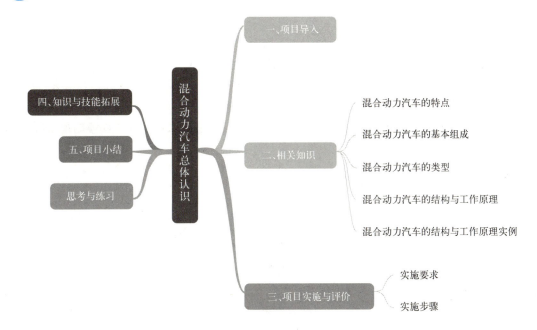

一、项目导入

当今，节能与环保已经成为整个汽车行业关注的核心，因此新能源汽车在全球范围都得到大力发展。从目前的新能源汽车市场来看，纯电动汽车和混合动力汽车是主流车型。纯电动汽车的优点是零排放、能源效率高。混合动力汽车是传统燃油汽车和纯电动汽车的折中，混合动力汽车集传统汽车性能良好、行驶里程长和纯电动汽车低排放、高能源利用率及再生制动能量回收等诸多优点于一身。

本项目通过对混合动力汽车特点、混合动力汽车的分类、结构和工作原理等内容进行介绍，使读者初步认知和了解上述各方面相关知识，并通过混合动力汽车总体认识实训和维修注意事项讲解，为后面的混合动力汽车维修打下基础。

知识目标：

① 了解混合动力汽车的特点；
② 掌握混合动力汽车的定义、分类和结构；

③ 理解混合动力汽车的工作原理；
④ 了解目前混合动力系统的主流代表技术。

能力目标：
① 能指出混合动力系统零部件位置；
② 能说出混合动力系统零部件的名称与作用。

素质目标：
① 培养独立工作能力和团队合作能力；
② 培养良好的沟通、协调能力和表达能力。

二、相关知识

根据国际电工学会（IEC-International Electrotechnical Commission）第69届技术委员的定义，混合动力汽车（hybrid electrical vehicle，简称HEV）是指"从两个或两个以上不同类型的能量源、能量存储器或转换器（其中至少有一种为电能）获得驱动能量的汽车"。由于油电混合动力汽车是目前发展的代表车型，所以通常所说的混合动力汽车是指以传统内燃机和电机为动力的混合动力汽车。本书所提到的混合动力汽车在没有特殊说明的情况下均指油电混合动力汽车。

（一）混合动力汽车的特点

1. 优点

采用复合动力后可按平均需用的功率来确定内燃机的最大功率，此时汽车处于油耗低、污染小的最优工况。需要大功率而内燃机功率不足时，由电池来补充；负荷小时，富余的内燃机功率可给电池充电，由于内燃机可持续工作，电池又可以不断得到充电，故其行程和普通汽车一样。混合动力汽车具备以下优点：

① 因为有了电池，可以十分方便地回收制动时、下坡时、怠速时的能量。
② 在繁华市区，可关停内燃机，由电池单独驱动，实现"零"排放。
③ 有了内燃机可以十分方便地解决耗能大的空调、取暖、除霜等纯电动汽车遇到的难题。

④ 可以利用现有的加油站加油，不必再投资。
⑤ 可让电池保持在良好的工作状态，不发生过充、过放的情况，延长其使用寿命，降低成本。

2. 缺点

① 混合动力汽车除了常规的发动机系统外还有电池、电机和与之配套的电控系统，再加上发动机和电池、电机的协调控制系统，使得混合动力汽车结构和控制更为复杂，维修成本和保养成本也更高。
② 混合动力汽车虽然比内燃机汽车在排放上有着非常大的提高，但不能完全做到"零"排放。

（二）混合动力汽车的基本组成

由于混合动力汽车在结构上与传统内燃机汽车只是在动力传动系统结构上不同，所以本书只对混合动力汽车的动力传动系统进行讲解，制动系统、转向系统、行驶系统请参考相关书籍。

动力传动系统是混合动力汽车上用于存储、转化和传递能量并使汽车获得运动能力的所有部件的总称，如图 1-1 所示，具体包括车载能量源、动力装置、传动系统和辅助系统四部分。

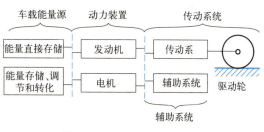

图 1-1　混合动力汽车基本组成

1. 车载能量源

用于能量存储或进行能量的初始转化以向动力装置直接供能的所有部件的总称，由能量直接存储装置或能量存储、调节和转化装置组成，包括汽油和储能电池。

2. 动力装置

用于把其他形式的能量转化为机械动能的装置，并直接作为传动系统的输入，包括发动机和电机。

3. 传动系统

用于调节和传递动力装置输出的动力，使之与汽车行驶时驱动轮要求的理想动力达到较好匹配的所有部件的总称，具有减速、变速、倒车、中断动力、轮间差速和轴间差速等功能。传动系统与动力装置配合工作，能保证汽车在各种工况条件下正常行驶，并具有良好的动力性和经济性，混合动力汽车的传动系统为传统变速器和电机的复合装置。

4. 辅助系统

用于从动力装置中获取动力，区别于直接驱动车辆，主要用于维持汽车良好的操控特性、舒适性等的所有部件的总称，如转向助力系统、制动助力系统、空调系统和辅助电气系统等。表 1-1 为混合动力汽车、纯电动汽车和内燃机汽车的基本组成对比。

表 1-1　混合动力汽车、纯电动汽车和内燃机汽车的基本组成对比

组成要素	混合动力汽车	纯电动汽车	内燃机汽车
能量补给方式	从电网充电或者发动机发电	从电网充电	从加油站加油
车载能量源	动力电池组+油箱	动力电池组	油箱
动力装置	发动机+电机	电机	发动机
传动系统	电机和变速器的复合装置	电机（固定减速比传动装置）	变速器
辅助系统	车身电气、低压供电、电动水泵、电动助力制动、电动空调和电动转向等	电池冷却系统、车身电气、低压供电、电动助力制动、电动空调和电动转向等	车身电气、低压供电、制动、空调和转向等

（三）混合动力汽车的类型

1. 按照结构分类

（1）串联式混合动力汽车（SHEV）

如图 1-2 所示，串联式混合动力汽车由发动机驱动交流发电机发电，通过变频器和蓄电池再驱动交流电动机和车轮运转行驶，电动机是驱动汽车前行的唯一动力源。

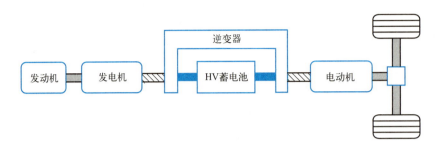

图 1-2 串联式混合动力汽车的基本结构

▨—电力路径（AC）；■—电力路径（DC）；▨—机械动力路径

该结构有以下优点：

① 全部动力来自驱动电机，而电机具有低速恒扭矩和高速恒功率输出特性，非常适合于汽车的行驶条件，使汽车加速性能得到提高；

② 发动机与汽车驱动轮之间无机械连接，具有独立于汽车行驶工况对发动机进行控制的优点，使发动机可稳定于高效区或低排放区附近工作；

③ 该结构尤其适合于难与驱动轮进行机械连接的高效发动机。

该结构有以下缺点：

① 串联式 HEV 动力传动系统的综合效率较低，这是因为发动机输出的机械能由发电机转化为电能，再由电动机将电能转化为机械能用来驱动汽车，途经两次能量转换，中间必然伴随能量损失；

② 它的动力总成，发动机、发电机和电动机也会给系统总布置带来困难并使成本增加。

(2) 并联式混合动力汽车（PHEV）

如图 1-3 所示，并联式混合动力汽车可以通过发电机/电动机驱动车轮转动，也可通过发动机单独驱动车轮转动，又可共同驱动车轮转动。在车辆行驶中发电机/电动机除了补充发动机的动力之外，发电机/电动机还可作为发电机为 HV 蓄电池充电。

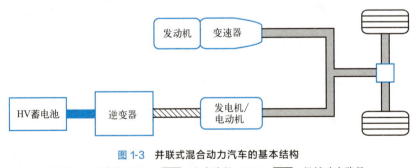

图 1-3 并联式混合动力汽车的基本结构

■—电力路径（DC）；▨—电力路径（AC）；▨—机械动力路径

该结构的特点：

① 以发动机为主动力，电动机作为辅助动力，其作用是让发动机尽量工作在最有效率的状态，从而达到节油的目的，工作时共同驱动，或各自单独驱动车辆；

② 保留了常规汽车的动力传递方式，燃油能量利用效率较高，发动机通过机械传动机构可以直接驱动车辆；

③ 适合高速公路等稳定行驶路况；

④ 发动机受车辆行驶工况影响；

⑤ 结构上需要变速装置和动力复合装置，结构较为复杂。

（3）混联式混合动力汽车（PSHEV）

如图1-4所示，混联式混合动力系统结合了串联式混合动力系统和并联式混合动力系统的特征。该系统有2个电动机/发电机，1号电动机/发电机可利用发动机动力发电，产生的电能为HV蓄电池充电，同时为2号电动机/发电机提供动力。两个电动机/发电机和行星齿轮机构配合，根据工况的需要，合理调节发动机和电动机功率的占有率，使发动机、发电机、电动机三者能更好地优化匹配，使动力性、经济性、净化性"三丰收"。

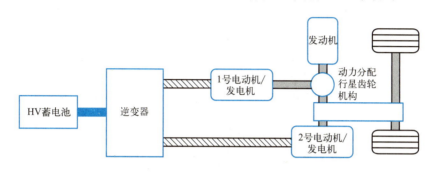

图 1-4　混联式混合动力汽车的基本结构

■—电力路径（DC）； ▨—电力路径（AC）； ■—机械动力路径

该结构的优点：

① 其在并联的基础上，将发电机和电动机分离开，这样电动机在运转过程中也能进行充电，使车辆能以串联和并联两种方式工作；

② 结合了并联和串联两种形式的优点。

该结构的缺点：结构最为复杂。

2. 按照能否充电分类

按照能否外接充电桩进行充电可以分为一般混合动力汽车和插电式混合动力汽车（Plug-inhybridelectricvehicle，简称 PHEV）。

一般混合动力汽车的电池容量很小，仅在启/停、加减速的时候供应和回收能量，不能外部充电，不能用纯电动模式较长距离行驶；插电式混合动力汽车的电池相对比较大，可以外部充电，可以用纯电动模式行驶，电池电量耗尽后再以混合动力模式（以内燃机为主）行驶，并适时向电池充电。

3. 按照续驶里程分类

按照续驶里程可以分为一般混合动力汽车和增程式混合动力汽车。

混合动力汽车的续驶里程一般是指纯电动工作模式下的行驶里程，其取决于电池容量的大小。增程式混合动力汽车在一定电池容量下的续驶里程基础上，通过发动机带动发电机对电池进行充电，增加续驶里程。

在电池电量充足时，动力电池驱动电机，提供整车驱动功率需求，此时发动机不参与工作。当电池电量消耗到一定程度时，发动机启动，发动机为电池提供能量对动力电池进行充电。当电池电量充足时，发动机又停止工作，由电池驱动电机，提供整车驱动。

由此可以看出，串联式和混联式混合动力汽车都是增程式混合动力汽车。

4. 按照油电功率比例的高低分类

(1) 弱混合（弱混）动力系统

这种混合动力系统对传统发动机的起动机进行了改造，形成由带传动的发电启动一体式电机（BSG）。该电机用来控制发动机快速启停，因此可以取消发动机的怠速过程，降低了油耗和排放。弱混合动力系统搭载的电机功率比较小，仅靠电机无法使车辆起步，起步过程仍需要发动机介入，是一种初级的混合动力系统。在弱混合动力系统里，电机的电压通常有两种：12V 和 42V，其中 42V 主要用于柴油混合动力系统。在城市循环工况下节油率一般为 5%～10%。

(2) 轻度混合（轻混）动力系统

该混合动力系统采用了集成启动电机（ISG）。与弱混合动力系统相比，轻混合动力系统除了能够实现用电机控制发动机的启停外，还能够在电动汽车制动和下坡工况下，实现对部分能量进行回收；在行驶过程中，发动机的动力可以在车轮的驱动需求和发电机发电需求之间进行调节。轻混合动力系统的混合度一般在 20% 以下，代表车型是通用汽车公司的混合动力皮卡车。

(3) 中度混合（中混）动力系统

该混合动力系统同样采用了 ISG 系统。与轻度混合动力系统的不同之处在于，中混动力系统采用的是高压电机，在汽车加速或者大负荷工况时，电动机能够辅助发动机驱动车辆，补充发动机本身动力输出的不足，提高整车性能。这种系统的混合程度较高，可以达到 30% 左右，在城市循环工况下节油率可以达到 20%～30%，目前技术比较成熟，应用广泛。本田汽车公司旗下的 Insight、Accord 和 Civic 混合动力汽车都属于这类系统。

(4) 重度混合（重混）动力系统

重度混合动力系统采用了 272～650V 的高压电机，混合度可以达到 50% 以上，在城市循环工况下节油率可以达到 30%～50%。其特点是动力系统以发动机为基础动力，动力电池为辅助动力，采用的电机功率更为强大，完全可以满足车辆在起步和低速时的动力要求。因此重度混合车型无论是在起步还是低速行驶状态下都不需要启动发动机，依靠电机可以完全胜任，在低速时就像一款纯电动汽车。在急加速和爬坡运行工况下，车辆需要较大的驱动力时，电机和发动机同时对车辆提供动力。随着电机、电池技术的进步，重度混合动力系统逐渐成为混合动力技术的主要发展方向。丰田普锐斯混合动力汽车采用的就是重度混合动力系统。

（四）混合动力汽车的结构与工作原理

1. 混合动力汽车的节油原理

根据第六届国际汽车变速器技术研讨会相关数据（如图 1-5 所示）显示，混合动力汽车比发动机的任何一项节能技术都要省油，省油率最高达到 35%。

如图 1-6 所示，发动机和电机的动力源的特性曲线对道路的适应性各有不同：发动机峰值转矩 M_1，出现在中速区，峰值功率 P_1，出现在高速区；电动机峰值转矩 M_2，出现在低速区，峰值功率 P_2，出现在低中速区，且下降不很明显。

两种动力源，功率和转矩特性可以搭配，转换工作模式，优势互补：城市内行驶，为低中速区工况，以电动机为主驱动车轮，对道路的适应性好，发动机不参加工作，做到"零排放""零油耗""低噪声"；坏路、上坡、加速、需要大动力时，为中高速区工况，发动机与

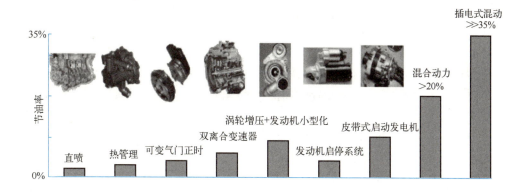

图 1-5 混联式混合动力汽车的节油率

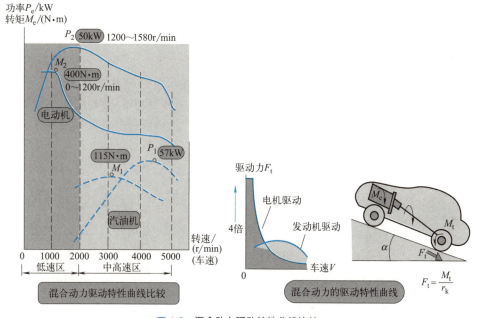

图 1-6 混合动力驱动特性曲线比较

电动机,同时驱动车轮,此时,可得到与大排量发动机相当的动力性。所以混合动力汽车可以从以下途径进行节油:

(1) 选择较小功率发动机

混合动力汽车的基本控制策略为:通过限制发动机的工作区间,将发动机控制在高效率区运行,提供所要求的扭矩;将电机作为载荷调节装置,当需要大扭矩输出时参与驱动,当需要小扭矩输出时吸收发动机能量进行发电,并将电池组的电量状态维持在高效率区间内。发动机的选择只需满足整车要求的平均功率即可,因此降低了发动机需求功率。

(2) 取消发动机怠速

混合动力汽车通过控制策略,可以实现发动机的启动与停止。当车速为零、加速踏板松开时,程序控制自动关闭发动机;当加速踏板踩下时,程序控制电动机在 0.5s 内启动发动机,实现发动机无怠速控制。

(3) 控制发动机工作在高效区

发动机在较高的负荷率及中高转速下工作时,平均效率明显提高。混合动力汽车通过控制策略并选用较小功率的发动机,可使绝大多数的工作点落在发动机的高效区间。

(4) 发动机断油控制

当松开加速踏板使汽车减速时,可以控制发动机高速反拖断油,直到怠速恢复供油,实现节油的目的,研究表明,控制发动机断油,可节油5%左右。

(5) 适当增大电池容量窗口

适当增大电池的容量窗口,电池提供的能量越多,电机参与的工作越多,而电机和电池的效率要高于发动机,因此可以实现节油。

(6) 回收再生制动能量

混合动力汽车由于加装了电机系统,在车辆滑行或制动时,可利用电机吸收能量,回馈到电池组中储存起来。为了最大限度地回收再生制动能量,控制策略应是优先由电机再生制动,当电机满足不了整车制动强度或电池的容量达到最大限值时,机械制动参与工作以实现制动的可靠性。

2. 混合动力汽车的结构与工作原理

(1) 串联式混合动力汽车的结构与工作原理

串联式混合动力汽车的结构简图如图1-7所示,汽车由电动机-发电机驱动行驶,电机控制器的供电来自发动机-发电机-发电机控制器(以下简称发动机-发电机组)与动力电池组组成的串联式结构。

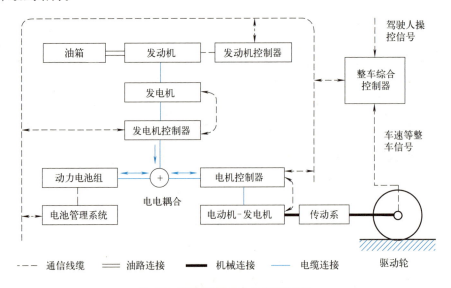

图1-7 串联式混合动力汽车结构简图

整车综合控制器、电机控制器、发动机控制器、发电机控制器、电池管理系统等通过通信线缆连接组成整车控制系统,依据控制系统的状态信息以及驾驶人操控指令、车速等整车反馈信息,由整车控制器实施预设的控制策略,并输出指令到电机控制器,实施电动机-发电机的电动、发电控制;输出指令到发动机控制器、发电机控制器,实施发动机-发电机组的开关控制以及输出功率控制;输出指令到电池管理系统,实施动力电池组的充电、放电能量管理。其具体的工作模式如表1-2所示。

表1-2 串联式混合动力汽车的工作模式列表

工作模式	发动机-发电机组	动力电池组	电动机-发电机	整车状态
纯电池驱动	关机	放电	电动	驱动
再生制动充电	关机	充电	发电	制动
混合动力驱动	发电	放电	电动	驱动
强制补充充电	发电	充电	电动	驱动
混合补充充电	发电	充电	发电	制动
纯发动机驱动	发电	既不充电也不放电	电动	驱动
停车补充充电	发电	充电	停机	停车

当动力电池组具有较高的电量且动力电池组输出功率满足整车行驶功率需求时，串联混合动力汽车以纯电池组驱动模式工作，此时发动机-发电机组处于关机状态。

当汽车以纯电池组驱动行驶时，若汽车减速制动，电动机-发电机工作于再生制动状态，汽车制动能量通过再生发电回收到动力电池组中，即工作于再生制动充电模式。

当汽车加速或爬坡需要更大的功率输出且超出了动力电池组的输出功率限制时，发动机-发电机组启动发电，并同动力电池组一起输出电功率，实施混合动力驱动工作模式。

当动力电池组的电量不足且发动机-发电机组输出功率在驱动车辆的同时有富裕时，实施动力电池组强制补充充电工作模式。

当动力电池组的电量不足且发动机-发电机组处于发电状态时，若汽车减速制动，电动机-发电机工作于再生制动状态，汽车制动能量通过再生发电与发动机-发电机组输出功率一起为动力电池组充电，实施动力电池组的混合补充充电。

当动力电池组的电量在目标范围内，且发动机-发电机组输出功率满足汽车行驶功率需求时，为提高串联混合动力系统的能量利用效率，采用纯发动机驱动工作模式，此时发动机-发电机组输出功率与汽车行驶功率需求相等。

若动力电池组的电量过低，为保证整车行驶的综合性能，需要对动力电池组进行停车补充充电，此时发动机-发电机组输出的功率全部用于动力电池组的补充充电。

（2）并联式混合动力汽车的结构与工作原理

并联式混合动力汽车的结构简图如图1-8所示，汽车的行驶动力由发动机、电动机-发电机通过机电耦合装置单独或联合提供。

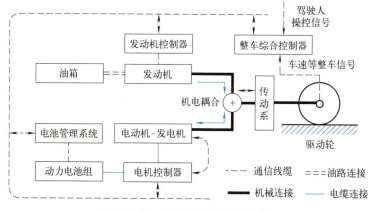

图1-8 并联式混合动力汽车结构简图

整车综合控制器、电机控制器、发动机控制器、电池管理系统等通过通信线缆连接组成整车控制系统,依据控制系统的状态信息以及驾驶人操控信号、车速等整车反馈信息,由整车控制器实施预设的控制策略,并输出指令到电机控制器,实施电动机-发电机的电动、发电控制;输出指令到发动机控制器,实施发动机的开关控制以及输出功率控制;输出指令到电池管理系统,实施动力电池组的充电、放电能量管理。其具体的工作模式如表1-3所示。

表1-3 并联式混合动力汽车的工作模式列表

工作模式	发动机	动力电池组	电动机-发电机	整车状态
纯电动机驱动	关机	放电	电动	驱动
再生制动充电	关机	充电	发电	制动
混合动力驱动	机械动力输出	放电	电动	驱动
强制补充充电	机械动力输出	充电	发电	驱动
纯发动机驱动	机械动力输出	既不充电也不放电	不工作	驱动
停车补充充电	机械动力输出	充电	发电	停车

当动力电池组具有较高的电量且动力电池组输出功率满足整车行驶功率需求或整车需求功率较小时,为避免发动机工作于低负荷和低效率区,并联混合动力汽车以纯电动机驱动模式工作,此时发动机处于关机状态。

当汽车以纯电动机驱动行驶时,若汽车减速制动,电动机-发电机工作于再生制动状态,汽车制动能量通过再生发电回收到动力电池组中,即工作于再生制动充电模式。

当汽车加速或爬坡需要更大的功率输出时,发动机启动工作,并同电动机一起输出机械动力,经机电耦合装置后联合驱动汽车行驶,实施混合动力驱动工作模式。

当动力电池组的电量不足且发动机输出功率在驱动汽车的同时有富裕时,电动机-发电机工作于发电模式,实施动力电池组强制补充充电工作模式。

当动力电池组的电量在目标范围内,且发动机输出功率满足汽车行驶功率需求时,为提高并联混合动力系统的能量利用效率,采用纯发动机驱动工作模式,此时发动机输出功率与汽车行驶功率需求相等。

若动力电池组的电量过低,为保证整车行驶的综合性能,需要对动力电池组进行停车补充充电,此时发动机输出的电功率全部用于为动力电池组进行补充充电,电动机-发电机工作于发电模式。

(3) 混联式混合动力汽车的结构与工作原理

混联式混合动力汽车的结构简图如图1-9所示,同时具备了并联混合动力汽车机电耦合以及串联混合动力汽车电电耦合的特点。汽车的行驶动力由发动机、电动机-发电机通过机电耦合装置单独或联合提供。电机控制器的供电来自发动机-发电机组与动力电池组组成的串联式结构。

整车综合控制器、电机控制器、发动机控制器、发电机控制器、电池管理系统等通过通信线缆连接组成整车控制系统,依据控制系统的状态信息以及驾驶人操控信号、车速等整车反馈信息,由整车控制器实施预设的控制策略,并输出指令到电机控制器,实施电动机-发电机的电动、发电控制;输出指令到发动机控制器,实施发动机的开关控制以及输出功率控制;输出指令到发电机控制器,实施发电机的工作状态控制;输出指令到电池管理系统,实施动力电池组的充电、放电能量管理。其具体的工作模式如表1-4所示。

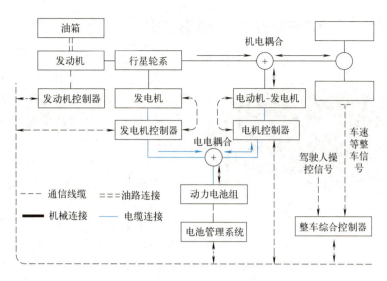

图 1-9 混联式混合动力汽车的结构简图

表 1-4 混联式混合动力汽车的工作模式列表

工作模式	发动机	发电机	动力电池组	电动机-发电机	整车状态
纯电动机驱动	关机	关机	放电	电动	驱动
再生制动充电	关机	关机	充电	发电	制动
纯发动机驱动	启动	发电	既不充电也不放电	电动	驱动
混合动力驱动	启动	发电	放电	电动	驱动
强制补充充电	启动	发电	充电	电动	驱动

当动力电池组具有较高的电量且动力电池组输出功率满足整车行驶功率需求或整车需求功率较小时，为避免发动机工作于低负荷和低效率区，混联混合动力汽车以纯电动机驱动模式工作，此时发动机处于关机状态。

当汽车以纯电动机驱动行驶时，若汽车减速制动，电动机-发电机工作于再生制动状态，汽车制动能量通过再生发电回收到动力电池组中，即工作于再生制动充电模式。

当汽车需求功率增加或动力电池组电量偏低时，发动机启动工作，若发动机输出功率满足汽车行驶功率且动力电池组不需要充电时，整车以纯发动机驱动模式工作，此时动力电池组既不充电也不放电，发动机输出的功率分两部分，一部分直接输出到驱动轮，一部分经过发电机、电动机转化后输出到驱动轮。

当汽车急加速需要更大的功率输出时，整车以混合动力驱动模式工作，此时发动机工作，动力电池组放电，发动机输出的功率分两部分，一部分直接输出到驱动轮，一部分经过发电机、电动机转化后输出到驱动轮。另外，动力电池组放电输出额外的电功率到电机控制器，使得电动机输出更大的功率，满足汽车总功率需求。

当动力电池组的电量不足且发动机输出功率在驱动汽车的同时有富裕时，实施动力电池组强制补充充电工作模式。此时，发动机工作，发动机输出的功率分三部分，一部分直接输出到驱动轮，一部分经过发电机、电动机转化后输出到驱动轮，一部分经过发电机后为动力电池组充电。

(五)混合动力汽车的结构与工作原理实例

1. 雪佛兰 Voltec(沃蓝达)混合动力系统结构与工作原理

沃蓝达是通用集团旗下雪佛兰的一款串联式、插电式和增程式混合动力汽车(如图 1-10 所示)。沃蓝达配置的 Voltec 混合动力系统内置了 1.4L 汽油发动机、主电动机(最大功率 111kW,最大扭矩 368N·m)以及辅助电动机/发电机。其汽油发动机仅用于对电池充电,并不直接驱动车辆,仅使用电池供电推动车辆行驶 80km。

图 1-10 沃蓝达外观图

Voltec 混合动力系统是通用汽车的 E-Flex 插座充电式混合动力驱动系统的新版本,采用 1 台小型的发动机、2 台电动机对车辆进行综合驱动。沃蓝达上采用的是容量为 16kW·h 的 360V 锂电池组,电池组成 T 形布置,隐藏于后排座椅下及车身中部。整个 Voltec 混合动力系统包括汽油发动机、综合动力分配系统、高容量锂电池以及电力控制单元。图 1-11 为沃蓝达混合动力系统总体布局图。

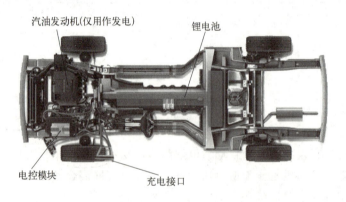

图 1-11 沃蓝达混合动力系统总体布局图

图 1-12 为沃蓝达的混合动力系统总成,混合动力分配系统内部结构如图 1-13 所示;沃蓝达混合动力系统通过 3 个离合器来控制动力的分配,C1 用于连接行星齿轮齿圈与动力分配机构壳体(固定);C2 用于连接发电机与行星齿轮齿圈;C3 用于连接发动机与发电机。

图 1-12 沃蓝达混合动力系统总成

图 1-13 沃蓝达混合动力分配系统内部结构图

沃蓝达混合动力系统一共有 5 种工作模式，分别为：EV 低速模式、EV 高速模式、EREV 低速模式、EREV 高速模式以及能量回收模式。

（1）EV 低速模式

如图 1-14 所示，C1 吸合，C2、C3 松开，发动机停转。齿圈被固定，电动机推动太阳轮转动，行星架因太阳轮的转动而转动，把动力传输到减速齿轮并传递到车轮。

（2）EV 高速模式

如图 1-15 所示，C2 吸合，C1、C3 松开，发动机停转。发电机此时充当电动机工作，推动齿圈转动。同时，功率较大的另一个电动机推动太阳轮转动。齿圈和太阳轮同时转动，带动行星架转动，从而把动力传到车轮。

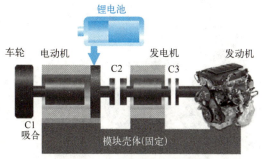

图 1-14　EV 低速模式原理图

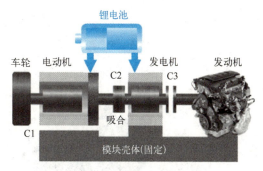

图 1-15　EV 高速模式原理图

（3）EREV 低速模式

C1、C3 吸合，C2 松开，发动机运转。此时，发动机推动发电机发电，为电池充电；同时电池为电动机供电推动太阳轮转动，由于齿圈固定，行星架跟随太阳轮转动，从而把动力传到车轮，如图 1-16 所示。

（4）EREV 高速模式

如图 1-17 所示，C2、C3 吸合，C1 松开，发动机运转。此时，发动机与发电机转子连接后推动齿圈转动同时发电，电动机推动太阳轮转动，齿圈和太阳轮同时转动，带动行星架转动，从而把动力传到车轮。发动机推动齿圈转动，降低了与太阳轮连接的另一电动机的转速，提高了其能源使用率。

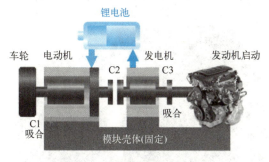

图 1-16　EREV 低速模式原理图

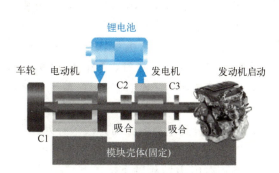

图 1-17　EREV 高速模式原理图

（5）能量回收模式

如图 1-18 所示，C1 吸合，C2、C3 松开，发动机停转。车轮带动行星架转动，由于齿圈固定，太阳轮随着行星架转动。此时，功率较大的电动机作为发电机对电池充电。

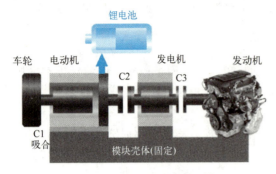

图 1-18　能量回收模式原理图

2. 本田 IMA 混合动力系统结构与工作原理

本田 IMA 系统是非常典型的并联式混合动力系统。IMA 系统由 4 个主要部件构成，其中包括：发动机、电机、CVT 变速箱以及 IPU 智能动力单元。电动机取代了传统的飞轮用于保持曲轴的运转惯性。整套系统的结构非常紧凑，和传统汽车相比仅是 IPU 模块占用了额外的空间。图 1-19 是思域混合动力汽车 IMA 系统总体布局图。

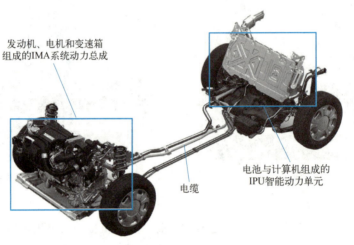

图 1-19　思域 IMA 系统总体布局图

IMA 系统的发动机通过搭载本田的 i-VTEC（气门正时及升程可变技术）、i-DSI（双火花塞顺序点火技术）以及 VCM（可变气缸技术）来实现降低油耗的目的。国内进口的本田 CR-Z 采用的是顶置单凸轮轴 1.5L 的 i-VTEC 发动机，最大功率 83kW，最大扭矩 145N·m，实测百公里油耗约 5.4L。IMA 系统中的发动机和传统车型中的发动机并没有太大区别，只是在调校上更偏向于节省燃料。

如图 1-20 所示，IMA 系统的电机安装在发动机与变速箱之间，由于电机较薄且结构紧凑，行内人俗称"薄片电机"。国内销售的 CR-Z 上采用的薄片电机最大功率 10kW，最大扭矩 78N·m，显然，这样的电机只能起到辅助的作用。而由于 IMA 系统能够在特定情况下（如低速巡航）单独驱动汽车，而被划分到中型混合动力汽车行列。

IMA 系统的变速箱采用的是普通 CVT 变速箱。在国内销售的 CR-Z 上采用的变速箱是模拟 7 速 CVT 变速箱，以获得平顺的换挡体验及较高的换挡效率。

IMA 系统的 IPU 智能动力单元是由 PCU 动力控制单元和电池组成的。其中

图 1-20　IMA 系统的动力总成

PCU 又包括 BCM 电池监控模块、MCM 电机控制模块以及 MDM 电机驱动模块。

IMA 系统的工作逻辑包括起步加速、急加速、低速巡航、轻加速和高速巡航、减速制动以及停车。

（1）起步加速

如图 1-21 所示，起步加速时，发动机以低速配气正时状态运转，同时电机提供辅助动力，以实现快速加速性能，同时达到节油的目的。

（2）急加速

如图 1-22 所示，急加速时，发动机以高速配气正时状态运转，此时电池给电机供电，电机与发动机共同驱动车辆，提高整车的加速性能。

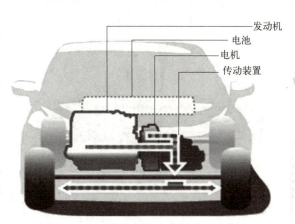

图 1-21 IMA 系统起步工况的工作原理简图

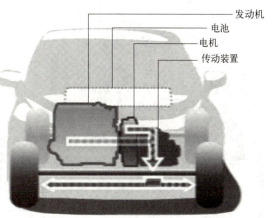

图 1-22 IMA 系统急加速工况的工作原理简图

（3）低速巡航

如图 1-23 所示，低速巡航时，发动机的四个气缸的进排气阀全部关闭，发动机停止工作，车辆以纯电动方式驱动车辆。

（4）轻加速和高速巡航

如图 1-24 所示，轻加速和高速巡航时，发动机以低速配气正时状态运转，此时发动机工作效率较高，单独驱动车辆，电动机不工作。

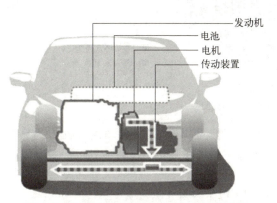

图 1-23 IMA 系统低速巡航工况的工作原理简图

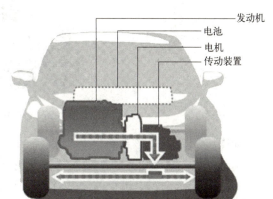

图 1-24 IMA 系统轻加速和高速巡航工况的工作原理简图

（5）减速制动

如图 1-25 所示，减速或制动时，发动机关闭，电机此时以发电机方式工作，将机械能最大限度地转化为电能，储存到电池包中。车辆制动时，制动踏板传感器给 IPU 一个信号，计算机控制制动系统，使机械制动和电机能量回馈之间制动力协调，以得到最大程度的能量回馈。

（6）停车

如图 1-26 所示，车辆停止时，发动机自动关闭，减少燃料损失和排放。当制动踏板松开时，发动机自动启动。

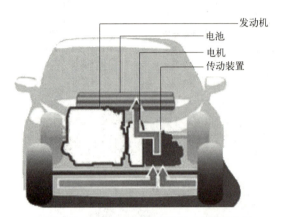

图 1-25　IMA 系统减速制动工况的工作原理简图

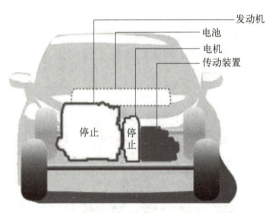

图 1-26　IMA 系统停车工况的工作原理简图

3. 本田 i-MMD 混合动力系统结构与工作原理

本田 i-MMD（intelligent multi mode drive，智能化多模式驱动）是用于中端车型（新雅阁锐·混动/ACCOR DHYBRID 和新思铂睿锐·混动/SPIRIOR HYBRID）的高效混合动力系统，该系统具有高效率的双电机混合动力系统，动力输出强劲且稳定，能提供强劲的动力输出和优异的燃油经济性。如图 1-27 所示 i-MMD 系统由 2.0L 阿特金森循环的汽油发动机、发电机、驱动用电机和动力分离装置的 e-CVT、PCU（power control unit，动力控制单元）、锂电池组等部分组成。

图 1-27　i-MMD 系统总体布局图

如图 1-28 所示，该系统以电动机为主，汽油机为辅，混合模式下启动汽油机为的只是给电动机充电，再让电动机驱动车轮；汽油机真正与车轮连接只在汽油机驱动的模式下才进行；i-MMD 混合系统有出色的动力与节油优势。

从运转的模式上来讲，i-MMD 混合动力系统具备以下三种运转模式。

（1）纯电动驱动模式

此种运作模式下的 i-MMD 系统搭载车，其运作模式与纯电动汽车完全相同。如图 1-29 所示，其发动机并不启动，动力分离装置（主要构成部分为一个湿式多片离合器）断开，驱

图 1-28 i-MMD 混合动力系统结构图

动车辆行驶的能源直接来源于车载的锂电池组。锂电池组内储存的电能经由 PCU 提供给驱动用电机,驱动两个前轮转动,以驱动车辆前进或者后退。另外,在此驱动模式下,车辆制动所产生的能量将被回收,重新充入锂电池组。

(2) 混合动力驱动模式

此种运作模式下的 i-MMD 系统搭载车,其运作模式大致相当于一部增程式电动车。如图 1-30 所示,在此模式下,其发动机启动,但动力分离装置断开,发动机转速被维

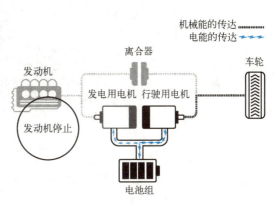

图 1-29 i-MMD 纯电动驱动模式原理图

持在能发挥最高热效率的转速区间内,驱动 e-CVT 电气式无级变速箱内的发电机,产生电能,经由 PCU 为位于车体后部的锂电池组进行充电。电能经由锂电池组提供给驱动用电机,借此驱动车辆行进。当车辆制动时,配备了启停装置的发动机将由启停装置控制,停止运作,节约燃料,同时,制动能量回收系统依旧作用,可为电池组提供额外能量。而当车辆需要急加速时,锂电池组可以提供额外电能,让电动机瞬时产生最大扭矩输出。

(3) 发动机驱动模式

如图 1-31 所示,在此模式下,发动机启动,同时,动力分离装置正常连接,发动机转

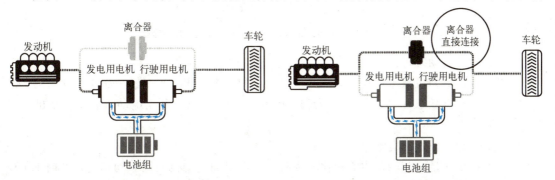

图 1-30 i-MMD 混合动力驱动模式原理图　　图 1-31 i-MMD 发动机驱动模式原理图

速由驾驶者的油门深浅直接控制,并通过 e-CVT 电气式无级变速箱将机械能直接传递给车轮。同时,为了在加速时提供更大的动力,其电池组同时也处于待机状态,在需要时可提供电能给电动机,让电动机和发动机共同运作。

4. 奥迪 Q5 hybrid quattro 混合动力系统结构与工作原理

奥迪 Q5 hybrid quattro 混合动力系统结构如图 1-32 所示,该混合动力系统的自动变速器省去了变扭器,离合器 K0 与电机合成为一个模块,取代了变扭器,离合器 K1 用于起步。其工作原理图如图 1-33 所示。

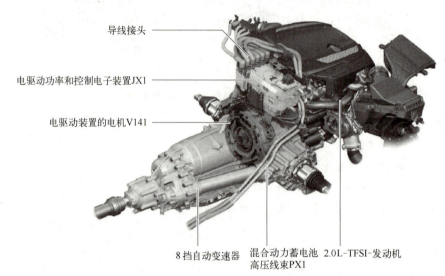

图 1-32 奥迪 Q5 hybrid quattro 混合动力系统结构

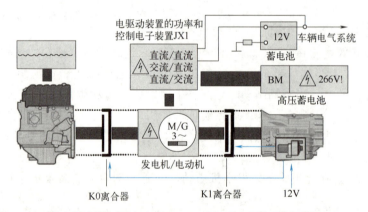

图 1-33 奥迪 Q5 hybrid quattro 混合动力系统工作原理图

(1) 发动机启动

如果系统认为司机把车停住了,那么发动机立即就被关闭了。车辆一加速,发动机立即启动(与电池充电状态有关),此时离合器 K0 闭合,K1 打开,利用电动机启动发动机,如图 1-34 所示。

(2) 混合动力模式(电池电量充足)

当电池电量充足,车辆动力需求比较大时,发动机和电动机共同驱动车轮,此时 K0 和 K1 都闭合,电机工作在电动机驱动状态,如图 1-35 所示。

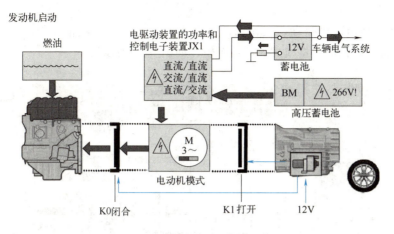

图 1-34　发动机启动工作原理图

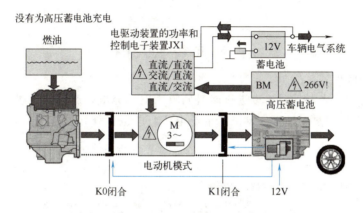

图 1-35　混合动力模式（电池电量充足）工作原理图

（3）发电模式

当电池电量不充足时，此时 K0 和 K1 都闭合，电机工作在发电机状态，发动机驱动发电机为电池发电的同时驱动车轮，如图 1-36 所示。

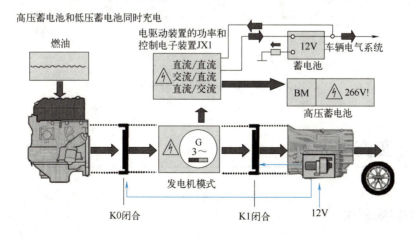

图 1-36　发电模式工作原理图

（4）EV 模式

车辆可以单独由电机驱动，工作在 EV 模式，此时发动机停止工作，K0 离合器断开，K1 闭合，电机工作在电动机模式，驱动车轮，如图 1-37 所示。

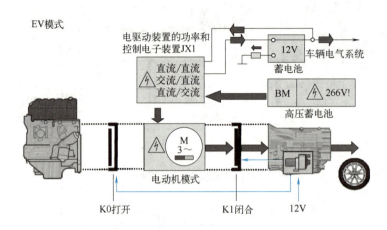

图 1-37　EV 模式工作原理图

（5）能量回收模式

当车辆滑行时或者制动时可以进行能量回收为电池充电，此时发动机停止工作，K0 断开，K1 结合，车轮通过变速器把动能传输给电机，电机工作在发电机状态为电池充电，如图 1-38 所示。

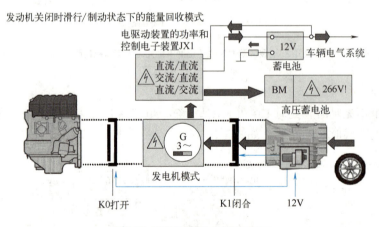

图 1-38　能量回收模式工作原理图

三、项目实施与评价

（一）实施要求

卡罗拉或者雷凌混合动力汽车、举升机。

（二）实施步骤

项目实施 混合动力汽车总体认识

1. 混合动力汽车总体认识

图 1-39 为混合动力汽车动力系统结构图，结合此图进行零件名称和零件位置的总体认识。

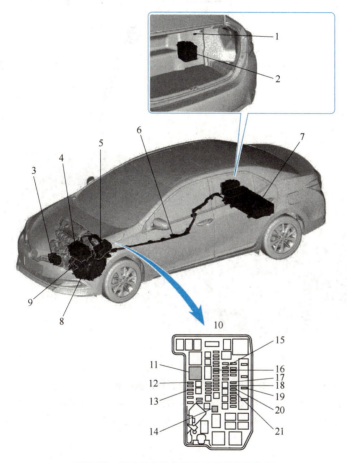

图 1-39 混合动力汽车动力系统总体结构图

1—热敏电阻总成；2—辅助蓄电池；3—带电动机的压缩机总成；4—带转换器的逆变器总成；5—ECM；6—HV 地板底部线束；7—HV 蓄电池；8—混合动力变速器总成；9—逆变器水泵总成；10—发动机室 1 号继电器盒和 1 号接线盒总成；11—IGCT 继电器；12—BATT-FAN 保险丝；13—1 号 ECU-IG2 保险丝；14—DC/DC 保险丝；15—IGCT-MAIN 保险丝；16—2 号 ECU-B 保险丝；17—2 号 IGCT 保险丝；18—INVW/PMP 保险丝；19—IG2 保险丝；20—PCU 保险丝；21—PM-IGCT 保险丝

2. HV 蓄电池的认识

图 1-40 为 HV 蓄电池结构图，结合此图进行零件名称和零件位置的认识。

3. 逆变器和变速器的认识

图 1-41 为带转换器的逆变器总成和混合动力车辆变速器总成的结构图，结合此图进行零件名称和零件位置的认识。

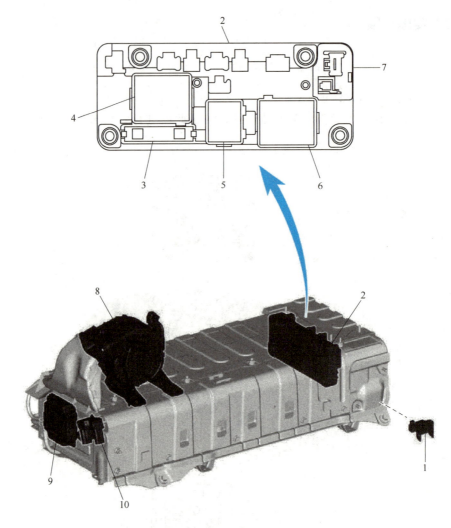

图 1-40 HV 蓄电池结构图

1—维修塞把手；2—HV 蓄电池接线盒总成；3—系统主电阻器；4—SMRG；5—SMRP；6—SMRB；7—电流传感器；8—蓄电池鼓风机总成；9—蓄电池传感器；10—混合动力蓄电池端子盒

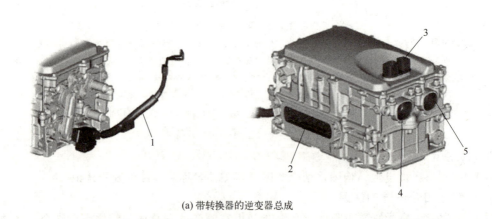

(a) 带转换器的逆变器总成

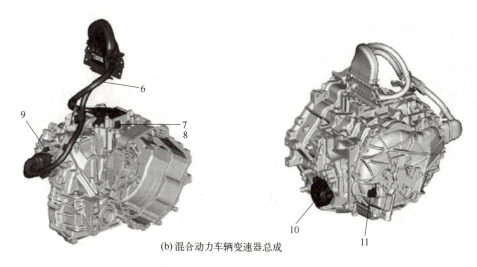

(b) 混合动力车辆变速器总成

图 1-41　逆变器总成和变速器总成的结构图

1—发动机室 2 号线束；2—电动机电缆连接；3—低压连接器；4—高压输入；5—空调线束连接；
6—电动机电缆；7—发动机角度传感器；8—发电机温度传感器；9—电动机温度传感器；
10—换挡控制执行器总成；11—电动机角度传感器

4. 车辆内部的认识

图 1-42 为混合动力汽车车辆内部相关零部件结构图，结合此图进行零件名称和零件位置的认识。

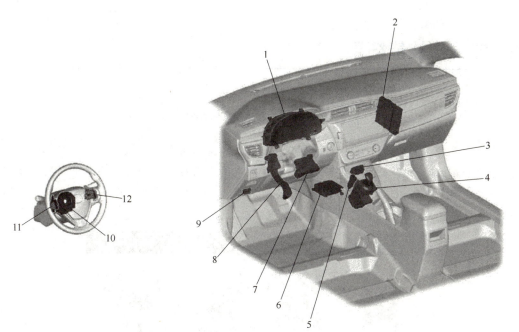

图 1-42　车辆内部相关零部件结构图

1—组合仪表总成；2—混合动力车辆控制 ECU；3—组合开关总成（电源模式开关；EV 驱动模式开关；环保模式开关）；4—变速器换挡总成；5—P 位置开关（变速器换挡总开关）；6—空气囊 ECU 总成；7—空调放大器总成；8—加速踏板传感器总成；9—DLC3（汽车故障诊断口）；10—螺旋电缆分总成；
11—左侧换挡拨板装置（变速器换挡开关总成）；12—右侧换挡拨板装置（变速器换挡开关总成）

学生项目实施评价表

你是否在教师的帮助下成功地完成项目任务？	是	否
知识目标		
了解混合动力汽车的特点	☐	☐
掌握混合动力汽车的定义、分类和结构	☐	☐
理解混合动力汽车的工作原理	☐	☐
了解目前混合动力系统的主流代表技术	☐	☐
能力目标		
你是否能指出混合动力系统零部件位置	☐	☐
你是否能说出混合动力系统零部件的名称与作用	☐	☐
素质目标		
你是否能独立根据项目实施步骤完成所有项目内容	☐	☐
你是否能和其他同学或者老师较好地交流相关问题？	☐	☐
完成情况　　所有上述表格必须是肯定回答。如果不是，应咨询教师是否需要增加学习活动，以达到要求的技能。		
教师评语：		
教师签字：		
学生签字：		
完成时间和日期：		

四、知识与技能拓展

混合动力汽车上的阿特金森发动机

目前，不少混合动力汽车的发动机都采用了阿特金森发动机，阿特金森发动机一般是指采用阿特金森循环的发动机。传统的曲柄连杆形式的发动机在一个循环内，有进气—压缩—做功—排气四个冲程，这种循环的发动机是奥托在1876年发明的，而这种发动机的循环方式则被命名为奥托循环，如图1-43所示。

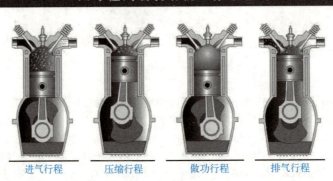

图1-43　奥托循环

后来出于规避专利的原因，阿特金森设计了一套复杂的连杆系统，如图1-44所示，但这套复杂的连杆系统却带来了另一个意想不到的结果，即压缩的行程比膨胀的行程更短，也就是说在压缩的时候损耗的能量更少，而膨胀的行程更长则带来更大的能量转换，也就是燃油经济性更好。但阿特金森循环由于其结构复杂，加工和后期维修困难，从现实情况来看目前市面鲜有阿特金森循环发动机。虽然丰田普锐斯宣称使用阿特金森发动机，但从实际结构来看其本质上是米勒循环方式。

米勒循环和阿特金森循环有着相同的效果（膨胀比大于压缩比），只是实现方式

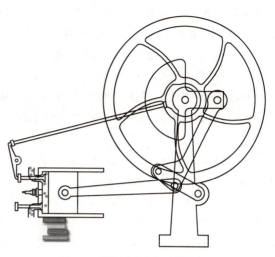

图 1-44 阿特金森连杆系统示意图

不一样，米勒循环是通过延迟关闭进气门实现的，而阿特金森则是通过连杆结构来实现的。如果在发动机压缩行程的初期，让进气门晚关，这时，把一部分混合气偷偷地挤出气缸后，再关闭进气门，开始压缩行程，这样一来，真正意义上的压缩行程就不能从活塞的下止点开始计算了，而是从进气门关闭那一刻算起，自然而然，就实现了做功行程大于压缩行程。图 1-45 为米勒循环示意图。

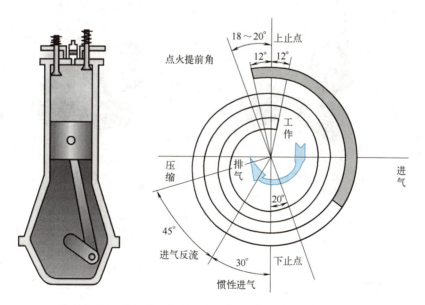

图 1-45 米勒循环

这个循环在1940年由米勒基于奥托循环（此时奥托循环的专利已经过期好久了）构思出来，但是直到1993年才由马自达实现，并且申请了专利（当然这个专利在2008年的时候已经失效）。丰田当时为了绕开专利，所以才用了另外一个名称——阿特金森发动机。

普通发动机的热效率大约为30%，而配备了VVT（可变气门正时）的发动机热效率约32%；在此基础上利用缸内直喷+分层燃烧技术，能把发动机热效率提高至34%；而丰田

的普锐斯利用阿特金森循环号称热效率高达38%，可见阿特金森循环的最大特点是省油。然而，通过将部分混合气推出气缸的工作方式必然也会损失部分动力。举个例子，1.8L的阿特金森循环，在发动机压缩行程前期，将部分混合气推出到气缸外时，此时发动机的真正压缩行程量可能就只有1.5L甚至是更低，所以其动力性必然是有损失的。丰田的雷凌双擎发动机排量为1.8L，而其最大功率仅有73kW，而大众1.6L的普通发动机，最大功率有81kW，可见阿特金森循环的特点用一句话可以总结为：通过牺牲车辆的部分动力性来换取经济性。

由于阿特金森发动机的特点，其很少在量产车上单独使用。目前汽油车上，主要是马自达的创驰蓝天发动机在用；而更为普遍的应用是在混动车型上，如丰田系的普锐斯、卡罗拉、雷凌等混动版，雷克萨斯的CT200、RX450h混动版，本田系的雅阁混动版等。混动车型在车辆起步阶段，由电动机驱动，电动机低速扭矩大，使汽车加速快，以此来弥补阿特金森循环发动机的动力性不足的缺陷。而到了中高速匀速行驶阶段，阿特金森循环的发动机热效率高，又可以提高燃油的经济性。

值得一提的是具有可变压缩比的双循环发动机（阿特金森循环＋奥托循环），该发动机将搭载在全新QX50上，其可以根据发动机不同工况实现不同的压缩比（如图1-46），从而用于解决目前阿特金森循环中动力性与经济性的矛盾。

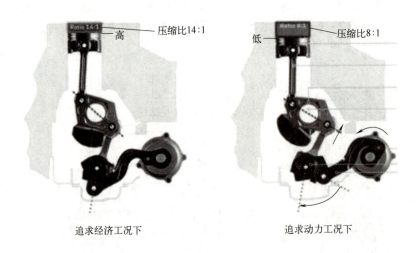

图 1-46 可变压缩比发动机原理

五、项目小结

本项目主要对混合动力汽车的特点进行概述，重点对混合动力汽车的分类、结构和工作原理进行讲解。在此基础上通过项目实施对混合动力汽车的零部件进行了总体认识，也对目前市场上主流混合动力技术做了分析，通过此项目的学习，读者应该对混合动力汽车有一个总体的认识，能结合某混合动力车型进行零部件位置和名称的认识，理解其结构组成和工作原理，为以后章节学习打下基础。

思考与练习

1. 混合动力汽车的定义、分类和基本组成。
2. 不同类型混合动力汽车的工作原理。
3. 混合动力汽车省油的原理是什么?
4. 总结一下混合动力汽车发动机和电机是怎么协调工作的。
5. 请查阅相关资料,对一款混合动力汽车的结构和工作原理进行说明。
6. 相比较 IMA 系统,本田 i-MMD 系统做了哪些改善?
7. 你觉得 i-MMD 系统还有改善的空间吗?如果有请描述你的方案。

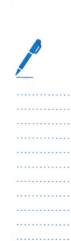

项目二
高压电气安全防护与系统故障诊断

思维导图：

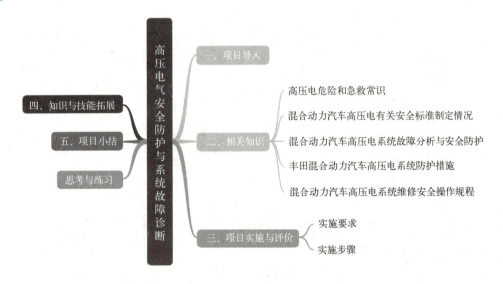

一、项目导入

案例：一天下班后，你在4S店里值班，这时来了一辆混合动力汽车事故车，你该如何处理？

混合动力汽车除了常规发动机外还配置有动力蓄电池和驱动电机等动力装置，工作电压高达数百伏，远远超过人体安全电压，而且电力传输回路的阻抗很小，高压系统的正常工作电流可能达到数十甚至数百安培。瞬时短路放电电流更是成倍增加，高压回路的短路、漏电等故障都对电动汽车的高压用电安全构成了潜在的威胁，当发生高压电路绝缘失效或短路等故障时，高电压和大电流会危及车上乘客的人身安全，同时还会影响低压电气和车辆控制器的正常工作，在设计和规划高压电气系统时应充分确保车辆运行安全、驾乘人员安全和车辆运行环境安全。

相对驱动电机及其控制以及动力蓄电池能量管理等电动汽车关键技术，针对混合动力汽车可能存在的各类高压电安全问题，一个性能可靠、功能完备的高压电安全管理系统，可以切实保障混合动力汽车驾乘人员的生命财产安全，具有更加重大的意义，这也是混合动力汽车技术发展的必然要求。由于车上工作环境恶劣，线路老化、绝缘破损或者维修操作不当等都可能产生人员触电、线路漏电及短路等危险，所以混合动力汽车电力驱动系统的高压电是一种不容忽视的安全隐患。

本项目通过对混合动力汽车高压电安全分析及防护设计进行介绍，使读者初步认知和了解上述等方面相关知识，重点掌握混合动力汽车维修注意事项，使其具备安全检查与维修混合动力汽车的能力。

知识目标：
① 了解法规和操作安全及事故预防方面的规定；
② 了解电流的危险性；
③ 了解高压系统出现事故时的急救措施；
④ 了解混合动力汽车高压电安全防护设计；
⑤ 掌握检修高压系统时的安全规程。

能力目标：
① 能在进行高压电维修时，将高压电系统断电；
② 能确定高压电系统是否处于断电状态；
③ 能严防高压系统重新合闸；
④ 能进行高压电绝缘检查（验电）；
⑤ 能重新启动高压系统；
⑥ 能正确处理高压电事故现场。

素质目标：
① 培养高压电安全意识；
② 培养学生认真负责的工作态度及一丝不苟的工作作风。

二、相关知识

（一）高压电危险和急救常识

1. 高压电危险效应

休克效应：摆脱高压电阈值以下的休克反应和由此因失控的行为及平衡障碍而导致的受伤危险。

热效应：电流导入及导出位置的灼伤和炭化，以及内部灼伤。后果则是肾脏过载，这可能导致死亡。

化学效应：血液和细胞液是电解质，可以被电解。后果则是严重中毒，只有在数天后才能被发觉，所以其潜伏性很强。

刺激肌肉效应：人体所有的功能和肌肉运动都是由大脑通过对中枢神经系统的电刺激来控制的，当人体遭受过高的贯通电流后，会造成肌肉痉挛，大脑无法再对肌肉组织施加影响。例如无法将紧握的拳头松开，人不能再自由活动。如果电流穿过胸腔，则会引发肺部痉挛（呼吸中断）、心脏不能正常工作（心室颤动，供血运动终止）。

静电短路的热效应：工具瞬间升温直至材料熔化，因此有烧伤的危险！

火花效应：因短路金属瞬间熔化，导致形成喷溅火花，颗粒的温度可达到5000℃以上，可能造成烧伤和严重眼部伤害!

电弧效应:发生短路时会形成故障电弧,其温度可能会达到4000℃以上,具体取决于当时的电压及电流。以下原因也可能会引起电弧,松动的或者氧化的触点,拧得过紧的螺栓(损坏),绝缘缺陷,使用错误的电线、接头(规格、形状、材料错误),潮湿/变脏(导电的灰尘),异物,掉落的金属小零件。

2. 触电时的安全电压和电流

25V以上的交流电和60V以上的直流电就对人构成威胁。在德国(依据德国电工协会的相关规定),最大的接触电压分别是:交流电50V,直流电120V。

流过人体的电流大约超过5mA,人就会产生"触电"的感觉,这时人会感到有些发麻,但仍然能够摆脱电流导体;流过人体的电流大约超过10mA,就开始了所谓的"摆脱阈值",它会触发身体挛缩,这时人无法摆脱电源!电流的作用时长因此会显著延长;当30~50mA交流电较长时间对人体作用时,就会引发呼吸停顿和心室颤动;流过人体的电流大约超过80mA时,呼吸麻痹,三秒钟后心脏开始麻痹,停止跳动,被称为"死亡阈值"。

图2-1为触电摆脱阈值-时间图。在强度范围①,不论作用多长时间都无不良影响;在强度范围②,0.5~2mA时能感觉到电流,3~5mA时开始有痛感,10~20mA是松手极限值,一般说来,流经身体不会有什么危险;在强度范围③,开始出现肌肉痉挛、呼吸困难、心律不齐,但一般不会导致器官受伤;在强度范围④,开始出现心室颤动、心脏停搏、呼吸停止,有生命危险。

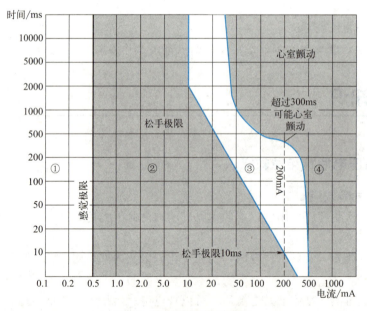

图2-1 触电摆脱阈值-时间图

交流电压引发人体内的交流电流,而该电流会触发肌肉和心室颤动,交流电压的频率越低,其危险性越大。交流电会非常早地引发心室颤动,如不能及时急救伤者,就会有生命危险。

在靠近开启的电机或者高压系统的地方逗留时,可能会对电子生命辅助系统造成负面影响。电子生命辅助系统包括:体内的镇痛泵、植入的除颤器、心脏起搏器、大脑起搏器、胰岛素泵、助听器。在体外或体内使用这样或那样仪器的员工必须面对很高的健康风险,这种风险也可能会导致死亡！

图 2-2 是人体不同部位近似电阻值，对于由高电压产生的高电流来说，人体内部的电阻值相对很小，特别是血管中的血液，它本身就是很好的导体。视触电时接触点的不同情况，电流对人体的效应也不相同。

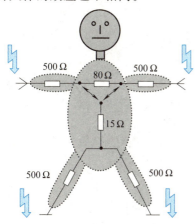

图 2-2　人体不同部位近似电阻值

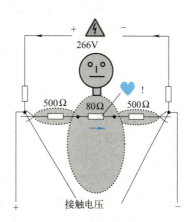

图 2-3　266V 直流电压电气事故图

讨论：266V 直流电压电气事故，如图 2-3 所示。

讨论 1：在高电压车辆上双手触电时，流经人体的电流为多少？摆脱时间是多少？会发生什么危险？

讨论 2：在高电压车辆上单手触电时，流经人体的电流为多少？摆脱时间是多少？会发生什么危险？

讨论 3：人体的电阻是恒定不变的吗？哪些情况会改变人体的电阻？危险是什么？

讨论 4：如何预防触电危险？

综上所述，当通过人体的电压达到 25V（AC）以及 60V（DC）以上时，就已经有生命危险了。受严重程度的影响，可能导致呼吸停止、心脏停搏、烧伤及永久身体损伤以至于死亡。通过人体的电流所引发的后果取决于：接触位置电压的强度、流动的电流的强度、电流的持续时间、电流的路径（最糟的情况是通过心脏）、电流的频率（直流电或交流电）。直流电事故中主要引发人体内的化学效应（血液和细胞液是电解质，可以被电解，后果则是严重中毒，而只有在数天后才能被发觉，所以其潜伏性很强），交流电事故中造成心律障碍的危险特别高。

3. 高压电伤害救助措施

① 保持冷静！先思考，后行动！自我保护，切勿将自己陷入电击的危险中！任何救助行为都要在保证自己安全的前提下才可以进行。

② 切勿直接触碰接触电压的人员！

③ 如果可能的话，立即切断电力设备的电源！（在高压电车辆上关闭点火开关或者拉起高压电维修安全把手）

④ 使用不导电的工具（木板，扫帚柄等）将伤者或者电流导体与电源分开。

⑤ 如果伤者可以对话时可采取的措施：

a. 可能的情况下冷却灼伤伤口，并使用消过毒的、不掉毛的毛巾覆盖！

b. 即使其本人拒绝，伤者也必须交由医生救治！（迟发性后遗症）

⑥ 如果伤者无法对话时救援人员可采取的措施：

a. 最紧要的是确认伤者的生命机能，如脉搏和呼吸！

b. 立即呼叫或者让人联系急救医生！

c. 在医生到来之前进行人工呼吸及心肺按摩！

d. 如伤者呼吸中断，使用除颤器（如果有）。

4. 电池、电解液伤害救助

① 当与皮肤接触时，使用大量清水冲洗！

② 当吸入气体时，则需要大量的新鲜空气！

③ 当与眼睛接触时，使用大量清水冲洗（最少10min）！

④ 当吞咽电池电解液时，需要大量喝水，但必须避免呕吐！

⑤ 寻找医生救助！

5. 高压电引起火灾救助

① 始终将灭火器放置在方便取用的范围内。

② 每次使用灭火器之后都应让人重新添加灭火剂。

③ 安排人定期检查灭火器（最少每隔2年）。

④ 了解自动火警报警器和灭火器的位置。

⑤ 自我保护！切勿吸入烟气！

⑥ 向消防部门报警。

⑦ 当消防人员到场后须告知火灾涉及的高压汽车。

⑧ 需要的情况下，去除附近的火源，或者使用覆盖法确保安全。

⑨ 在扑灭电力设备上的火灾时必须使用CO_2、ABC灭火器或者泡沫灭火器，也可使用灭火毯。

⑩ 不可使用CO_2灭火器为身上着火的人灭火（窒息危险）。

6. 高压电引起火灾报警救助

① 事故地点在哪里？明确告知事发地点（地点，街道，门牌等）。

② 发生了什么事情？简短描述事故情况，以便急救中心能够采取必要的措施。

③ 多少人受伤？

④ 受伤类型？首先告知最明显最严重（威胁生命）的损伤。

⑤ 等待查问！

⑥ 原则上对话应由急救中心来结束。

（二）混合动力汽车高压电有关安全标准制定情况

1. 国际标准

国际标准化组织（ISO、IEC）、美国、日本以及欧盟都在20世纪70年代开始开展电动车车辆标准化工作，并相继发布一些标准。例如，BS ISO 6469-1：2009 电动车安全技术规范——第1部分：车载电能储存装置，对蓄电池的通风降温、有害物质的排放量、排出气体所允许的最大体积和流速（m^3/h）、绝缘电阻值、蓄电池的标记、过电流接触器的性能、发生碰撞时蓄电池电解液的泄漏量及绝缘电阻检测（方法等都做出了相当明确的规定。国际标准 ISO/DIS 6469-2：2009《电动车安全技术规范——第2部分：功能安全性措施及失效防护》中，对电动汽车故障的防护以及如何安全操作做出了明确规定。国际标准 ISO/DIS

6469-3：2001《电动车安全技术规范——第 3 部分：人员电气伤害防护》，对驾乘人员的电气伤害防护方面做出了较为详尽的规定。IEC（国际电工委员会）也起草颁布了多项关于电动汽车用电方面的标准和规则，在 IEC 60718—1997《蓄电池驱动的道路车辆提供能量的电气装置》这项标准中对电动汽车在各种情况下的电伤害防护做出了相应的规定；在 IEC 60783—1984《电动道路车辆的线束和连接器》中，对电动汽车线束电缆和连接器的设计要求，及安全方面的考虑做出了规定；在 IEC 61851-1—2010《电动车辆传导充电系统》中对电动汽车触电及漏电防护进行了详细的规定。在 IEC 60784—1984《电动道路车辆用仪表》中规定需要监控电动汽车超速、超温、辅助电池电压、泄漏电流、易燃气体或废气浓度等参数并用仪表显示出来。在美国电动汽车相关标准中，SAE J2344—2010《电动汽车安全指南》尝试列出了汽车开发中重要的安全项目清单。而 SAE J1766—2005《电动车辆和混合电动车辆用电池系统整体碰撞试验推荐规程》里则规定了电动汽车电池系统的评估方法，用以评估电动汽车或混合动力汽车在发生碰撞时，电池系统的固定、绝缘性、电解液泄漏、液体相互反应等性能。UN/ECER 100 是欧洲目前已正式公布的唯一一项针对电动汽车的安全法规，规定了车辆结构和基本安全方面的认证内容，从而帮助各国汽车制造商提高相关审批效率，以 UN/ECER 100 为基础，欧盟将进一步丰富相关技术要求，以确保驾驶者在使用车辆时更加安全，如规定电动汽车的实际使用要求，保证用户无意中触碰高压电缆时不会发生危险等。日本保安基准中，附件 101：燃料电池车乘员高压电防护技术标准对燃料电池车乘员高压防护技术做了相关规定；附件 110：纯电动车辆和混合动力车辆乘员高压电防护技术标准则对纯电动汽车和混合动力汽车乘员高压电防护做了相关规定；附件 111：纯电动车辆和混合动力电动车辆碰撞后乘员高压电防护技术标准对纯电动汽车和混合动力汽车在碰撞后乘员的高压保护做了相关规定。

2. 中国标准

再来看看国内相关标准的制定情况，2001 年国内在参照国际相关电动汽车安全标准的基础上发布了一系列国家标准。这些国家标准对电动汽车的各个方面尤其是安全方面做出了相当详尽的规定。在整车安全性能的要求方面，GB/T 18384—2020 做出了详细的规定，具体内容上与国际标准化组织发布的 ISO/DIS 6469-1～ISO/DIS 6469-3 类似。国家标准 GB/T 32620.1—2016《电动道路车辆用铅酸蓄电池 第 1 部分：技术条件》、国家标准 GB/Z 18333.1—2001《电动道路车辆用锂离子蓄电池》、国家标准 GB/T 18333.2—2015《电动汽车用锌空气电池》中都对电动汽车的供电电池做出了详尽的规定，并给出了各种蓄电池的实验要求和方法。

（三）混合动力汽车高压电系统故障分析与安全防护

1. 混合动力汽车高压电部件

一般混合动力汽车的高压电部件有电机、高压蓄电池、功率电子装置、电动空调压缩机和高压部件的电缆，图 2-4 为奥迪 Q5 混合动力车辆的高压电部件。

① 电机：电机用于驱动车辆或者对内燃机提供帮助，它替代了车上的发电机和起动机。

② 高压蓄电池：该蓄电池用于存储电机所使用的电能。该蓄电池由电机来充电。

③ 功率电子装置：功率电子装置按需要将各种不同的电流形式进行转换，以便相应的用电器使用。

④ 电动空调压缩机：该电动空调压缩机替代了由发动机来驱动的压缩机。

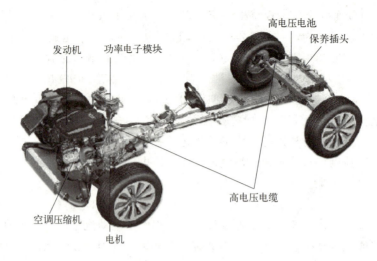

图 2-4 奥迪 Q5 混合动力汽车高压电部件

⑤ 高压部件的电缆：高压装置的导线与其他车载电网和 12V 电气系统用的导线是有明显区别的。由于电压高、电流大，所以高压装置导线的横截面积要明显大一些，且使用专用的插头触点来连接。为了让人们注意到高压电的危险性，高压装置的所有导线都是橙色的。为避免安装错误，高压线都有机械编码并用一个插接环下面的颜色环做上了标记。

图 2-5 为奥迪 Q5 混合动力车辆的高压电缆：从高压蓄电池到功率控制电子装置的两根高压线（P1，P2），从功率控制电子装置到电驱动装置电机的三根高压导线（P4，P5，P6），从功率控制电子装置到空调压缩机的一根双芯高压线（P3）。

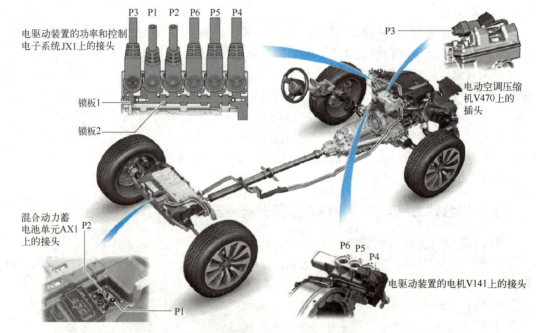

图 2-5 奥迪 Q5 混合动力汽车高压电缆

2. 典型混合动力汽车高压电系统配置

根据混合动力电动车辆的实际结构和电路特性，设计合理的保护措施，是确保驾乘人员和车辆设备安全运行的关键。为了保证高压电安全，必须针对高压电防护系统进行特别的规划与设计。首先将蓄电池组与相关的高压元件集成在一个密封的箱体内，并在蓄电池箱体中设置断电继电器以保证发生故障时及时断开高压电的输出；其次在电池中还必须设计高压电安全管理系统，以便对电动汽车上所有与高压母线相连的各个环节进行实时监控与故障诊断，并启动相应的失效控制策略和安全保护功能，确保车辆的安全性和可靠性。

图 2-6 为典型的纯电动汽车高压系统配置图。整个高压回路由高压动力蓄电池组供电，经过一次 DC/DC 变换之后输入整车高压回路中，然后高压回路分为三路：一路经过 DC/AC 变换形成三相交流电为车辆驱动电机供电，驱动汽车行驶，这也是最为重要的一路；一路同样经过 DC/AC 变换形成三相交流电给高压用电设备供电；还有一路则经过 DC/DC 变换形成 12V 低压直流电为其他汽车低压电器供电。整个高压回路的安全保护由高压电安全监测系统控制两个高压接触器的通断来实现，如图 2-6 中的 K_1 和 K_2。当高压继电器 K_1 和 K_2 闭合之后，蓄电池组既可以为电机和其他高压用电设备提供电能，也可以从电机接收电能。进行两组高压继电器设置，是为了达到分别控制蓄电池组高压输出的正端和负端，即控制高压电路正负母线通断的目的，以保证断开高压电源和高压电路电气连接的及时性和可靠性，切实保障高压电路的用电安全。

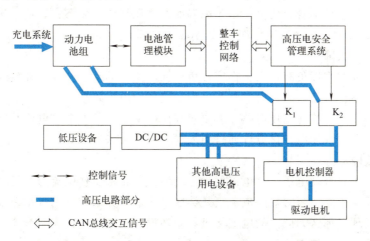

图 2-6　纯电动汽车高压系统结构

3. 混合动力汽车高压电系统故障分析

混合动力汽车高压电安全问题可以分为动力蓄电池组故障、短路故障、绝缘失效故障等七类。其中每一类故障的发生都可能造成混合动力汽车不同的安全隐患。特别是对于短路、绝缘和事故问题，由于其可能对人体造成最为直接的人身伤害而更具危险性。

（1）动力蓄电池组故障

动力蓄电池组是系统高压电的源头，当动力蓄电池组故障或出现问题时，可能对电池本身造成伤害，甚至产生安全隐患。以铅酸蓄电池为例，其常见的故障现象就包括电池温度异常、漏液、事故甩出、电池电压过高或过低以及周围危险有害气体聚集等，如处置不当，都可能造成人身伤害，甚至造成起火和爆炸。

鉴于蓄电池漏液、事故甩出及危险有害气体聚集等问题，可以通过蓄电池选型及严格按照纯电动汽车国家标准要求合理设计布局等手段解决，因此本书不做重点讲解，而重点针对动力蓄电池电压过高及过低故障以及温度异常故障进行诊断和分析。

① 电压过高及过低故障。在车辆整个的运行过程当中，高压电路都要源源不断地为汽车提供能量，系统电压过高或过低都会对电动汽车造成不良影响。如果系统电压过高（如刚刚充电结束时），车内用电设备可能在额定电压以上工作，因此会危害车内的用电设备，同时充电电压过高，也会损害电池；而当动力蓄电池电压过低时，由于此时电池内部化学反应会发生改变，会加大发热，同样会造成电池损伤。针对纯电动汽车高压电系统的电压问题，可以通过在管理系统中设置高低压保护功能模块而得到解决。安全管理系统通过将实时检测到的系统电压值和系统设定的高低压限值相比较，来判断系统的工作电压是否处在安全范围以内。

② 温度异常故障。这里温度异常故障主要指的是动力蓄电池温度过高故障。若动力蓄电池温度过高甚至超过极限值，则会损伤电池，并可能由于高温而对周围线路产生不良影响。对于动力蓄电池温度异常检测，可通过动力蓄电池温度传感器完成。当检测到动力蓄电池温度过高故障时，可由高压电安全管理系统按照编制的安全管理策略内容进行故障处理。

（2）电机过热故障

电机是纯电动汽车运行的驱动装置。和动力蓄电池温度过高类似，当电机因故障而过热时，不仅可能损伤电机本身，也可能由于高温而对高压线路产生不良影响，进而引发其他的高压故障。

（3）上电冲击故障

高压电系统存在容性负载，而根据容性负载在电路中的瞬态特性，在接通高压电路的瞬间，容性负载相当于短路，因此会对整个高压系统产生电流瞬态冲击。为了避免对高压系统用电器造成冲击，安全接通高压电路，需要对高压电系统进行上电防电流瞬态冲击设计，即为高压电路进行上电预充电，该设计通过引入预充电电阻来实现。

（4）短路故障

混合动力汽车具有高电压、大电流的动力回路，其正常工作电流通常可以在数十甚至上百安培，如果发生短路，瞬时短路电流更是会成倍增加。如果纯电动汽车在发生短路故障后不能得到及时处理，那么如此大的电流将极易烧坏设备甚至引发火灾。为此，解决短路故障问题是一项必须要进行的重要工作。

鉴于短路故障的危险性，除了根据国家电动汽车标准和结合车辆的实际安全需求，在蓄电池箱体内部设置过电流保护器（熔丝）以外，为了切实保障纯电动汽车高压电路的用电安全，确保发生短路故障时故障能够得到及时处理，一个重要的方法就是对电动汽车高压电路进行实时过电流检测。当检测到高压电路电流超过该车型规定的电流上限时，即判断发生了短路故障，此时应在第一时间内切断高压电路，以确保人车安全。和过流保护器相比，将检测得到的高压电路工作电流作为判断短路故障发生的另一种判断依据，可以认为是一种保障安全的冗余设计。

（5）绝缘失效故障

线路老化、腐蚀，雨水以及线路绝缘皮破损等等原因，都有可能导致发生绝缘失效故障。如果说混合动力汽车高压系统的短路对人的危害是间接的话，那么上百伏的高压电路发生绝缘失效故障对人的危害则是直接的。混合动力汽车设计时的"人员触电防护设计"能从硬件上为驾乘人员提供绝缘保护，但由于诱发绝缘故障发生的因素具有不确定性，仅仅是硬件系统设计还远远不能满足人们对电动汽车绝缘性能的要求。

在电动汽车国家标准中，绝缘电阻是表征电动汽车绝缘状况好坏的重要参数，为此，按照标准要求，要针对可能的绝缘失效问题设计系统绝缘电阻实时检测及故障处理功能，以切实保障驾乘人员安全。

（6）接触不良或断路故障

实验证明，高压线路接触不良或非预期断路是混合动力汽车在运行中可能出现的潜在故障，在该部分故障发生时，将可能引起高压电暴露、动力回路输出功率下降，甚至使连接器烧结等不良后果。

对此，可在高压系统电路中设计高压环路互锁电路，由安全管理系统控制器对高压电路执行高压环路互锁检测，当检测到高压回路的连接没有达到预期的完整性要求时，则判断出现接触不良或断路故障，并禁止相关动力电源的输出，直到该故障完全排除为止。

（7）事故问题引发故障

由于混合动力汽车中安装了可能危及人员生命的大能量高压蓄电池组，因此在发生意外事故，特别是严重碰撞和侧翻时，将会使车内的蓄电池单元、高压用电器等与车身固定件之间发生碰撞挤压等情况，造成潜在的脱落、短路、绝缘失效等非常危险的情况。为了适应这种被动控制的需求，最大程度上保证电动汽车在发生意外事故时人员和车辆的安全以及减少或避免二次伤害的发生，必须要考虑事故问题发生的可能性，使车辆在事故发生时具备可靠的被动安全保护功能。

4. 混合动力汽车高压电安全防护

（1）高压电路接通启动过程

正确的接通过程就是一个检验和确保动力蓄电池、负载及高压控制继电器自身安全运行的过程。为保证高压电路接通过程安全并防止高压电路上电时的瞬态电流冲击，高压电接通过程分两步进行。在高压电路未接通的情况下，首先由车载低压电源给高压电安全管理系统控制器供电，并由控制器完成一次对高压电路上电前的故障检测（包括绝缘检测、电池温度检测以及系统电压检测）。如果上述检测项目未发现异常，并且车辆蓄电池剩余电量 SOC（荷电状态）值满足最低要求，控制系统可发出控制命令开始高压电上电过程，否则禁止执行后续高压电路接通过程时的预充电操作。

为防止高压电路上电瞬态冲击，高压电路预充电操作是安全管理控制的重点，高压电安全管理系统将利用高压电路预充电操作的结果来判断是否接通高压电路。如果高压电路的端电压在预充电时间内不超过高压电压源（动力蓄电池电压）的 10%，则判断高压系统肯定出现了问题，系统将自动控制断开高压电路，并不再试图使控制器接通高压电路；如果在此过程中高压电路的端电压在最大预充电时间内超过 10% 的电压，但没有超过 90% 的高压电源电压，则安全管理系统认为高压电路上电不正常，有必要再执行一次高压电路的预充电过程，因而高压控制器在延迟一段时间之后再指令系统进行预充电操作，如果控制器检测到预充电再次故障，未能使得高压电路正常接通，则停止高压电路的接通过程，并输出错误代码。如果预充电时间结束之后，高压电路的端电压达到了高压电压源的 90% 以上，则预充电顺利完成，通过控制继电器可完成高压电路的接通工作。

（2）高压电运行过程

由于混合动力汽车运行环境和运行工况不断变化，上电检测期间检测正常并不代表电动汽车之后的运行过程都是正常的，而且混合动力汽车内部安装了可能危及人生命的高压蓄电池组，为保证电动汽车驾乘人员及高压电路系统安全，必须对混合动力汽车高压系统电路进行实时的故障检测。

① 绝缘检测。国家相关标准要求，汽车绝缘电阻最小不可低于 $100\Omega/V$，最好高于 $500\Omega/V$，据此，当检测得到的绝缘电阻高于 $500\Omega/V$ 时，绝缘电阻检测视为正常，当测量出来的值在 $100\sim500\Omega/V$ 之间时，给出声光警告，而当检测到的绝缘电阻小于 $100\Omega/V$ 时，表明高压电路系统出现绝缘失效故障，应立即对该高压电路进行断电处理。

② 过电流检测和高低压保护。过电流检测的目的是检测短路故障，而高低压保护功能则是为了保障混合动力汽车在动力蓄电池高低压时用电器及动力蓄电池的安全。要实现过电流检测和高低压保护功能，则要对高压电路系统工作电压和电流值进行实时检测和诊断。当检测到系统的工作电流超出了允许的范围，则判断系统出现了短路故障，而当检测到系统工作电压过高或过低时，则诊断为高低电压故障。鉴于短路故障的危害性，在短路故障发生时系统应及时断开高压继电器，切断高压动力源的输出。而对于高低压故障则给出高低压故障声光信号，指示操作者做出及时处理。

③ 电池、电机温度检测。为了实时掌握动力蓄电池和电机的热状态，防止由于温度过高而损坏动力蓄电池、电机以及降低线路连接的可靠程度，需要进行电池温度参数采集。当安全管理系统采集到的电池或电机温度持续过高时，应给驾乘人员以警告指示，并等待驾乘人员检查处理。而如果电池或电机温度检测结果超过设定的温度极限值，并持续一段时间，则判断动力蓄电池及电机发生了较为严重的故障，为防止故障恶化，应在短时间内使整车控制器尽快转入非驱动状态，并断开高压电路。

④ 高压环路互锁检测。高压环路互锁检测主要针对高压线路接触不良和非预期断路故障。其执行过程为：由高压电安全管理系统向高压互锁电路注入一定的电压信号，并且检测返回电压值；如果系统不能接收到返回电压，则安全管理系统判断出现接触不良或断路故障，此时由安全管理系统输出系统的状态，同时断开高压继电器。

⑤ 事故问题检测。事故信号检测是对车辆运行状况进行判断的依据，主要通过加速度传感器信号来进行感知。在保证硬件电路连接良好的情况下，在车辆运行过程当中，系统对事故信号进行循环持续扫描检测。鉴于碰撞或者倾覆事故对车辆和人员损伤程度的不可预期，为安全起见，当安全管理系统检测到碰撞或侧翻事故发生时，控制系统应果断切断高压系统电路。

（3）停车过程高压电路断电

正常情况下，关机信号经驾驶员确认后即可断开高压继电器，但为了保护动力蓄电池不至于过热损坏，当正常关机信号到来时，安全管理系统将同时执行对蓄电池的温度检测。在动力蓄电池过热，且降温风扇用 12V DC 蓄电池电量不足的情况下，高压电安全管理系统将暂时不断开高压，在给出声光警告的前提下转而为冷却系统供电一段时间，避免动力蓄电池因过热而损坏。总之，在混合动力汽车运行始终，高压电安全管理系统应循环执行对高压电路各种潜在故障的诊断，并在检测到故障发生时立即进入相应的故障处理程序，根据故障的位置及严重等级执行不同的控制策略内容。为保障安全，一旦断开高压供电，则必须经由操作者有意识地动作才能进行复位。紧急情况下，所有参与高压控制的相关管理模块都可以超越整车控制器，直接切断高压电源的输出。另外，为达到在高压电安全管理系统自身故障、失去高压故障诊断功能情况下能够人为切断高压电路的目的，或在检修车辆等情况时为用户提供安全保障，需要在电动汽车高压电安全管理系统中设置手动高压电路开关，当需要手动断开高压电路时，用户可以通过该手动开关实现。

（四）丰田混合动力汽车高压电系统防护措施

1. 高压低压不共电

在传统汽车上低压蓄电池与车身相连，构成单线制负搭铁。高压回路设计时充分考虑了高压蓄电池负极若采用单线制负极搭铁，一旦站在车身上不小心碰到正极就会很危险。所以设计高压回路时，如有负极回路一律采用负极导线回至高压蓄电池负极的方法。

2. 互锁维修塞把手

在执行任何检查或者维修前，拆下维修塞把手使高压电路在 HV 蓄电池的中部断开，从而确保维修期间的安全。

如图 2-7 所示，维修塞把手上安装有互锁开关。把手部分解锁时，互锁开关关闭且混合动力车辆控制 ECU 总成切断系统主继电器。但是，为确保安全，拆下维修塞把手前应将电源开关置于 OFF 位置。

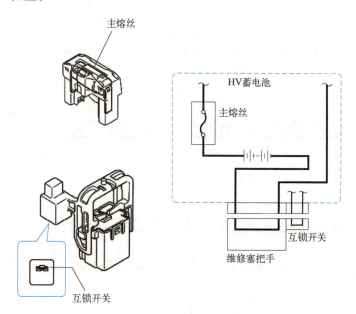

图 2-7　卡罗拉混合动力车辆维修把手互锁系统图

3. 专用电池冷却系统

在反复的充放电循环过程中，HV 蓄电池产生热量，为确保其性能正常，HV 蓄电池采用了专用冷却系统，如图 2-8 所示。

4. 过充电放电保护

混合动力车辆控制 ECU 总成根据持续、反复充电和放电的累计安培数估算 HV 蓄电池的 SOC。为了使 SOC 始终保持在正确水平，混合动力车辆控制 ECU 总成优化了控制混合动力系统，如图 2-9 所示。

5. 高压电路绝缘

高压电路用于 HV 蓄电池、带转换器的逆变器总成、混合动力车辆变速器总成和带电动机的压缩机总成之间。所有这些项目均由电源电缆（线束组）连接并用外壳和盖绝缘，如图 2-10 所示，同时利用内置于电气绝缘体的网状导体对电源电缆（线束组）进行屏蔽，屏蔽装置与车辆底盘搭铁，主要目的是防止电磁干扰。

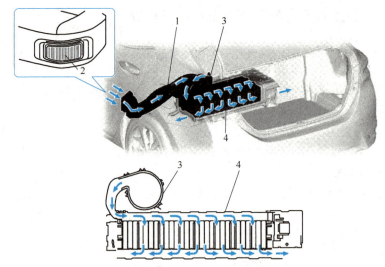

图 2-8　卡罗拉混合动力车辆电池冷却系统

1—进气管；2—HV 蓄电池 2 号进气过滤器；3—蓄电池冷却鼓风机总成；4—HV 蓄电池总成；➡冷却气流

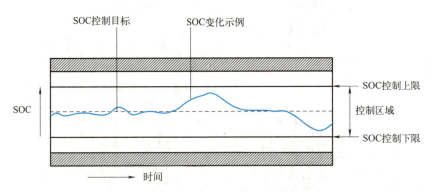

图 2-9　卡罗拉混合动力车辆充放电保护示意图

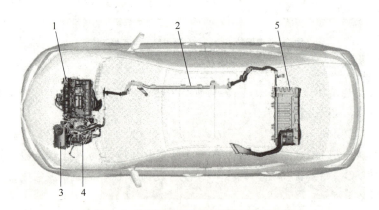

图 2-10　卡罗拉混合动力车辆高压电路线束

1—带电动机的压缩机总成；2—电源电缆（线束组）；3—带转换器的逆变器总成；
4—混合动力车辆变速器总成；5—HV 蓄电池总成

6. 绝缘电阻减小检测

内置于蓄电池智能单元的泄漏检测电路持续监视高压电路和车身搭铁之间的绝缘电阻。

泄漏检测电路有一个交流源，它会使少量的交流电流入高压电路（正极和负极）。绝缘电阻越小，检测电阻器的电压就越低且交流波也越低，从而可以根据交流波的波幅，检测绝缘电阻值。其原理图如图 2-11 所示。

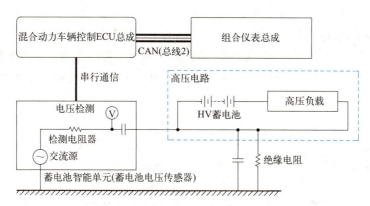

图 2-11　卡罗拉混合动力车辆高压电路绝缘检测原理图

7. 切断高压电路

出现以下任一情况时，混合动力车辆控制 ECU 会自动切断系统主继电器，其工作原理图如图 2-12 所示。

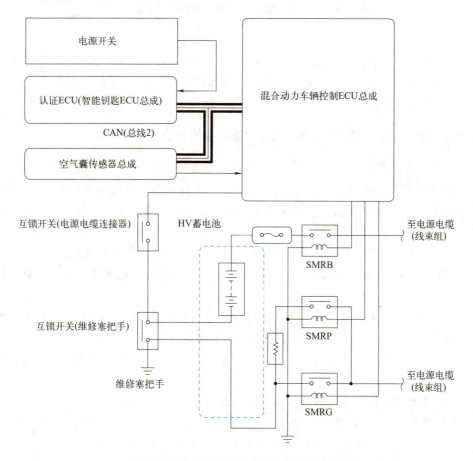

图 2-12　卡罗拉混合动力车辆切断高压电原理图

① 电源开关置于 OFF 位置。
② 任一空气囊展开。
③ 断开电源电缆连接器（互锁电路断路）。
④ 解锁维修塞把手（互锁电路断路）。
⑤ 出现特定的故障。

如图 2-13 所示，在正面碰撞、侧面碰撞或后面碰撞过程中，混合动力车辆控制 ECU 总成接收来自空气囊传感器总成的空气囊展开信号，通过断开系统主继电器切断电源，以确保安全。

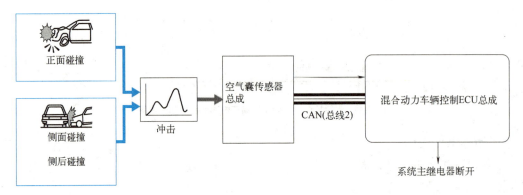

图 2-13　卡罗拉混合动力车辆碰撞保护原理图

8. 互锁电路

逆变器配置了互锁开关作为安全防护措施（由于使用高压电），在拆下逆变器端子盖或连接器盖总成，或断开 HV 蓄电池电源电缆连接器时，此开关通过混合动力车辆控制 ECU 总成断开系统主继电器。

（五）混合动力汽车高压电系统维修安全操作规程

1. 维修安全操作规程

混合动力汽车配备有高压电，以雷凌混合动力汽车为例，电压最高高达 650V，所以维修时不正确操作，可能会导致严重伤害或者电击。在维修混合动力汽车时请务必遵守以下注意事项。

① 必须在指导老师的指导下才能检修和检查高压系统，不得擅自操作。
② 佩戴有电子/医学生命和健康维持装置的人（比如戴心脏起搏器）不得检修高压系统（包括点火系统）。
③ 所有高压线束和连接器一般为橙色或者红色（具体请查阅维修手册），蓄电池和其他高压零部件上都有"高压"警告标签。不要随意触碰这些线束和零部件。
④ 检修进水的高压系统时要非常小心（潮湿的部件，尤其是带有融雪盐的部件是非常危险的）。
⑤ 不得将喷水软管和高压清洗装置直接对准高压部件。
⑥ 高压接头上不可使用机油、润滑脂和触点清洗剂等。
⑦ 高压电路的线束或连接器有故障时不要尝试维修线束或连接器，应更换损坏或有故障的高压线束或连接器。

⑧ 在检查或维修高压系统之前,必须先让系统断电。将拆下的维修塞把手放在自己的口袋里,以防止其他人在您维修车辆时将其意外连接,造成安全隐患。

⑨ 务必遵守所有安全措施,例如戴好绝缘手套和拆下维修塞把手以防止遭受电击。

⑩ 拆下维修塞把手后,在接触任何高压连接器和端子之前等待 10min,使带转换器的逆变器总成内的高压电容器放电。

⑪ 使用绝缘手套之前,务必检查它们是否有破裂、磨损或其他类型损坏。具体可参照图 2-14 的方法进行。

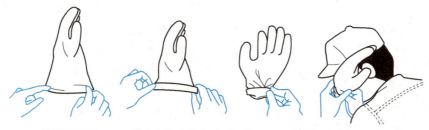

①将手套侧放　②向上卷开口2或3次　③对折开口以将其封死　④确保没有空气泄漏

图 2-14　绝缘手套检查方法

⑫ 维修车辆时,不要携带易于掉落的金属物品,以免这些物品意外掉落导致短路。

⑬ 在接触裸露的高压端子之前,要戴好绝缘手套并用检测仪确定该端子的电压为 0V。

⑭ 所有松开了的高压接头必须严防进水和污物,断开或者暴露高压连接器或者端子之后,要立即使用绝缘胶带将其绝缘,如图 2-15 所示。

⑮ 应将高压端子的螺栓和螺母紧固至固定力矩(具体数值参考维修手册),扭矩过大或者不足可能导致故障。

⑯ 使用"警告指示牌"(高压请勿触碰)告知其他人正在检查和维修高压系统。

图 2-15　连接器断开进行绝缘包裹示意图

⑰ 在维修高压系统之后和重新安装维修塞把手之前,务必再次检查并确认没有任何零件或工具遗留在系统内,已紧固好高压端子并正确连接了连接器。

⑱ 执行高压电路工作时,使用缠绕乙烯绝缘带的工具或绝缘工具。

⑲ 安装混合动力零部件时确保连接的极性正确。

2. 维修碰撞受损车辆的安全操作规程

① 事故现场应准备的物品:防护服(绝缘手套、橡胶手套、护目镜和安全鞋)、灭火器、中和电解液所需物品、绝缘胶带和电子检测仪。

② 不要触碰可能为高压电缆的裸露电缆。如果必须接触电缆或不可避免意外接触该电缆,则戴好绝缘手套并用绝缘胶带将电缆绝缘。

③ 如果车辆起火,则使用灭火器灭火。请勿用少量的水灭火,可能不起作用反而会更加危险,应使用大量的水灭火或等待消防队员到来。

④ 目视检查 HV 蓄电池及其周围区域是否有电解液泄漏。不要接触任何泄漏的液体,因其可能是强碱性电解液。

⑤ 戴好橡胶手套和护目镜,用酸溶液中和泄漏的液体,然后用红色石蕊试纸测试该液体。检查并确认试纸未变成蓝色,用抹布或布条擦净中和的电解液。

⑥ 如果皮肤接触到电解液,则可用大量清水进行冲洗。如果衣物接触到电解液,则要立即将该衣物脱掉。如果电解液进入眼睛,则要大声呼救,不要揉擦眼睛,应立即用大量清水冲洗并及时就医。

⑦ 如果车辆浸入水中,则只有将车辆从水中拖出之后,才可以处理车辆。

⑧ 如果怀疑任何高压零部件和电缆损坏,务必佩戴绝缘手套、护目镜并穿好安全鞋并按照以下程序切断高压电路:首先,将电源开关置于 OFF 位置,如果不能将电源开关置于 OFF 位置,则从发动机室继电器盒和接线盒总成上拆下电源熔丝(卡罗拉混合动力车辆的 IG2 号熔丝所在位置如图 2-16 的 2 号位置);其次,断开辅助蓄电池负极(—)端子电缆;最后,佩戴绝缘手套,拆下维修塞把手。

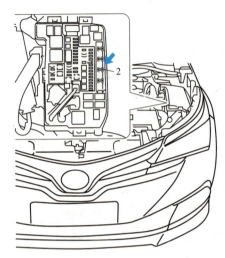

图 2-16　卡罗拉混合动力车辆 IG2 熔丝

⑨ 如果需要移动车辆,在用牵引卡车牵引车辆前,断开辅助蓄电池负极(—)端子电缆并拆下维修塞把手,否则在拖动损坏的车辆时使其车轮接触地面,可能会导致电机发电,根据车辆损坏的性质,这种电流可能会泄漏并导致起火。

⑩ 移走受损车辆后,如果在路面上发现液体,则可能是强碱性电解液。戴好橡胶手套和护目镜,用酸溶液中和电解液,然后用红色石蕊试纸测试该液体。检查并确认试纸未变成蓝色。用抹布或布条擦净中和的液体。

⑪ 报废 HV 蓄电池时,确保由可对其进行安全处理的授权回收机构进行回收。如果由制造商通过规定的途径回收 HV 蓄电池,则应由授权的回收机构进行正确和安全的回收。

⑫ 如果 HV 蓄电池报废不当或随意丢弃,则可能会导致电击等事故。因此,确保通过授权回收机构回收所有 HV 蓄电池;拆下 HV 蓄电池后,使其远离水,与水接触可能使 HV 蓄电池产生热量,引起火灾。

三、项目实施与评价

(一)实施要求

举升机、混合动力汽车整车、绝缘的劳保鞋、绝缘工具组件、绝缘手套、护目镜、万用表和胶带等。

(二)实施步骤

项目实施　混合动力汽车高压电安全规程操作

① 安全教育和强调维修纪律。

② 参考"高压电危险和急救常识"部分内容，布置事故现场，模拟高压电伤害救助措施。

③ 绝缘工具的认识，如表2-1所示。

表2-1 部分绝缘工具示意图

名称	图示	名称	图示
绝缘工具组件		绝缘工具箱	
绝缘套筒		绝缘棘轮扳手	
绝缘扭力扳手		绝缘手套	

④ 维修现场布置。

a. 维修车间内配备有高压装置的车辆，必须放上高压电危险的标识，如图2-17所示。

图2-17 高压电危险标识

图2-18 分割并标识的独立区域

b. 维修车辆高压电气系统的作业场地必须在单独的房间或实验室，如果条件不允许，可以在分割并标识的独立区域进行，如图2-18所示。

c. 使用"警告指示牌"（高压请勿触碰）告知其他人正在检查和维修高压系统，工作区必须防止其他人员进入。

⑤ 切断电源。

a. 参考图2-14的方法对绝缘手套进行检查，确认没有任何损坏。

b. 关闭点火开关，拔出点火钥匙，电源开关不能置于ON位置。

c. 按照图2-19所示，戴上绝缘手套拆下维修塞把手（或保养插头），如果因为损坏或其他原因无法取下HV电池维修塞，则在发动机室内接线盒中取下HV熔丝。在断电和拆下后，维修人员必须将点火钥匙、保养插头和安全插头妥善保管好，以防止第三方重新接通系统，同时要严防设备重新合闸。

d. 等待10min后，可以断开高压连接器或端子，戴好绝缘手套并用检测仪检查该端子的电压，确定其为0V。

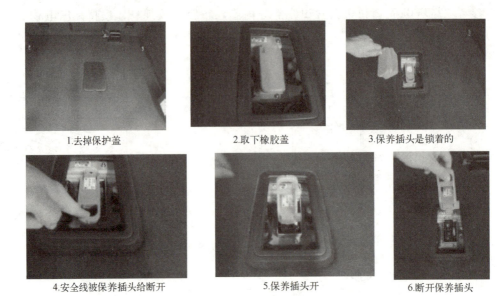

图 2-19 断电操作步骤

e. 用绝缘胶带将断开或者暴露的高压连接器或者端子进行绝缘，如图 2-15 所示。

⑥ 绝缘测量。

a. 高压正极的绝缘检查。按照图 2-20，对高压正极进行绝缘检查。

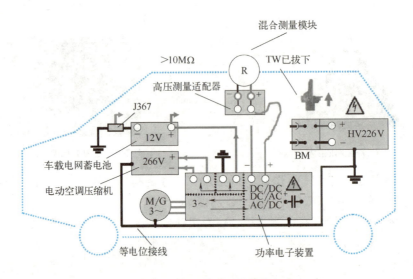

图 2-20 高压正极的绝缘检查

b. 高压负极的绝缘检查。按照图 2-21，对高压负极进行绝缘检查。

c. 检查与高压蓄电池的绝缘情况。按照图 2-22，检查与高压蓄电池的绝缘情况。

d. 检查高压蓄电池负极和接地点之间的断电情况。按照图 2-23，检查高压蓄电池负极和接地点之间的断电情况。

e. 检查高压蓄电池正极和接地点之间的断电情况。按照图 2-24，检查高压蓄电池正极和接地点之间的断电情况。

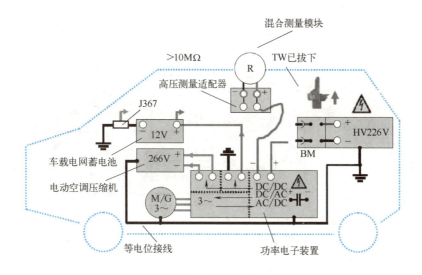

图 2-21 高压负极的绝缘检查

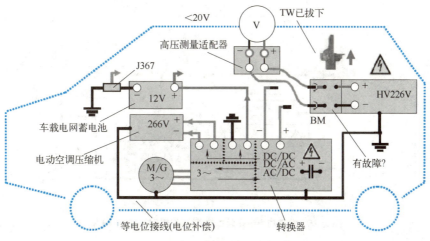

图 2-22 检查与高压蓄电池的绝缘情况

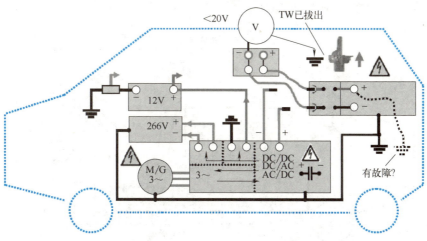

图 2-23 检查高压蓄电池负极和接地点之间的断电情况

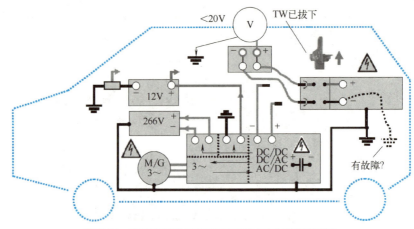

图 2-24　检查高压蓄电池正极和接地点之间的断电情况

f. 检查功率电子装置的蓄电池连接处的断电情况。按照图 2-25，检查功率电子装置的蓄电池连接处的断电情况。

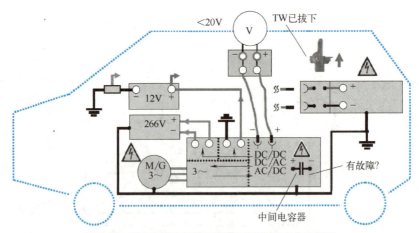

图 2-25　检查功率电子装置的蓄电池连接处的断电情况

g. 检查功率电子装置的负极和汽车搭铁之间的断电情况。按照图 2-26，检查功率电子装置的负极和汽车搭铁之间的断电情况。

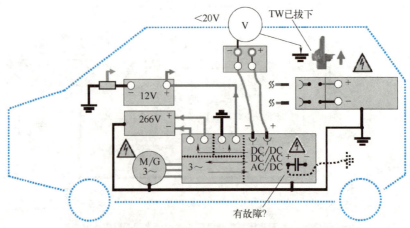

图 2-26　检查功率电子装置的负极和汽车搭铁之间的断电情况

h. 检查功率电子装置的正极和汽车搭铁之间的断电情况。按照图 2-27，检查功率电子装置的正极和汽车搭铁之间的断电情况。

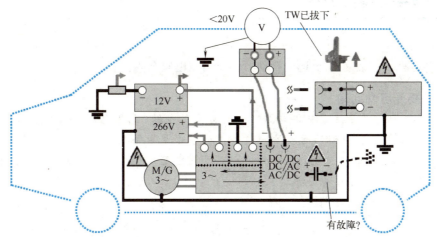

图 2-27　检查功率电子装置的正极和汽车搭铁之间的断电情况

⑦ 连接好高压连接器和端子，将高压端子的螺栓紧固至规定扭矩，并安装好维修塞把手。

注意：目视检查一下，看看所有的等电位线是否都洁净且处于良好状态，看看所有的高压线是否都处于良好状态，看看所有的高压系统连接、插头和螺栓连接是否正常并已牢靠。

学生项目实施评价表

你是否在教师的帮助下成功地完成项目任务？	是	否
知识目标		
你是否了解电流的危险性？	☐	☐
你是否了解高压系统出现事故时的急救措施？	☐	☐
你是否了解混合动力汽车高压电安全防护设计？	☐	☐
你是否掌握检修高压系统时的安全规程？	☐	☐
能力目标		
你是否能在进行高压电维修时，将高压电系统断电？	☐	☐
你是否能确定高压电系统是否处于断电状态？	☐	☐
你是否能严防高压系统重新合闸？	☐	☐
你是否能进行高压电绝缘检查（验电）？	☐	☐
你是否能重新启动高压系统？	☐	☐
你是否能正确处理高压电事故现场？	☐	☐
素质目标		
你是否认识到混合动力汽车维修的高压危险？	☐	☐
你是否具备了混合动力汽车维修的安全意识？	☐	☐
你是否能在混合动力汽车维修中做到认真负责、一丝不苟？	☐	☐
完成情况		

　　所有上述表格必须是肯定回答。如果不是，应咨询教师是否需要增加学习活动，以达到要求的技能。

教师评语：

教师签字：

学生签字：

完成时间和日期：

四、知识与技能拓展

奥迪混合动力汽车高压电安全防护

1. 车载高压电网结构

车载高压电网结构决定了从供电器（比如高压蓄电池）到用电器（比如电机）的电能传输路径，图 2-28 为三种典型的网络结构。第 1 个字母是指供电器与车身是否连接，T 代表已连接，I 代表未连接，绝缘的；第 2 个字母是指用电器壳体与车身是否连接，N 代表未连接，但是与起保护用的不带电地线连接了，T 代表连接，以电位补偿方式（等电位）。下面将对这三种网络结构进行分析。

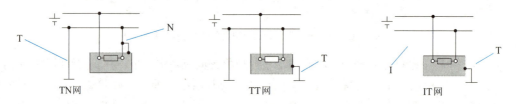

图 2-28　网络结构图

（1）TN 系统＋TT 系统

如图 2-29 所示，如果从正极到壳体的导线出现故障，那么无论当前行驶状态是什么，高压系统都会立即被切断（断电）。

（2）IT 系统

如图 2-30 所示，由于是彻底绝缘了，所以就不会有电流经车身或者地流向蓄电池。其优点是如果从正极到壳体的导线出现故障，IT 系统不会被断电！

图 2-29　TN 系统触电示意图　　　　图 2-30　IT 系统触电示意图

① IT 系统出现等电位连接故障。如图 2-31 所示，IT 系统出现第 1 个故障时系统仍能工作，组合仪表上有黄色警报信息。IT 系统出现第 2 个故障时蓄电池管理系统（BMS）会将高压系统切断（断电），同时系统内会短路，功率电子装置内的熔丝会爆开，组合仪表上会有红色警报信息，高压系统无法工作，也无法重新启动。

② IT 系统出现非等电位故障。如图 2-32 所示，IT 系统出现第 1 个故障时，无安全风险。IT 系统出现第 2 个故障时，电流可能会流经全身。所以，所有接触面应洁净且无油脂，

导线截面不可因电缆断裂而减小!如果接触电阻大和电缆断裂,在出现故障时,因等电位就无保护作用了,是非常危险的。

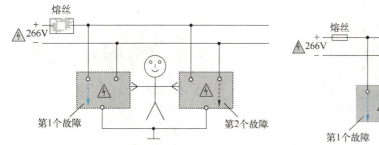
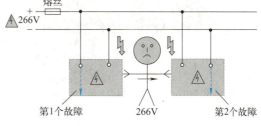

图 2-31 IT 系统等电位连接故障　　　　图 2-32 IT 系统非等电位故障

综上分析,IT 电网设备的导电壳体接地,外导体和导电壳体或者地之间第一次绝缘故障就意味着该导体接地了,第一次故障不会造成有害的影响!外导体和零线对地之间的绝缘,由一个绝缘监控装置(也叫绝缘监控器)在时刻监控着,必须将确定出的故障立即排除。混合动力汽车车辆中所用的高压网络就是一种 IT 网。

2. 高压线

高压正极和高压负极使用各自单独的高压线,高压正极和高压负极通过各自单独的导线与高压部件相连接,车身不用作搭铁。这些导线都制成橙色的。图 2-33 为奥迪混合动力车型的高压电线(橙色),图 2-34 为奥迪单芯高压电缆的结构,如图 2-35 所示为奥迪空调压缩机用双芯高压电缆的结构。

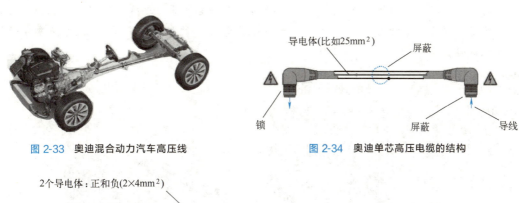

图 2-33　奥迪混合动力汽车高压线　　　　图 2-34　奥迪单芯高压电缆的结构

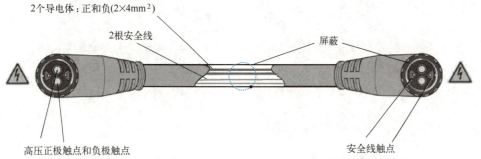

图 2-35　奥迪空调压缩机用双芯高压电缆的结构

如图 2-36 所示,奥迪混合动力汽车高压线都是有颜色和机械编码的,如果向上拔出并松开插接环的话,就能看见环编码的颜色了。在插上了插头后,必须向下压插接环,直至其

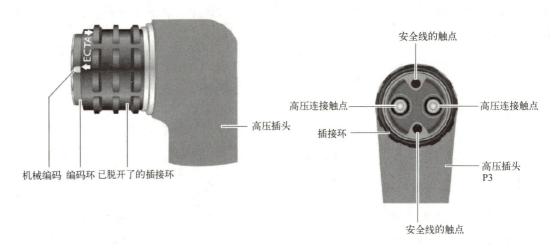

图 2-36　奥迪混合动力车辆高压线接头

卡止，这样才算真正接好。除了通过颜色环来标出编码外，高压插头和接口上还有机械编码，编码的位置用黄色标记标出。为了安全，高电压电缆插头只能插拔 40 次。

3. 安全线与机械锁

安全线是一种安全结构，它包含一个机械元件和一个电气元件。这个安全线的作用是：一旦将某个高压部件与电网分离了，安全线会保证电网处于无电压状态。另外，安全插头与锁环一起构成了一个机械锁，该锁可防止高压线在已加电时被拔出。安全线就像一个电气开关，它通过安全插头来接合。如果拔下了安全插头，那么这个开关就断开了，高压系统也就被关闭了。在拔下高压元件的高压线前，必须拔下安全插头。这样就可保证：在拔线时，整个系统是不带电的（无电压）。图 2-37 为高压蓄电池上的机械锁，图 2-38 为功率电子装置上的机械锁。

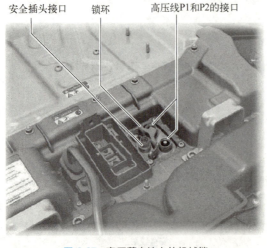

图 2-37　高压蓄电池上的机械锁

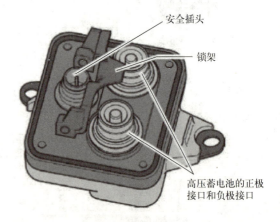

图 2-38　功率电子装置上的机械锁

高压装置的所有部件都是通过一根单独的低压线呈环状彼此相连。部件之间的连接采用常开触点式，当所有部件都可以工作时，那么常开触点就接合了。这时如果在安全线上加上了电压，那么电流就可流动了，因为导线并未断开，能测得电流，这也是安全线的所有部件都能工作的一个证明。就功能方面来说，安全线与白炽灯泡的冷监控相似，如果常开触点脱开了（比如因为某个部件无法工作或者安全插头已拔下了），那么安全线就中断了，加载上电压后也无电流流过，这就表示：高压装置不能工作了。检查安全线是接合了还是断开着，这个工作由混合动力蓄电池单元内的蓄电池调节控制单元来完成。如果该控制单元判断出安全线是断开着的，那么它就不会去操控高压触点，于是高压蓄电池与高压装置之间的连接就中断了。

只有在先拔下了安全插头后，才允许断开混合动力蓄电池单元的高压线。必须向上拔出插接环，这样才能断开安全线，且蓄电池管理控制单元才能通过高压触点来断开高压蓄电池连接。

只有在事先拔离了锁环后，才能拔下高压线的插头。由于断开了安全线，所以高压线触点上就没有电了（无电压），在拔高压线时就不会遭电击了。与此相反的是，只有在将锁环拨至两个插头上后，才可以将接功率控制电子装置的高压线与混合动力蓄电池单元相连，然后才允许插上安全插头。这也就是说：与安全线协同工作时，只有当插好安全插头后，高压装置才会通上电，插上高压接头这个操作必须在无电流时来进行。

4. 保养插头

如果拔下了保养插头，如图 2-39 所示，就会出现下述情况：安全线中断；蓄电池两部分的连接断开，导致最大电压无法使用（133VDC）。

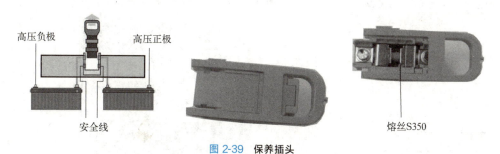

图 2-39　保养插头

5. 安全回路线

如图 2-40 所示，安全回路线是个环形线路，通过 12V 电网元件来监控高电压电网。不可在未断开安全线的情况下就拔下高压插头。安全回路线要是断路的话，会导致高压系统立即被切断。

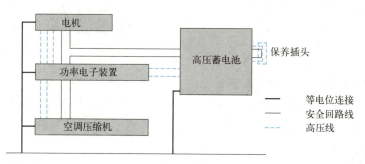

图 2-40　安全回路线示意图

6. 电气分离装置

如图 2-41 所示，DC/DC 转换器（266V⇔12V，在功率电子装置内）的电气分离装置会将 DC/DC 转换器的初级线圈和次级线圈分离开，与车身搭铁的连接仍是接在 12V 车载供电网络上。因此，初级线圈和次级线圈之间就不会反馈再有电压了。

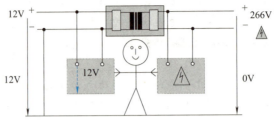

图 2-41 电气分离装置

7. 功率电子装置的主动/被动放电

如图 2-42 所示，通过放电可以消除功率电子装置内电容器上的残余电压，主动放电是由蓄电池管理系统来操控的，每次切断高压系统或者中断控制线，都会发生这种主动放电过程。被动放电是为了保证即使在已把部件拆卸下来的情况下，也可以把残余电压消除掉。为了能把残余电压可靠消除掉，在拔下保养插头后，需要等待一段时间，然后才可以开始高压部件的检修工作。

8. 碰撞切断高压电

如图 2-43 所示，在识别出碰撞时，蓄电池上的高压触点就会断开。

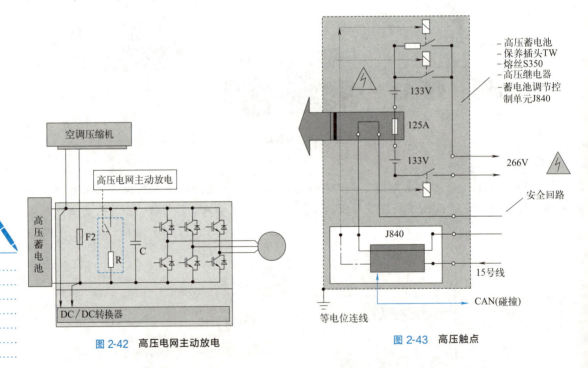

图 2-42 高压电网主动放电　　　　图 2-43 高压触点

五、项目小结

本项目主要对目前国内外的电动汽车的高压电安全标准、安全防护设计进行介绍，重点针对混合动力汽车维修的注意事项进行讲解。通过本项目的学习，读者应认识到混合动力汽车高压电的危险，有维修安全意识的同时应具备混合动力汽车维修安全操作的能力，为以后混合动力汽车的各个维修项目打下基础。

 思考与练习

1. 国内外有哪些混合动力汽车高压电安全标准？请查阅了解相关标准。
2. 混合动力汽车高压电系统故障有哪几种？
3. 针对不同混合动力汽车高压电系统故障，应采取哪些防护设计？
4. 卡罗拉混合动力车辆有哪些高压电安全防护设计？
5. 实训车型或者设备有哪些高压电安全防护设计？
6. 维修混合动力汽车高压电应该怎样保护现场？
7. 请收集资料对其他混合动力汽车的高压电安全防护设计进行解读。
8. 为什么进行混合动力汽车高压电维修之前要拔掉维修塞？维修塞的作用是什么？
9. 拔掉高压电维修塞前应该注意什么？
10. 对断开的高压电端子或者连接器应该进行怎样的操作？
11. 如果维修的混合动力汽车是事故车辆，应该注意哪些安全事项？

项目三
动力电池系统结构原理与维修

思维导图：

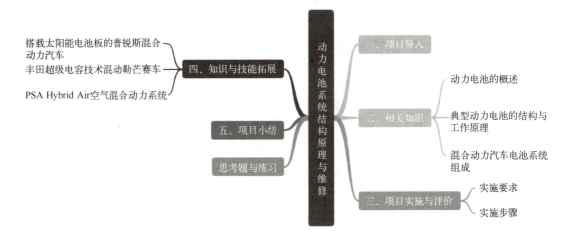

一、项目导入

动力电池是混合动力汽车发展的关键技术，也是提高整车性能和降低成本的重要发展方向。自 20 世纪 90 年代以来，动力电池的比能量、比功率、循环寿命等方面的问题就一直成为电动汽车发展的主要障碍；对于混合动力汽车，同样面临着蓄电池技术改进的问题。

那么怎样来评价动力电池的性能？现在混合动力汽车有哪几种动力电池可以使用？不同的典型动力电池各自有什么特点？它们的结构和工作原理又是什么？另外你作为一名汽车维修人员，如果遇到电池有故障的车辆，要怎么来进行电池维修（更换）？

本项目通过对动力电池的分类、性能指标和混合动力汽车对动力电池的要求进行简介，并针对不同的典型动力电池进行详细讲解，使读者对动力电池有一个全面的了解。在此基础上，针对混合动力汽车电池系统的结构进行讲解，并通过三个项目实施的学习使读者具备混合动力汽车动力电池的维修（更换）能力。

知识目标：

① 了解动力电池的分类；

② 了解典型动力电池的构造和工作原理；

③ 掌握电池的性能评价指标；

④ 掌握不同典型动力电池的性能表现；
⑤ 掌握混合动力汽车电池系统的组成；
⑥ 掌握混合动力汽车电池系统零部件的作用。

能力目标：
① 具备混合动力汽车电池的更换能力；
② 具备混合动力汽车电池冷却滤清器的清洁与更换能力。

素质目标：
① 培养高压电安全意识；
② 培养学生认真负责的工作态度及一丝不苟的工作作风；
③ 培养吃苦耐劳的敬业精神和自主学习能力；
④ 培养良好的沟通、协调能力和表达能力。

二、相关知识

（一）动力电池的概述

1. 动力电池的分类

混合动力汽车使用的动力电池可以分为化学电池、物理电池和生物电池三大类。

（1）化学电池

化学电池是利用物质的化学反应发电，其按工作性质分为原电池、蓄电池、燃料电池和储备电池；按电解质分为酸性电池、碱性电池、中性电池、有机电解质电池、非水无机电解质电池、固体电解质电池等；按电池的特性分为高容量电池、密封电池、高功率电池、免维护电池、防爆电池等；按正负极材料分为锌锰电池系列、镍镉镍氢系列、铅酸系列、锂电池系列等。

① 原电池。原电池又称一次电池，是指电池放电后不能用简单的充电方法使活性物质复原而继续使用的电池，如锌-二氧化锰干电池、锂锰电池、锌空气电池、一次锌银电池等。

② 蓄电池。蓄电池又称循环电池，是指电池在放电后可通过充电的方法使活性物质复原而继续使用的电池，这种充放电可以达数十次到上千次循环。如铅酸蓄电池、镍镉电池、镍氢电池、锂离子电池等。

③ 燃料电池。燃料电池又称连续电池，是指参加反应的活性物质从电池外部连续不断地输入电池，电池就连续不断地工作而提供电能。如质子交换膜燃料电池、碱性燃料电池、磷酸燃料电池、熔融碳酸盐燃料电池、固体氧化物燃料电池、直接甲醇燃料电池、再生型燃料电池等。

④ 储备电池。储备电池是指电池正负极与电解质在储存期间不直接接触，使用前注入电解液或者使用其他方法使电解液与正负极接触，此后电池进入待放电状态，如镁电池、热电池等。

（2）物理电池

物理电池是利用光、热、物理吸附等物理能量发电的电池，如太阳能电池、超级电容器、飞轮电池等。

(3) 生物电池

生物电池是利用生物化学反应发电的电池，如微生物电池、酶电池、生物太阳电池等。

2. 动力电池的性能指标

动力电池作为混合动力汽车的储能动力源，在电动汽车上发挥着非常重要的作用，要评定电池的实际效应，主要就是看电池的性能指标。电池的性能指标主要有电压、容量、内阻、能量、功率、输出效率、自放电率、使用寿命等，根据电池种类不同，其性能指标也有差异。

(1) 电压

电压分为端电压、开路电压、额定电压、放电电压和终止电压等。

① 端电压。电池的端电压是指电池正极与负极之间的电位差。

② 开路电压。电池在开路状态下的端电压称为开路电压，即电池在没有负载情况下的端电压。电池的开路电压等于电池正极的电极电势与负极电极电势之差。

③ 电动势。电池的电动势等于组成电池的两个电极的平衡电位之差。

④ 额定电压。额定电压是电池在标准规定条件下工作时应达到的电压。

⑤ 放电电压。电池的工作电压是指电池接通负载后在放电过程中显示的电压，又称放电电压。在电池放电初始的工作电压称为初始电压。

⑥ 终止电压。终止电压是指电池在一定标准所规定的放电条件下放电时，电池的电压将逐渐降低，当电池再不宜继续放电时，电池的最低工作电压称为终止电压。当电池的电压下降到终止电压后，再继续使用电池放电，化学"活性物质"会遭到破坏，减少电池寿命。

(2) 容量

电池在一定的放电条件下所能放出的电量称为电池的容量。常用单位为安培小时（A·h），它等于放电电流与放电时间的乘积。电池的容量可以分为理论容量、实际容量、标称容量和额定容量等。

① 理论容量。理论容量是把活性物质的质量按法拉第定律计算而得到的最高理论值。为了比较不同系列的电池，常用比容量的概念，即单位体积或单位质量电池所能给出的理论电量，单位为 A·h/L 或 A·h/kg。

② 实际容量。实际容量是指电池在一定条件下所能输出的电量。它等于放电电流与放电时间的乘积，单位为 A·h，其值小于理论容量。

③ 标称容量。标称容量是用来鉴别电池的近似安时值。

④ 额定容量。额定容量也叫保证容量，是按国家或有关部门颁布的标准，保证电流在一定的放电条件下应该放出的最低限度的容量。

⑤ 荷电状态。荷电状态（SOC）是电池在一定放电倍率下，剩余电量与相同条件下额定容量的比值，反映电池容量的变化。SOC＝1 即表示电池充满状态。随着电池的放电，电池的电荷逐渐减少，此时可以用 SOC 百分数的相对量来表示电池中电荷的变化状态。一般电池放电高效率区为 50%～80% SOC。

(3) 内阻

电流流过电池内部受到的阻力，使电池电压降低，此阻力称为电池内阻。由于电池内阻作用，电池放电时端电压低于电动势和开路电压。充电时端电压高于电动势和开路电压。

(4) 能量

电池的能量是指在一定放电制度下，电池所能输出的电能，单位是 W·h 或 kW·h。

它影响电动汽车的行驶距离。

① 理论能量。理论能量是电池的理论容量与额定电压的乘积,指一定标准所规定的放电条件下,电池所输出的能量。

② 实际能量。实际能量是电池实际容量与平均工作电压的乘积,表示在一定条件下电池所能输出的能量。

③ 比能量。比能量是指电池单位质量所能输出的电能,单位是 W·h/kg。常用比能量来比较不同的电池系统。比能量有理论比能量和实际比能量之分。理论比能量是指 1kg 电池反应物质完全放电时理论上所能输出的能量;实际比能量是指 1kg 电池反应物质所能输出的实际能量。由于各种因素的影响,电池的实际比能量远小于理论比能量。

电池的比能量是综合性指标,它反映了电池的质量水平。电池的比能量影响电动汽车的整车质量和续驶里程,是评价电动汽车的动力电池是否满足预定的续驶里程的重要指标。

④ 能量密度。能量密度是指电池单位体积所能输出的电能,单位是 W·h/L。

(5) 功率

电池的功率是指电池在一定放电制度下,单位时间内所输出能量的大小,单位为瓦(W)或千瓦(kW)。电池的功率决定了电动汽车的加速性能和爬坡能力。

① 比功率。单位质量电池所能输出的功率称为比功率,单位为 W/kg 或 kW/kg。

② 功率密度。单位体积电池所能输出的功率称为功率密度,单位为 W/L 或 kW/L。

(6) 输出效率

动力电池作为能量存储器,充电时把电能转化为化学能储存起来,放电时把电能释放出来。在这个可逆的电化学转换过程中,有一定的能量损耗。通常用电池的容量效率和能量效率来表示。

① 容量效率。容量效率是指电池放电时输出的容量与充电时输入的容量之比。

② 能量效率。能量效率也称电能效率,是指电池放电时输出的能量与充电时输入的能量之比。

(7) 自放电率

自放电率是指电池在存放期间容量的下降率,即电池无负荷时自身放电使容量损失的速度。自放电率用单位时间容量降低的百分数表示。

(8) 放电速率(放电率)

放电速率一般用电池在放电时的时间或放电电流与额定电流的比例来表示。

① 时率(时间率)。电池以某种电流强度放电,放完额定容量所经过的放电时间。汽车用电池一般用 20h 率容量表示。

② 倍率(电流率)。电池以某种电流强度放电的数值为额定容量数值的倍数。

(9) 使用寿命

使用寿命是指电池在规定条件下的有效寿命期限。电池发生内部短路或损坏而不能使用,以及容量达不到规范要求时电池使用失效,这时电池的使用寿命终止。电池的使用寿命包括使用期限和使用周期。使用期限是指电池可供使用的时间,包括电池的存放时间。使用周期是指电池可供重复使用的次数。除此之外,成本也是一个重要的指标,电动汽车发展的瓶颈之一就是电池价格高。

3. 混合动力汽车对动力电池的要求

(1) 比能量高

为了提高混合动力汽车的纯电动模式续驶里程,要求动力电池尽可能储存多的能量,但混合动力汽车又不能太重,其安装电池的空间有限,这就要求电池具有高的比能量。

(2) 比功率大

为了使混合动力汽车在加速行驶、爬坡能力和负载行驶等方面能与燃油汽车相竞争,就要求电池具有大的比功率。

(3) 充放电效率高

电池中能量的循环必须经过充电—放电—充电的循环,高的充放电效率对保证整车效率具有至关重要的作用。

(4) 相对稳定性好

电池应当在快速充放电和充放电过程变工况的条件下保持性能的相对稳定,使其在动力系统使用条件下能达到足够的充放电循环次数。

(5) 使用成本低

除了降低电池的初始购买成本外,还要提高电池的使用寿命以延长其更换周期。

(6) 安全性好

具有较高的安全性与可靠性。电池的安全一直是备受关注的,必须选择具有一定安全等级的电池,能保证正常使用时不燃烧、不爆炸。

(二) 典型动力电池的结构与工作原理

1. 铅酸蓄电池

铅酸蓄电池自 1859 年发明以来,其使用和发展已有 100 多年的历史,广泛用作内燃机汽车的启动动力源。混合动力汽车用铅酸蓄电池要用于给整车提供动力,它的主要发展方向是提高比能量,增加循环使用寿命。

铅酸蓄电池在比能量、深放电循环寿命、快速充电等方面不能很好满足混合动力汽车的要求,为了解决这三大技术难题,国际铅锌组织(ILZO)于 1992 年联合 62 家世界著名铅酸蓄电池厂家成立了先进铅酸蓄电池研制联盟(ALABC),共同研制电动汽车用铅酸蓄电池。ALABC 开发的铅酸蓄电池各项性能均取得了明显的提高。

铅酸蓄电池在比能量、深放电循环寿命、快速充电等方面均比镍氢电池、锂离子电池差,不适合用于混合动力汽车。但由于其价格低廉,国内外将它的应用定位在速度不高、路线固定、充电站设立容易规划的车辆。

(1) 铅酸蓄电池的分类

铅酸蓄电池分为免维护铅酸蓄电池和阀控密封式铅酸蓄电池。

① 免维护铅酸蓄电池。免维护铅酸蓄电池由于自身结构上的优势,电解液的消耗量非常小,在使用寿命内基本不需要补充蒸馏水。它具有耐震、耐高温、体积小、自放电小的特点。使用寿命一般为普通铅酸蓄电池的两倍。市场上的免维护铅酸蓄电池也有两种:

在购买时一次性加电解液以后使用中不需要添加补充液;电池本身出厂时就已经加好电解液并封死,用户根本就不能加补充液。

② 阀控密封式铅酸蓄电池。阀控密封式铅酸蓄电池在使用期间不用加酸、加水维护,电池为密封结构,不会漏酸,也不会排酸雾,电池盖子上设有溢气阀(也叫安全阀),该阀的作用是当电池内部气体量超过一定值,即当电池内部气压升高到一定值时,溢气阀自动打开,排出气体,然后自动关闭,防止空气进入电池内部。

阀控密封式铅酸蓄电池分为 AGM 和 GEL（胶体）电池两种：AGM 电池采用吸附式玻璃纤维棉（absorbed glass mat）作隔膜，电解液吸附在极板和隔膜中，电池内无流动的电解液，电池可以立放工作，也可以卧放工作；胶体（GEL）电池 SiO_2 作凝固剂，电解液吸附在极板和胶体内，一般立放工作。无特殊说明，皆指 AGM 电池。混合动力汽车使用的动力电池一般是阀控密封式铅酸蓄电池。

（2）铅酸蓄电池的结构

铅酸蓄电池由正负极板、隔板、电解液、溢气阀、外壳等部分组成，如图 3-1 所示。极板是铅酸蓄电池的核心部件，正极板上的活性物质是二氧化铅，负极板上的活性物质为海绵状纯铅。隔板隔离正、负极板，防止短路；作为电解液的载体，能够吸收大量的电解液，起到促进离子良好扩散的作用；它还是正极板产生的氧气到达负极板的"通道"，以顺利建立氧循环，减少水的损失。电解液由蒸馏水和纯硫酸按一定比例配制而成，主要作用是参与电化学反应，是铅酸蓄电池的活性物质

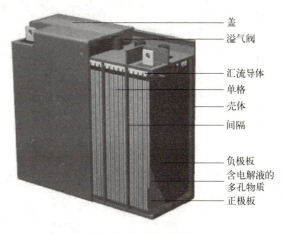

图 3-1 铅酸蓄电池的基本结构

之一。电池槽中装入一定密度的电解液后，由于电化学反应，正、负极板间会产生约为 2.1V 的电动势。溢气阀位于电池顶部，起到安全、密封、防爆等作用。

（3）铅酸蓄电池的特点

① 铅酸蓄电池的优点：

除锂离子电池外，在常用蓄电池中，铅酸蓄电池的电压最高，为 2.0V；价格低廉；可制成小至 1 安时大至几千安时的各种尺寸和结构的蓄电池；高倍率放电性能良好，可用于发动机启动；高低温性能良好，可在 $-40\sim60℃$ 条件下工作；电能效率高达 60%；易于浮充使用，没有"记忆"效应；易于识别荷电状态。

② 铅酸蓄电池的缺点：

比能量低，在电动汽车中所占的质量和体积较大，一次充电行驶里程短；使用寿命短，使用成本高；充电时间长；铅是重金属，存在污染。

（4）铅酸蓄电池的工作原理

铅酸蓄电池使用时，把化学能转换为电能的过程叫放电。在使用后，借助于直流电在电池内进行化学反应，把电能转变为化学能而储蓄起来，这种蓄电过程叫作充电。铅酸蓄电池是酸性蓄电池，其化学反应式为：

$$PbO+H_2SO_4 \longrightarrow PbSO_4+H_2O$$

充电时，把铅板分别和直流电源的正、负极相连，进行充电电解，阴极的还原反应为：

$$PbSO_4+2e^- \longrightarrow Pb+SO_4^{2-}$$

阳极的氧化反应为：

$$PbSO_4+2H_2O \longrightarrow PbO_2+4H^++SO_4^{2-}+2e^-$$

充电时的总反应为：

$$2PbSO_4+2H_2O \longrightarrow Pb+PbO_2+2H_2SO_4$$

随着电流的通过，$PbSO_4$ 在阴极上变成蓬松的金属铅，在阳极上变成黑褐色的二氧化铅，溶液中有 H_2SO_4 生成，如图 3-2 所示。

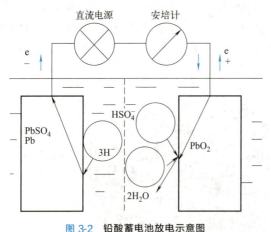

图 3-2 铅酸蓄电池放电示意图

放电时蓄电池阴极的氧化反应为：

$$Pb \longrightarrow Pb^{2+} + 2e^-$$

由于硫酸的存在，Pb^{2+} 立即生成难溶解的 $PbSO_4$。

阳极的还原反应为：

$$PbO_2 + 4H^+ + 2e^- \longrightarrow Pb^{2+} + 2H_2O$$

同样，由于硫酸的存在，Pb^{2+} 也立即生成 $PbSO_4$。

放电时总的反应为：

$$Pb + PbO_2 + 2H_2SO_4 \longrightarrow 2PbSO_4 + 2H_2O$$

蓄电池充电的时候，随着电池端电压的升高，水开始被电解，当电池电压达到约 2.39V/单体时，水的电解不可忽视。水电解时阳极和阴极的化学反应式为：

$$H_2O \longrightarrow \frac{1}{2}O_2 + 2H^+ + 2e^-$$

$$2H^+ + 2e^- \longrightarrow H_2$$

阳极给出电子，阴极得到电子，从而形成了回路电流。端电压越高，电解水也越激烈，此时充入的大部分电荷参加水电解，形成的活性物质很少。

（5）铅酸蓄电池的放电特性

在铅酸蓄电池不放电的情况下，蓄电池中活性物质微孔中的电解液 H_2SO_4 的密度与极板外的电解液密度相同。铅酸蓄电池开始放电，活性物质表面的电解液的密度立即下降，而极板外的电解液是缓慢地向活性物质表面扩散，不能立即补偿活性物质表面电解液的密度，随着放电过程的进行，活性物质表面的电解液的密度继续下降，结果导致蓄电池的端电压下降，如图 3-3 中 AB 段。

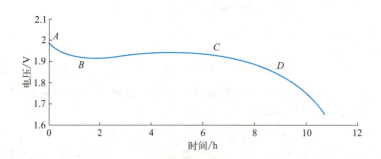

图 3-3 铅酸蓄电池的放电曲线

蓄电池继续放电，在活性物质表面的电解液浓度下降的同时，极板外的电解液向活性物质表面扩散，补充了活性物质表面的电解液的浓度并保持了一定的浓度，活性物质表面的电解液的浓度变化缓慢，使蓄电池的端电压也随即保持稳定，如图 3-3 中 BC 段。

蓄电池继续放电，极板外的电解液的整体浓度也逐渐降低，在活性物质表面的电解液的浓度也随之降低。又由于电解液和活性物质被消耗，其作用面积也不断减小，结果是蓄电池的端电压也随之下降，如图 3-3 中 CD 段。

（6）铅酸蓄电池的充电特性

在蓄电池充电开始后，首先活性物质表面的 $PbSO_4$ 转换为 Pb，并在活性物质表面附近生成 H_2SO_4，蓄电池的端电压迅速上升，如图 3-4 中的 AB 段。当到达 B 点以后，活性物质表面和微孔内的 H_2SO_4 浓度平缓地增加，蓄电池的端电压上升比较缓慢，如图 3-4 中的 BC 段。随着充电过程继续进行，达到充电量的 90% 左右，反应的极化增加，蓄电池的端电压明显地再次上升，如图 3-4 中的 CD 段，这时蓄电池的端电压到达 D 点，蓄电池的两极开始析出大量气体。超过 D 点以后进行电解过程，蓄电池的端电压又达到一个新的稳定值。

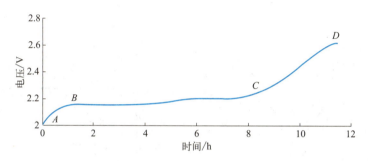

图 3-4　铅酸蓄电池的充电曲线

蓄电池充电还受到充电电流条件的影响，充电电流愈大，活性物质的反应愈快，反应生成的 H_2SO_4 速度愈快，浓度增加愈快，蓄电池的端电压上升愈快。一般来说用较大的电流来充电时，固然可以加快充电过程，但能量的损失也大，在充电终期大部分的电能用于产生热量和分解水。另外，用较大的电流来充电时在电极上的电流的分布也愈加不均匀，电流分布多的部分活性物质的反应快，电流分布少的部分活性物质不能充分转化。所以，在蓄电池充电的后期应减小充电电流。

另外，蓄电池充电时蓄电池端电压随充电时电流强度的变化而变化，电流强度大，蓄电池端电压也高，电流强度小，蓄电池端电压也较低。

（7）铅酸蓄电池的充电方法

蓄电池的充电可以分为常规充电和快速充电两种。蓄电池的常规充电方法主要有恒流充电法、分段电流充电法、恒压充电法、恒压限流充电法等。

① 常规充电法

a. 恒流充电法。恒流充电法是通过调整充电装置输出电压或改变与蓄电池串联电阻的方式使充电电流强度保持不变的充电方法，如图 3-5 所示。恒流充电法能使蓄电池充电比较彻底，但需经常调节充电电压，且充电时间较长。

b. 分段电流充电法。在充电过程中，为更有效地利用电能而逐渐减小充电电流的方法为分段电流充电法。考虑到电池具体情况，一般分为数段进行

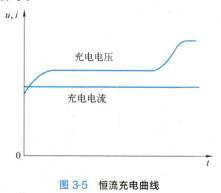

图 3-5　恒流充电曲线

充电，如二阶段充电法和三阶段充电法。

（a）二阶段充电法。二阶段法采用恒电流和恒电压相结合的快速充电方法，如图 3-6 所示。首先，以恒电流充电至预定的电压值，然后，改为恒电压完成剩余的充电。一般两阶段之间的转换电压就是第二阶段的恒电压。

（b）三阶段充电法。三阶段充电法在充电开始和结束时采用恒电流充电，中间用恒电压充电。当电流衰减到预定值时，由第二阶段转换到第三阶段。这种方法可以将出气量减到最小，但作为一种快速充电方法使用，受到一定的限制。

c. 恒压充电法。充电电源的电压在全部充电时间里保持恒定的数值，随着蓄电池端电压的逐渐升高，电流逐渐减小。与恒流充电法相比，其充电过程更接近于最佳充电曲线。用恒定电压快速充电，如图 3-7 所示。由于充电初期蓄电池电动势较低，充电电流很大，随着充电的进行，电流将逐渐减小，因此，只需简易控制系统。

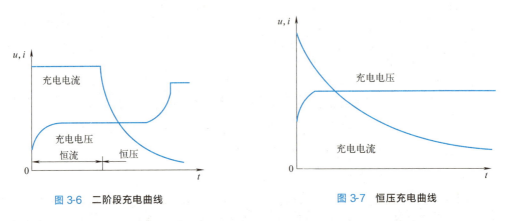

图 3-6　二阶段充电曲线　　　　图 3-7　恒压充电曲线

d. 恒压限流充电法。为了克服恒压充电法中初期电流过大，而使充电设备不能承受的缺点，常采用恒压限流充电法来代替恒压充电法。在充电第一阶段，用恒定的电流充电；在电池电压达到一定电压后，维持此电压恒定不变，转为第二阶段的恒压充电过程，当充电电流下降到一定值后，继续维持恒压充电大约一小时即可停止充电。

② 快速充电法

a. 蓄电池快速充电的原理。快速充电要想方设法加快电池的化学反应速度（提高充电电压或电流等），使充电速度得到最大的提高；快速充电又要保证负极的吸收能力，使负极能够跟得上正极氧气产生的速度，同时要尽可能地消除电池的极化现象。这一原理也表明，蓄电池快速充电的速度是有上限的，不可能无限制地提高蓄电池的充电速度。要想提高蓄电池的化学反应速度，有两种方式：一是改进蓄电池的结构以降低欧姆内阻和提高反应离子的扩散速度；二是改进蓄电池的充电方法，允许加大充电电流，缩短充电时间。

b. 脉冲式充电法。脉冲式充电法首先是用脉冲电流对电池充电，然后停充一段时间，如此循环，如图 3-8 所示。充电脉冲使蓄电池充满电量，而间歇期使蓄电池经化学反应产生的氧气和氢气有时间重新化合而被吸收掉，使浓差极化和欧姆极化自然而然地得到消除，从而减小了蓄电池的

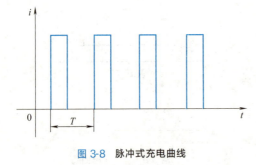

图 3-8　脉冲式充电曲线

内压,使下一轮的恒流充电能够更加顺利地进行,使蓄电池可以吸收更多的电量。间歇脉冲使蓄电池有较充分的反应时间,减少了析气量,提高了蓄电池的充电电流接受率。

c. 变电流间歇充电法。变电流间歇充电法是建立在恒流充电和脉冲充电的基础上的,如图 3-9 所示。其特点是将恒流充电段改为限压变电流间歇充电段。充电前期的各段采用变电流间歇充电的方法,保证加大充电电流,获得绝大部分充电量。充电后期采用定电压充电段,获得过充电量,将电池恢复至完全充电态。通过间歇停充,使蓄电池经化学反应产生的氧气和氢气有时间重新化合而被吸收掉,使浓差极化和欧姆极化自然而然地得到消除,从而减小了蓄电池的内压,使下一轮的恒流充电能够更加顺利地进行,使蓄电池可以吸收更多的电量。

d. 变电压间歇充电法。变电压间歇充电法如图 3-10 所示。与变电流间歇充电方法不同之处在于第一阶段的不是间歇恒流,而是间歇恒压。比较图 3-9 和图 3-10 可以看出,图 3-10 更加符合最佳充电的充电曲线。在每个恒电压充电阶段,由于是恒压充电,充电电流自然按照指数规律下降,符合电池电流可接受率随着充电的进行逐渐下降的特点。

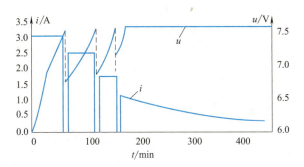

图 3-9 变电流间歇充电曲线

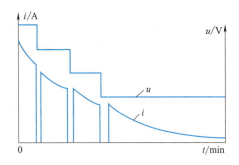

图 3-10 变电压间歇充电曲线

2. 镍镉电池

镍镉电池是一种碱性蓄电池,它的比能量可达 55W·h/kg,比功率超过 190W/kg,可快速充电,循环使用寿命较长,可达到 2000 多次。使用中要注意做好回收工作,以免重金属镉造成环境污染。镍镉蓄电池的结构与原理与镍氢电池相似。

(1)镍镉电池的结构

镍镉电池正极板上的活性物质由氧化镍粉和石墨粉组成,石墨不参加化学反应,其主要作用是增强导电性。负极板上的活性物质由氧化镉粉和氧化铁粉组成,氧化铁粉的作用是使氧化镉粉有较高的扩散性,防止结块,并增加极板的容量。电解液通常为氢氧化钠或氢氧化钾溶液。

(2)镍镉电池充放电时的电化学反应

镍镉电池放电时负极和正极发生的电化学反应为:

$$Cd + 2OH^- \longrightarrow Cd(OH)_2 + 2e^-$$

$$NiO_2 + 2H_2O + 2e^- \longrightarrow Ni(OH)_2 + 2OH^-$$

总的电化学反应为:

$$NiO_2 + 2H_2O + Cd \longrightarrow Ni(OH)_2 + Cd(OH)_2$$

镍镉电池充电时负极和正极发生的电化学反应为:

$$Ni(OH)_2 + 2OH^- \longrightarrow NiO_2 + 2H_2O + 2e^-$$

$$Cd(OH)_2 + 2e^- \longrightarrow Cd + 2OH^-$$

总的电化学反应为:

$$Ni(OH)_2 + Cd(OH)_2 \longrightarrow NiO_2 + Cd + 2H_2O$$

(3) 镍镉蓄电池的容量

镍镉蓄电池容量与活性物质的数量、放电率和电解液等因素有关。

放电电流直接影响放电终止电压,在规定的放电终止电压下,放电电流越大,蓄电池的容量越小。使用不同成分的电解液,对蓄电池的容量和寿命有一定的影响。电解液的温度对蓄电池的容量影响较大,这是因为随着电解液温度升高,极板活性物质的化学反应也逐步改善。电解液中的有害杂质越多,蓄电池的容量越小。

3. 镍锌电池

镍锌电池由镍电极和锌电极组成,兼有镍镉电池中镍正极长寿命和锌银电池中锌负极高容量的优越性能,是一种高性能绿色二次动力电池。

(1) 镍锌电池结构

镍锌电池的正极为氧化镍电极,负极为锌电极;锌电极外包裹多层隔膜,隔膜一般为无纺布(常用聚丙烯和聚酰胺两种),分为贮存电解液的吸液隔膜和防止锌枝晶穿透的隔膜;电极以极耳引出。除了这些基本组成单元之外,镍锌电池还包含电解液、气阀、辅助电极和电池容器等。

(2) 镍锌电池原理

① 锌电极。锌电极的主要活性物质为氧化锌,负极由氧化锌、金属锌粉、改善电极性能的导电剂、少量的添加剂和聚四氟乙烯乳液等混合压制而成。锌电极的主要制备方法有压成法、涂膏法、烧结法、电沉积法以及化成法等。

② 镍电极。镍电极采用 $Ni(OH)_2$ 作为活性材料。根据所用的基底和制备方法不同,镍电极可以分为非烧结型镍电极、烧结型镍电极和电化学沉积轻质镍电极。

③ 隔膜。隔膜置于电池的正负极之间,防止正负极活性材料直接接触造成电池内部短路。

④ 电解液。镍锌电池的电解液一般采用 6mol/L 的 KOH 水溶液。由于电池长期使用过程中,$Ni(OH)_2$ 晶粒会逐渐聚集而造成充电困难,因此实际生产中的电解液通常添加适量的 LiOH,一般为 0.6mol/L。

镍锌电池使用 $Ni(OH)_2/NiOOH$ 作为正极(阳极),ZnO/Zn 作为负极(阴极),KOH 水溶液作为电解液。放电时,金属 Zn 被氧化为 ZnO,NiOOH 还原为 $Ni(OH)_2$,充电时反之。

镍锌电池放电时负极和正极发生的电化学反应为:

$$Zn + 4OH^- \longrightarrow Zn(OH)^{2-} + 2e^-$$
$$NiOOH + H_2O + e^- \longrightarrow Ni(OH)_2 + OH^-$$

总的电化学反应为:

$$Zn + 2NiOOH + H_2O \longrightarrow ZnO + 2Ni(OH)_2$$

若电池过充电,氢氧化镍电极上产生 O_2,锌电极上生成 H_2,这些气体可能会结合形成水,负极和正极发生的电化学反应为:

$$H_2O + 2e^- \longrightarrow H_2 + 2OH^-$$
$$2OH^- \longrightarrow 1/2O_2 + H_2O + 2e^-$$

总的电化学反应为：

$$H_2O \longrightarrow H_2 + 1/2O_2$$

过充电时在氢氧化镍电极上产生的 O_2 也可能在锌电极上直接与金属锌结合生成氧化锌。H_2O 和 O_2 的产生增加了电池内压，使电池密封困难。过充电时，氢氧化镍电极上产生 O_2 和锌电极上生成 H_2 这两个反应的发生取决于正负极上活性材料的数量和它们的利用率。

（3）镍锌电池的特点

镍锌电池具有以下优点：

① 比能量高，可达 50～80W·h/kg，明显高于铅酸和镍镉电池；

② 比功率高，仅次于锂离子电池；

③ 工作电压高，可达 1.65V，高于镍氢和镍镉电池；

④ 工作温度宽，为 −20～60℃；

⑤ 无记忆效应；

⑥ 电池的生产和使用过程对环境不产生污染；

⑦ 价格低。

（4）镍锌电池和其他典型电池对比

表 3-1 列出了当前镍锌电池和其他动力型电池主要性能的比较。从表中对比可以发现镍锌电池的显著优势。

表 3-1 镍锌电池和其他动力型电池主要性能的比较

电池种类	工作电压/V	比能量/(W·h/kg)	比功率/(W/kg)	循环寿命/h	存在问题
镍锌	1.2～1.6	50～80	500	200～300	循环寿命短
铅酸	1.5～1.8	25～35	50～200	250～450	体积大、比能量低、寿命短、容易腐蚀、环保性能差
镍镉	1.0～1.2	30～45	500	500	记忆效应，镉对环境有害，高温充电性能差
镍氢	1.2	60～70	100～200	500	价格高，高温充电性能差
锂离子	3.6	120～150	250～350	800	价格高，存在安全性问题

4. 镍氢电池

镍氢电池是 20 世纪 90 年代发展起来的一种新型电池。它的正极活性物质主要由镍制成，负极活性物质主要由储氢合金制成，是一种碱性蓄电池。镍氢电池具有高比能量、高功率、适合大电流放电、可循环充放电、无污染等优点，被誉为"绿色电源"。

（1）镍氢电池的分类与结构

按照外形，镍氢电池可以分为方形镍氢电池和圆形镍氢电池。

镍氢电池主要由正极、负极、极板、隔板、电解液等组成。镍氢电池正极是活性物质氢氧化镍，负极是储氢合金，用氢氧化钾作为电解质，在正负极之间有隔膜，共同组成镍氢单体电池。在金属铂的催化作用下，完成充电和放电的可逆反应。

（2）镍氢电池的特点

镍氢电池作为一种使用广泛的储能元件，相对于其他蓄电池和超级电容器，有以下特点：

① 比能量较大：镍氢电池的比能量显著高于铅酸电池，在各种蓄电池中，比能量仅次于锂离子电池；

② 比功率较大：镍氢电池的比功率显著高于铅酸电池，在各种蓄电池中，比功率仅次于锂离子电池；

③ 循环寿命长：镍氢电池的循环寿命可达 1000～1500 次，在各种蓄电池中寿命较长；

④ 安全性能高：镍氢电池的安全性较好；

⑤ 自放电明显：镍氢电池的自放电现象，在各种蓄电池中最为明显。

(3) 镍氢电池的工作原理

镍氢电池是将物质的化学反应产生的能量直接转化成电能的一种装置。镍氢电池由镍氢化合物正电极、储氢合金负电极以及碱性电解液（比如 30% 的氢氧化钾溶液）组成。镍氢电池的性能特点主要取决于本身体系的电极反应。

充电时正、负极的电化学反应为：

$$Ni(OH)_2 + OH^- \longrightarrow NiOOH + H_2O + e^-$$

$$M + H_2O + e^- \longrightarrow MH + OH^-$$

总反应： $Ni(OH)_2 + M \longrightarrow NiOOH + MH$

放电时正、负极的电化学反应为：

$$NiOOH + H_2O + e^- \longrightarrow Ni(OH)_2 + OH^-$$

$$MH + OH^- \longrightarrow M + H_2O + e^-$$

总反应： $NiOOH + MH \longrightarrow Ni(OH)_2 + M$

式中，M 及 MH 分别代表储氢合金和其相应的氢化物。

(4) 镍氢电池的充放电特性

镍氢电池的充放电特性可以通过对电池进行不同倍率的充放电实验获得。通常电池在一定电流下进行充电和放电时都是使用曲线来表示电池的端电压和温度随时间的变化的，把这些曲线称为电池的特性曲线。

一般充放电电流的大小常用充放电倍率来表示，即充放电倍率=充放电电流/额定容量。例如，额定容量为 100A·h 的电池用 20A 放电池时，其放电倍率为 0.2C。

① 镍氢电池的充电特性。在充电起始阶段，电池端电压迅速上升，随着时间的延长，电池电压上升减缓，电池的容量与电池的端电压有一定的对应关系，如图 3-11 所示。

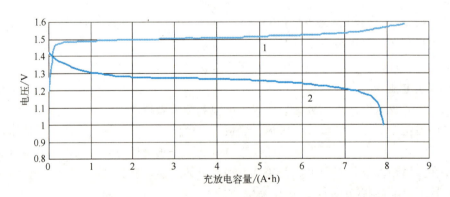

图 3-11 电池常温充电曲线

曲线 1—5C 充电 8.4A·h；曲线 2—常温 0.5C 放电至 1.0V

电池在高温情况下充电，虽然充电时间较长，但充电效率下降，导致放电容量减小，如图 3-12 所示。

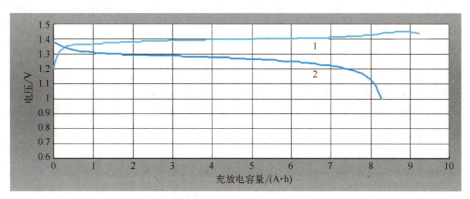

图 3-12 电池高温（45℃）充电曲线

曲线 1—高温（45℃）1C 充电 9.24A·h；曲线 2—常温 0.5C 放电至 1.0V

② 镍氢电池的放电特性。随着放电的进行，总的趋势是随着放电时间的延续电池的端电压不断下降。放电电流越大电池所能放出的安时量越小，电池的端电压越低，如图 3-13 所示。

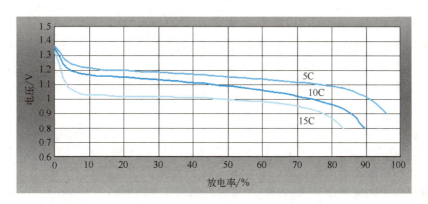

图 3-13 电池常温下不同倍率放电曲线

虽然常温下延长了充电时间，但在低温情况下，电池放电容量将会下降，如图 3-14 所示。

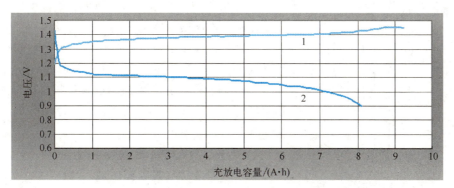

图 3-14 电池低温（-18℃）放电曲线

曲线 1—常温 0.5C 充电 9.24A·h；曲线 2—低温（-18℃）1C 放电至 0.9V

5. 锂离子电池

（1）锂离子电池的发展过程

锂电池和锂离子电池是20世纪开发成功的新型高能电池。这种电池的负极是金属锂，正极用MnO_2、$SOCl_2$、$(CF_x)_n$等。20世纪70年代进入实用化。因其具有能量高、电池电压高、工作温度范围宽、贮存寿命长等优点，已广泛应用于军事和民用小型电器中，如移动电话、便携式计算机、摄像机、照相机等，部分代替了传统电池。

锂离子电池应用大致分三个阶段：

第一阶段（目前较为广泛）：

① 电动工具：电钻、电锯、割草机等；

② 遥控汽车、船、飞机等玩具；

③ 不间断电源（UPS）及应急灯、警示灯及矿灯（安全性最好）；

④ 替代照相机中3V的一次性锂电池及9V的镍镉或镍氢可充电电池（尺寸完全相同）。

第二阶段：

① 轻型电动车：电动自行车、高尔夫球车、小型平板电瓶车、铲车、清洁车、电动轮椅等；

② 太阳能及风力发电的储能设备；

③ 小型医疗仪器设备及便携式仪器等。

第三阶段（政府推动）：

大型电动车辆：公交车、汽车、景点游览车及混合动力车等。

我国在锂离子电池方面的研究水平较高，有多项指标超过了USABC（美国先进电池联盟）提出的长期目标所规定的指标，目前已经把锂离子电池作为电动汽车用动力电池的重要发展目标。

（2）锂离子电池的分类与构造

① 锂离子电池的分类。按照锂离子电池外形形状，可以分为方形锂离子电池和圆柱形锂离子电池；按照锂离子电池正极的材料不同，汽车用锂离子电池主要分为锰酸锂离子电池、磷酸铁锂离子电池、镍钴锂离子电池或镍钴锰锂离子电池。

② 锂离子电池的结构。锂离子电池由正极、负极、隔板、电解液和安全阀等组成。圆柱形锂离子电池结构如图3-15所示。

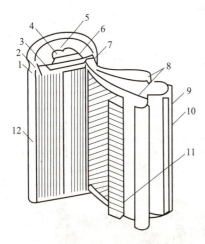

图 3-15　圆柱形锂离子电池结构示意图
1—绝缘体；2—垫圈；3—PTC 元件；
4—正极端子；5—排气孔；6—防爆阀；
7,11—正极；8—隔板；9—负极；
10—负极引线；12—外壳

a. 正极。正极物质在锰酸锂离子电池中以锰酸锂为主要原料，在磷酸铁锂离子电池中以磷酸铁锂为主要原料，在镍钴锂离子电池中以镍钴锂为主要材料，在镍钴锰锂离子电池中以镍钴锰锂为主要材料。

b. 负极。负极活性物质是由碳材料与黏合剂的混合物再加上有机溶剂调和制成糊状，并涂覆在铜基上，呈薄层状分布。

c. 隔板。隔板的功能是关闭或阻断通道，一般使用聚乙烯或聚丙烯材料的微多孔膜。

d. 电解液。电解液是以混合溶剂为主体的有机电解液。

e. 安全阀。为了保证锂离子电池的使用安全性，一般对外部电路进行控制或者在蓄电池内部设有异常电流切断的安全装置。

图 3-16 是我国自主开发的电动汽车用锂离子电池。

图 3-16　我国自主开发的电动汽车用锂离子电池

（3）锂离子电池的特点

① 高能量密度：锂离子电池的重量是相同容量的镍镉或镍氢电池的一半，体积是镍镉的 40%～50%，镍氢的 20%～30%。

② 高电压：一个锂离子电池单体的工作电压为 3.7V（平均值），相当于三个串联的镍镉或镍氢电池。

③ 高负载能力：锂离子电池可以大电流连续放电，通常放电率可达 2C～5C，从而使这种电池可被应用于汽车动力、摄像机、手提电脑等大功率用电器上。

④ 无污染：锂离子电池不含有诸如镉、铅、汞之类的有害金属物质。

⑤ 优良的安全性：由于使用优良的负极材料，克服了电池充电过程中锂枝晶的生长问题，使得锂离子电池的安全性大大提高。同时采用特殊的可恢复配件，保证了电池在使用过程中的安全性。

⑥ 循环寿命高：在正常条件下，锂离子电池的充放电周期可超过 500 次。

⑦ 无记忆效应：记忆效应是指镍镉电池在充放电循环过程中，电池的容量减少的现象。锂离子电池不存在这种效应。

⑧ 快速充电：使用额定电压为 4.2V 的恒流恒压充电器可以使锂离子电池在一至两个小时内得到满充。

⑨ 循环寿命长：寿命超过 500 次。

⑩ 能够制造成任意形状。

锂离子电池也有一些不足，主要表现在：成本高（主要是正极材料 $LiCoO_2$ 的价格高，但按单位瓦时的价格来计算，已经低于镍氢电池，与镍镉电池持平，但高于铅酸蓄电池）；必须有特殊的保护电路，以防止过充。

（4）锂离子电池的工作原理

锂离子电池正极材料采用锂化合物 $LiCoO_2$、$LiNiO_2$ 或 $LiMn_2O_4$，负极采用锂-碳层间化合物 Li_xC_6，电解液为有机溶液。典型的电池体系为：

$$(-)C\,|\,LiPF_6--EC+DEC\,|\,LiCoO_2(+)$$

图 3-17 所示为锂离子电池的工作原理，电池在充电时，锂离子从正极材料的晶格中脱

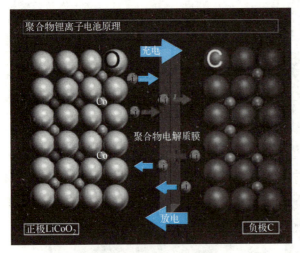

图 3-17 锂离子电池工作原理图

出,通过电解质溶液和隔膜,嵌入负极中;放电时,锂离子从负极脱出,通过电解质溶液和隔膜,嵌入正极材料晶格中。在整个充放电过程中,锂离子往返于正负极之间。

以 $LiCoO_2$ 为正极材料,石墨为负极材料的锂离子电池,正、负极的电化学反应为:

$$LiCoO_2 \longrightarrow Li_{1-x}CoO_2 + xLi^+ + xe^-$$
$$6C + xLi^+ + xe^- \longrightarrow Li_xC_6$$

总反应为:

$$LiCoO_2 + 6C \longrightarrow Li_{1-x}CoO_2 + Li_xC_6$$

(5) 锂离子电池的充放电特性

充电电流方面,锂电池的充电率(充电电流)应根据电池生产厂的建议选用。虽然某些电池充电率可达 2C,但常用的充电率为 0.5C~1C;放电方面,锂离子电池的最大放电电流一般被限制在 2C~3C 左右。

锂电池的充电温度一般应该被限制在 0~60℃范围。电池温度过高会损坏电池并可能引起爆炸;温度过低虽不会造成安全方面的问题,但很难将电池充满。由于充电过程中,电池内部将有一部分热能产生,因此在大电流充电时,需要对电池进行温度检测,并且在超过设定充电温度时停止充电以保证安全。

(6) 锂离子电池的充电方法

锂离子电池可以采用不同的充电方法,其中最简单的充电方法是恒压充电。采用恒压充电时,电池电压保持不变,而充电电流将逐渐降低。当充电电流降到低于 0.1C 时,就认为电池被充分充电了。为了防止有缺陷的电池无休止地进行充电,采用一个备用定时器来终止充电周期。

兼顾充电过程的安全性、快速性和电池使用的高效性,锂离子电池通常都采用恒流恒压充电方法,其充电过程可分为预充电、恒流充电、恒压充电三个阶段。如图 3-18 所示。

① 预充电。在该状态下,首先检测单节锂离子电池电压是否较低(<3.0V),如果是则采用涓流充电,即用一个比较小的恒定电流对电池进行充电直至电池电压上升到一个安全值,否则可省略该阶段,这也是最普遍的情况。因为预充电主要是完成对过放的锂电池进行修复。

② 恒流充电。涓流充电后,充电器转入恒流充电状态。该状态下,充电电流保持不变的较大值,电池的最大充电电流取决于电池的容量。在恒流充电和预充电状态下,通过连续监控电池的电压和温度,可以采用以下两种恒流充电终止法,终止恒流充电。电池最高电压终止法:当单节锂电池电压达到 4.2V 时,恒流充电状态应立即终止;电池最高温

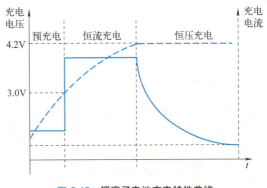

图 3-18 锂离子电池充电特性曲线

度终止法:在恒流充电过程中,当电池的温度达到60℃时,恒流充电状态应立即终止。

③ 恒压充电。恒流充电结束后,则转入恒压充电状态。在该状态下,充电电压保持恒定。因为锂离子电池对充电电压精度的要求比较高,单节电池恒压充电电压应在规定值的 $\pm 1\%$ 之间变化,因此要严格控制锂离子电池的充电电压。在恒压充电过程中,充电器连续监控电池的电压、温度、充电电流和充电时间。

常用的恒压充电终止方法有以下四种:

a. 电池最高电压。当单节锂离子电池的电压达到4.25V时,恒压充电状态自动终止。

b. 电池最高温度。当锂离子电池的最高温度达到60℃时,恒压充电状态自动终止。

c. 最长充电时间。为了确保锂离子电池安全充电,除了设定最高电压和最高温度外,还应设置最长恒压充电时间,在温度和电压检测失败的情况下,可以保证锂电池安全充电。

d. 最小充电电流。在恒压充电过程中,锂离子电池的充电电流逐渐减小,当充电电流下降到一定数值(通常为恒流充电电流的1/10)时,恒压充电状态自动终止。

(7)三种动力蓄电池的技术性能对比

铅酸蓄电池、镍氢电池和锂离子电池的技术性能见表3-2。

表3-2 三种动力蓄电池的技术性能

技术性能	铅酸蓄电池	镍氢电池	锂离子电池
工作电压/V	2	1.2	3.6
比能量/(W·h/kg)	40	65	105~140
比功率/(W/kg)	150~200	160~230	250~400
充放电寿命/次	500~700	600~1200	800~1200
自放电率/(%/月)	3	30~35	6~9
有无记忆效应	有	有	无
有无污染	有	无	无

6. 铁电池

目前国内外研究的铁电池有高铁和铁锂两种。

(1)高铁电池

高铁电池是一种以合成稳定的高铁酸盐(K_2FeO_4、$BaFeO_4$等)作为电池的正极材料,具有能量密度大、体积小、重量轻、寿命长、无污染等特点的新型化学电池。另一种是铁锂电池,主要是磷酸铁锂电池,开路电压在1.78~1.83V,工作电压在1.2~1.5V,比其他一次电池高0.2~0.4V,而且放电平稳、无污染、安全、性能优良。

高铁酸盐作为电池的正极材料时,该电极反应为三电子反应,电池的电势以及能量都比传统的锌锰电池高。而且这种材料价格低廉、对环境无污染,因此受到电化学界的广泛注意。

高铁酸盐物质在电池反应中可以得到3个电子,所以有相对较高的容量。从表3-3可以看出,高铁酸锂的理论比容量高达601A·h/kg,高铁酸钡的理论比容量也有313A·h/kg,而MnO_2的比容量为308A·h/kg。

表3-3 不同电极材料性能比较

电极材料	K_2FeO_4	Na_2FeO_4	Li_2FeO_4	Ag_2FeO_4	Ba_2FeO_4	MnO_2
分子量/(kg/kmol)	198	166	134	336	257	87
理论比容量/(A·h/kg)	406	485	601	240	313	308

以高铁酸盐为正极材料取代商业锌锰电池中的 MnO_2 即可组成高铁一次电池。其电池反应为：

$$MFeO_4 + \frac{3}{2}Zn \longrightarrow \frac{1}{2}Fe_2O_3 + \frac{1}{2}ZnO + MZnO_2$$

图 3-19 是高铁酸钾-锌电池和锌锰电池放电曲线比较。7 号电池在 $0.5mA/cm^2$ 的电流密度下恒电流放电，K_2FeO_4 正极材料对 Zn 的平均放电电压是 1.58V，该电压高出锌锰电池平均放电电压（1.27V）24%，前者的放电容量比后者高 32%，在以上条件下其放电效率为 85%。与传统的锌锰电池相比，高铁一次电池具有高电压、高能量、不消耗电解液和不污染环境等优点。

（2）铁锂电池

① 磷酸铁锂电池原理应用。

新开发的磷酸铁锂电池是用磷酸铁锂（$LiFePO_4$，简称 LFP）材料作电池正极的铁锂电池。

磷酸铁锂电池的内部结构如图 3-20 所示，左边是橄榄石结构的 $LiFePO_4$ 作为电池的正极，由铝箔与电池正极连接，中间是聚合物的隔膜，它把正极与负极隔开，但锂离子 Li^+ 可以通过而电子 e^- 不能通过，右边是由碳（石墨）组成的电池负极，由铜箔与电池的负极连接，电池的上下端之间是电池的电解质，电池由金属外壳密闭封装。

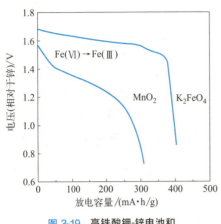

图 3-19 高铁酸钾-锌电池和锌锰电池放电曲线比较

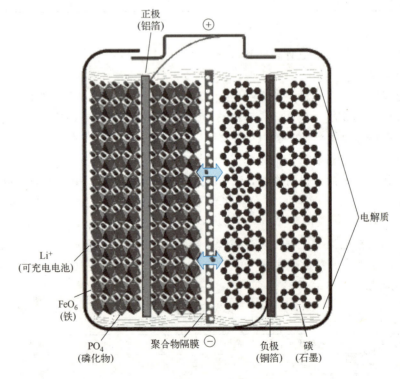

图 3-20 $LiFePO_4$ 电池内部结构

$LiFePO_4$ 电池在充电时,正极中的锂离子 Li^+ 通过聚合物隔膜向负极迁移;在放电过程中,负极中的锂离子 Li^+ 通过隔膜向正极迁移。

② $LiFePO_4$ 电池主要性能。

$LiFePO_4$ 电池的标称电压是 3.2V、终止充电电压是 3.6V、终止放电压是 2.0V。由于各个生产厂家采用的正、负极材料,电解质材料的质量及工艺不同,其性能上会有些差异。例如同一种型号(同一种封装的标准电池),其电池的容量有较大差别(10%～20%)。

③ 磷酸铁锂电池的优点。

a. 超长使用寿命:磷酸铁锂电池的寿命长,循环寿命在 2000 次以上,在同样的条件下,磷酸铁锂电池可使用 7～8 年的时间。

b. 使用安全:磷酸铁锂电池经过严格的安全测试,即使在交通事故中也不会发生爆炸。

c. 节能环保:磷酸铁锂电池绿色环保,无毒,无污染,原材料来源广泛,价格便宜。

d. 充电快速:使用专用充电器,1.5C 充电 40 分钟即可使电池充满。

e. 耐高温:磷酸铁锂电池耐高温,电池热风值可以达到 350～500℃。

f. 容量大:磷酸铁锂电池的容量大。

④ 磷酸铁锂电池的缺点。

a. 磷酸铁锂电池正极的真实密度小,密度一般在 $0.8～1.3g/cm^3$ 左右。

b. 导电性能差,锂离子扩散速度慢,高倍充放电时,实际的比容量低。

c. 磷酸铁锂电池的低温性能差。

d. 磷酸铁锂电池单个电池的寿命长,在 2000 次左右,但是磷酸铁锂电池组的寿命短,一般在 500 次左右。

⑤ 磷酸铁锂电池和锂电池的区别。

a. 磷酸铁锂电池是用来做锂离子二次电池的,现在主要方向是动力电池,相对镍氢、镍镉电池有很大优势。

b. 锂电池是一类由锂金属或锂合金为正极材料,使用非水电解质溶液的电池。锂金属的化学特性非常活泼,使得锂金属的加工、保存、使用、环境要求非常高。

c. 磷酸铁锂电池不会发生起火爆炸,锂电池会。

d. 磷酸铁锂耐过充,到 100% 都不会起火爆炸,锂电池达到规定数值就会鼓胀。

(3) 铁电池在汽车上的应用

2008 年,比亚迪股份公司自行研制的 F6 双模电动汽车,使用的动力电池是名为"ET-POWER"的铁动力电池。比亚迪股份有限公司的铁电池在低成本、高容量及高安全等三个指标上都取得了实质性突破。

铁电池技术具有高电压、高能量、无污染等优点,而且目前已开始从实验室走向产品商业化,市场前景不可估量,大力发展铁电池技术对电动汽车产业化进程的推进有着重要而深远的意义。

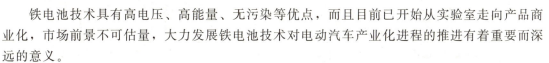

7. 燃料电池

(1) 燃料电池的发展动态

燃料电池(fuel cell,FC)是一种化学电池,它直接把物质发生化学反应时释出的能量变换为电能,工作时需要连续地向其供给活性物质(起反应的物质)——燃料和氧化剂。由于它是把燃料通过化学反应释出的能量变为电能输出,所以被称为燃料电池。

1839 年格罗夫使用电解水产生的氢气和氧气,制造出第一节氢氧燃料电池,所以又称它为格罗夫电池。1889 年英国人孟德和朗格尔首先提出燃料电池这个名称,并且用一个与格罗夫电池相似的装置产生电流密度约 $0.2A/cm^2$ 的电流。20 世纪中期,一些寻求高效能源的科学家又掀起了燃料电池的研究热潮。到了 20 世纪 90 年代,质子交换膜燃料电池获得了较大的发展。

从历史上看,燃料电池技术未能竞争过快速发展的燃烧发电技术,是因为在燃料电池的发展过程中,相应的结构材料的发展是分阶段、时断时续进行的,未能使人们清楚地认识到对燃料电池的需求。目前,燃料电池必须解决的问题是提高电池寿命、降低电池的制造成本。

目前,车用燃料电池急需解决以下关键问题:

① 提高车用燃料电池单位质量(或体积)、电流密度及功率,提高车辆所必需的快速启动和动力响应的能力;

② 必须开发质量更轻、体积更小、能储存更多氢能的车载氢储存器具,以便更有效地利用燃料能量,提高续驶里程和载质量;

③ 必须解决好氢气的安全问题,在一定的条件下,氢气比汽油具有更大的危险性,所以无论采用什么储存方式,储存器具及其安全措施都必须满足使用要求;

④ 电池组件必须采用积木化设计,开发有效的制造工艺,并进行高效的自动化生产,从而降低材料和制造费用;

⑤ 发展结构紧凑及性能可靠的质子交换膜燃料电池的同时开发应用其他燃料,像甲烷、柴油等驱动的质子交换膜燃料电池,这将会拓宽质子交换膜燃料电池的应用范围。

(2) 燃料电池的分类

① 按燃料电池的运行机制分类。根据燃料电池的运行机制的不同,可分为:

a. 酸性燃料电池;

b. 碱性燃料电池。

② 按燃料使用类型分类。根据燃料电池的燃料使用类型不同,可分为:

a. 直接型燃料电池;

b. 间接型燃料电池;

c. 再生型燃料电池。

③ 按电解质分类。根据燃料电池中使用电解质种类的不同,可分为:

a. 质子交换膜燃料电池(PEMFC);

b. 碱性燃料电池(AFC);

c. 磷酸燃料电池(PAFC);

d. 熔融碳酸盐燃料电池(MCFC);

e. 固体氧化物燃料电池(SOFC);

f. 直接甲醇燃料电池(DMFC);

g. 再生型燃料电池(RFC);

h. 锌空燃料电池(ZAFC);

i. 质子陶瓷燃料电池(PCFC)。

④ 按燃料种类分类。根据燃料电池使用燃料的种类,可分为:

a. 氢燃料电池;

b. 甲醇燃料电池;

c. 乙醇燃料电池等。

⑤ 按工作温度分类。根据燃料电池工作温度的不同，可分为：

a. 低温型（温度低于200℃）；

b. 中温型（温度为200~750℃）；

c. 高温型（温度为750~1000℃）；

d. 超高温型（温度高于1000℃）。

⑥ 按燃料状态分类。根据燃料电池的燃料状态不同，可分为：

a. 液体型燃料电池；

b. 气体型燃料电池。

(3) 燃料电池的特点

燃料电池的优点：节能、转换效率高；排放基本达到零污染；无振动和噪声；寿命长；结构简单、运行平稳。

燃料电池的缺点：燃料种类单一；要求高质量的密封；制造成本高，电池价格昂贵和需要配备辅助电池系统。

(4) 燃料电池系统

燃料电池实际上不是"电池"，而是一个大的发电系统。对于质子交换膜燃料电池，需要有燃料供应系统、氧化剂系统、发电系统、水处理系统、热管理系统、电力系统以及控制系统等。

① 燃料供应系统。燃料供应系统是给燃料电池提供燃料，如氢气、天然气、甲醇等。这个系统直接采用氢气比较简单，如果用化石燃料制取氢气则相当复杂。

② 氧化剂系统。氧化剂系统主要是给燃料电池提供氧气。氧气的来源有从空气中获取氧气或从氧气罐中获取氧气，空气需要用压缩机来提高压力，以增加燃料电池反应的速度。

③ 发电系统。发电系统是指燃料电池本身，它将燃料和氧化剂中的化学能直接变成电能，而不需要经过燃烧过程，它是一个电化学装置。

④ 水管理系统。由于质子交换膜燃料电池中质子是以水合离子状态进行传导的，所以燃料电池需要有水，水少会影响电解质膜的质子传导特性，从而影响电池的性能。

⑤ 热管理系统。大功率燃料电池发电的同时，由于电池内阻的存在，不可避免地会产生热量，通常产生的热与其发电量相当。而燃料电池的工作温度是有一定限制的，如对PEMFC而言，应控制在80℃，因此需要及时将电池生成热带走，否则会发生过热情况，烧坏电解质膜。水和空气通常是常用的传热介质。

⑥ 电力系统。电力系统是将燃料电池发出的直流电变为适合用户使用的电。燃料电池所产生的是直流电，需要经过DC/DC变换器进行调压，在采用交流电动机的驱动系统中，还需要用逆变器将直流电转换为三相交流电。

⑦ 控制系统。燃料电池控制系统主要包括电池系统的启动与停工；维持电池系统稳定运行的各操作参数的控制；对电池运行状态进行监测、判断等。

⑧ 安全系统。氢是燃料电池的主要燃料，氢的安全十分重要，由氢气探测器、数据处理系统以及灭火设备等构成氢的安全系统。氢的存储与输送是燃料电池应用的关键技术，目前有两种方式：储氢和重整制氢。

(5) 质子交换膜燃料电池

质子交换膜燃料电池（PEMFC）采用可传导离子的聚合膜作为电解质，所以也叫聚合物电解质燃料电池（PEFC）、固体聚合物燃料电池（SPFC）或固体聚合物电解质燃料电池（SPEFC）。

① 质子交换膜燃料电池的基本结构。PEMFC 由质子交换膜、催化剂层、扩散层、集流板（又称双极板）组成，如图 3-21 所示。

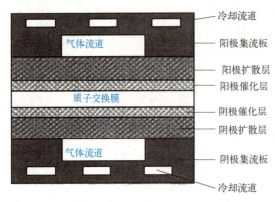

图 3-21　质子交换膜燃料电池结构示意图

a. 质子交换膜。质子交换膜（proton exchange membrane，PEM）是 PEMFC 中最重要的部件之一，其性能好坏直接影响电池的性能和寿命。它不只是一种将阳极的燃料与阴极的氧化剂隔开的隔膜材料，它还是电解质和电极活性物质（电催化剂）的基底，即兼有隔膜和电解质的作用。另外，PEM 还是一种选择透过性膜，在质子交换膜的高分子结构中，含有多种离子基团，它只允许 H^+ 穿过，其他离子、气体及液体均不能通过。

b. 电催化剂。为了加快电化学反应速度，气体扩散电极上都含有一定量的催化剂。PEMFC 电催化剂主要有铂系和非铂系电催化剂两类。目前多采用铂催化剂。

c. 电极。PEMFC 电极是一种多孔气体扩散电极，一般由扩散层和催化层构成。扩散层是导电材料制成的多孔合成物，起着支撑催化层，收集电流，并为电化学反应提供电子通道、气体通道和排水通道的作用。催化层是进行电化学反应的区域，是电极的核心部分，其内部结构粗糙多孔，因而有足够的表面积以促进氢气和氧气的电化学反应。

d. 膜电极。膜电极（membrane and electrode assembly，MEA）是通过热压将阴极、阳极与质子交换膜复合在一起而形成的。

e. 双极板与流场。双极板又称集流板，是电池的重要部件之一，其作用是分隔反应气体，收集电流，将各个单电池串联起来和通过流场为反应气体进入电极及水的排出提供通道。

② 质子交换膜燃料电池的工作原理。PEMFC 在原理上相当于水电解的"逆"装置。其单电池由阳极、阴极和质子交换膜组成，阳极为氢燃料发生氧化的场所，阴极为氧化剂还原的场所，两极都含有加速电极电化学反应的催化剂，质子交换膜为电解质。工作原理如图 3-22 所示。

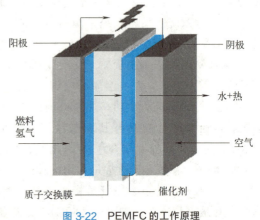

图 3-22　PEMFC 的工作原理

导入的氢气通过阳极集流板（双极板）经由阳极气体扩散层到达阳极催化剂层，在阳极催化剂作用下，氢分子分解为带正电的氢离子（即质子）并释放出带负电的电子，完成阳极反应：

$$2H_2 \longrightarrow 4H^+ + 4e^-$$

氢离子穿过膜到达阴极催化剂层，而电子则由集流板收集，通过外电路到达阴极，电子在外电路形成电流，通过适当连接可向负载输出电能。在电池另一端，氧气通过阴极集流板

（双极板）经由阴极气体扩散层到达阴极催化剂层，在阴极催化剂的作用下，氧与透过膜的氢离子及来自外电路的电子发生反应生成水，完成阴极反应：

$$4e^- + 4H^+ + O_2 \longrightarrow 2H_2O$$

电池总的反应为：

$$2H_2 + O_2 \longrightarrow 2H_2O$$

上述过程是理想的工作过程，实际上，整个反应过程中会有很多中间步骤和中间产物的存在。

③ 质子交换膜燃料电池的特点。

PEMFC 的优点主要有：能量转化效率高；可实现零排放；运行噪声低，可靠性高，维护方便；发电效率受负荷变化影响很小；氢是世界上最多的元素，氢气来源极其广泛，是一种可再生的能源；氢气的生产、储存、运输和使用等技术目前均已非常成熟、安全、可靠。

PEMFC 的缺点主要有：成本高；这种电池需要纯净的氢，因为它们极易受到一氧化碳和其他杂质的污染。

从目前发展情况看，PEMFC 是技术最成熟的电动车动力源，PEMFC 电动汽车被业内公认为是电动汽车的未来发展方向。燃料电池将会成为继蒸汽机和内燃机之后的第三代动力系统。

8. 太阳能电池

太阳能电池是利用太阳光和材料相互作用直接产生电能的，是对环境无污染的电池。它的应用可以解决人类社会发展在能源需求方面的问题。太阳能是一种储量极其丰富的洁净能源，太阳每年向地面输送的能量高达 3×10^{24} J，相当于世界年耗能量的 1.5 万倍。因此太阳能电池利用可持续的太阳能资源，是解决世界范围内的能源危机和环境问题的一条重要途径。

（1）太阳能电池的分类

① 按不同材料分类。太阳能电池按照材料不同，主要有硅系列太阳能电池和化合物系列太阳能电池。

a. 硅系列太阳能电池。硅系列太阳能电池是以硅材料为基体的太阳能电池，分为单晶硅太阳能电池、多晶硅薄膜太阳能电池和非晶硅薄膜太阳能电池等。

b. 化合物系列太阳能电池。多元化合物薄膜太阳能电池材料为无机盐，其主要包括砷化镓、硫化镉、碲化镉及铜铟硒薄膜电池等。

② 按结构分类。太阳能电池按照结构不同，可以分为同质结电池、异质结电池、肖特基结电池、光电化学电池等。

a. 同质结电池。由同一种半导体材料构成一个或多个 PN 结的电池。如硅太阳能电池、砷化镓太阳能电池等。

b. 异质结电池。用两种不同的半导体材料，在相接的界面上构成一个异质结的太阳能电池。

c. 肖特基结电池。用金属和半导体接触组成一个"肖特基势垒"的电池，也称 MS 电池。

d. 光电化学电池。用浸于电解质中的半导体电极构成的电池，又称为液结电池。

（2）太阳能电池的特点

太阳能电池的特点：重量轻；成本低；转换效率高。

(3) 太阳能电池的发电原理

太阳能电池的发电原理是基于半导体的光生伏特效应,将太阳辐射能直接转换为电能。

对不同材料的太阳能电池,尽管光谱响应的范围是不同的,但光电转换的原理是一致的。如图 3-23 所示,在 PN 结的内建电场作用下,N 区的空穴向 P 区运动,而 P 区的电子向 N 区运动,最后造成在太阳能电池受光面(上表面)有大量负电荷(电子)积累,而在电池背光面(下表面)有大量正电荷(空穴)积累,如在电池上、下表面引出金属电极,并用导线连接负载,在负载上就有电流通过。只要太阳光照不断,负载上就一直有电流通过。

(4) 太阳能电池的伏安特性

太阳能电池照射光后可以发电并带动负荷,表征光伏发电的特性称为伏安特性。

如果在太阳能电池两端接上一个负载电阻 R,那么太阳能电池在工作状态下的等效电路如图 3-24 所示,它相当于一个恒流源与一只正向二极管并联,流过二极管的电流在太阳能电池中称为暗电流,这是理想太阳能电池的等效电路。

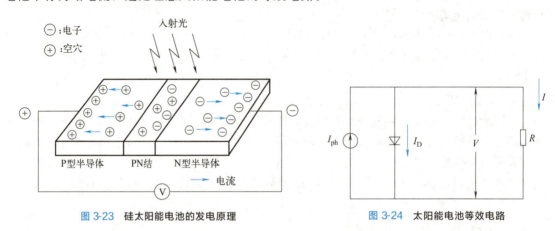

图 3-23 硅太阳能电池的发电原理　　图 3-24 太阳能电池等效电路

电池理想伏安曲线如图 3-25(a)所示,图中还画出暗特性曲线,即无光照时的曲线。太阳能电池的负载特性曲线如图 3-25(b)所示,曲线上的点称为工作点,随负载变化而变化。如果太阳能电池电路短路,即 $V=0$,此时的电流为短路电流,用 I_{sc} 表示;如果电路开路,$I=0$,此时的电压为开路电压,用 V_{oc} 表示。

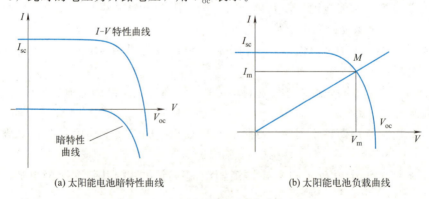

(a) 太阳能电池暗特性曲线　　(b) 太阳能电池负载曲线

图 3-25 太阳能电池伏安曲线

对于实际的太阳能电池,影响转换效率的主要因素:一个是串联电阻,主要包括正面金属电极与半导体材料的接触电阻、半导体材料的体电阻和电极电阻三部分;另外一个是并联电阻，主要是由电池边缘漏电或耗尽区内的复合电流引起的。

9. 超级电容器

超级电容器是一种具有超级储电能力、可提供强大脉冲功率的物理二次电源。它是介于蓄电池和传统静电电容器之间的一种新型储能装置。超级电容器主要是利用电极/电解质界面电荷分离所形成的双电层，或借助电极表面快速的氧化还原反应所产生的法拉第准电容来实现电荷和能量的储存的。

超级电容器又称双电层电容器、黄金电容、法拉第电容，它是一种电化学元件，在电极与电解液接触面间具有极高的比电容和非常大的接触表面积，但其储能的过程并不发生化学反应，并且这种储能过程是可逆的，因此超级电容器可反复充放电数十万次。

（1）超级电容的结构

超级电容单体主要由电极、电解质、集电极、隔离膜连线极柱、密封材料和排气阀等组成。图3-26是电动汽车用超级电容器外观图。

（2）超级电容的分类

按照储能原理分为：双电层电容器、欠电位沉积或吸附电容而产生的法拉第准电容器和双电层与准电容混合型电容器。

按照结构形式分为：对称型和非对称型。

按照电极材料分为：以网络结构活性炭（活性炭粉末、活性碳纤维、炭气凝胶、碳纳米管）为电极材料的超级电容、以贵金属（二氧化钌、氧化镍、氧化锰）为电极材料的超级电容和以聚合物（聚吡咯、聚苯胺、聚对苯等）为电极的超级电容。

图 3-26　电动汽车用超级电容器

按照电解液不同分为：水溶液体系超级电容器、有机体系超级电容器和固体物电解质超级电容器。

（3）超级电容器的特点

超级电容器具有以下优点：高功率密度、循环寿命长、充电速度快、工作温度范围宽、充放电线路简单、检测方便、绿色环保。

超级电容自身也存在一定的缺点：线性放电、低能量密度、低电压、高自放电。

超级电容与铅酸蓄电池、普通电容的性能对比见表3-4。

表 3-4　三种储能元件性能的对比

性能	铅酸蓄电池	超级电容	普通电容
充电时间	1~5h	0.3~30s	10^{-6}~10^{-3} s
放电时间	0.3~3h	0.3~30s	10^{-6}~10^{-3} s
比能量/(W·h/kg)	10~100	1~10	<0.1
比功率/(W/kg)	<10^3	<10^4	<10^5
循环寿命/次	10^3	>10^5	>10^5
充放电效率	0.7~0.85	0.85~0.98	>0.95

（4）超级电容器在汽车上的应用

超级电容器自面市以来，全球需求量快速扩大，已成为化学电源领域内新的产业亮点。2006年8月28日，上海11路超级电容公交电车，即"上海科技登山行动计划超级电容公交电车示范线"投入运营。

10. 飞轮电池

(1) 飞轮电池的结构与原理

飞轮电池系统由飞轮、电动机、发电机和输入/输出电子装置共同组成，如图 3-27 所示。

图 3-27 飞轮电池组成示意图

飞轮电池具体结构如图 3-28 所示。它主要由飞轮、轴、轴承、电机、真空容器和电力电子变换器等部件组成。飞轮是整个电池装置的核心部件，它直接决定了整个装置的储能多少。电力电子变换器通常是由场效应晶体管和绝缘栅极场效应晶体管组成的双向逆变器，它们决定了飞轮装置能量输入输出量的大小。

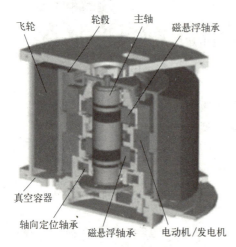

图 3-28 飞轮电池结构

(2) 电池性能的比较

现在广泛使用的储能电池是基于电化学原理的化学电池，它将电能转变为化学能储存，再转化为电能输出，主要优点是价格低廉、技术成熟，但存在污染严重、效率低下、充电时间长、用电时间短、使用过程中电能不易控制等缺点。

另一种储能电池是超导电池，它把电能转化为磁能储存在超导线圈的磁场中，由于超导状态下线圈没有电阻，所以能量损耗非常小，效率也高，对环境污染也小。但由于超导状态是线圈处于极低温度下才能实现的，维持线圈处于超导状态所需要的低温需耗费大量能量，而且维持装置过大，不易小型化，民用的市场前景并不被看好。

飞轮储能电池则兼顾了两者的优点，虽然近阶段的价格较高，但伴随着技术的进步，必将有一个非常广阔的前景。表 3-5 所示为化学电池、飞轮电池、超导电池的性能对比。

表 3-5 三种典型储能电池的性能比较

性　能	储能电池		
	化学电池	飞轮电池	超导电池
储能方式	化学能	机械能	超导能
使用寿命/年	3～5	>20	≈20
技术	成熟	验证	验证
温度范围	限制	不限	不限
外形尺寸（同功率）	大	最小	中间
储能密度	小	大	大
放电深度	浅	深	深
价格	低	高	较高
环境影响	污染	无污染	无污染

(3) 飞轮电池在汽车上的应用

由于技术和材料价格的限制，飞轮电池的价格相对较高，在小型场合还无法体现其优势,但在一些需大型储能装置的场合,使用化学电池的价格也非常昂贵,飞轮电池已得到逐步应用。

飞轮电池充电快,放电完全,非常适合应用于混合能量推动的车辆中。车辆在正常行驶时和刹车制动时,给飞轮电池充电,飞轮电池则在加速或爬坡时,给车辆提供动力,保证车辆运行在一种平稳、最优的状态下,可减少燃料消耗,降低空气和噪声污染,利于发动机的维护,延长发动机的寿命。

美国 TEXAS 大学已研制出汽车用飞轮电池,电池在车辆需要时,可提供 150kW 的能量,能加速满载车辆到 100km/h。作为一种新兴的储能方式,飞轮电池拥有传统化学电池无法比拟的优点,它非常符合未来储能技术的发展方向。目前,飞轮电池正在向小型化、低廉化的方向发展,可以预见,伴随着技术和材料学的进步,飞轮电池将在未来的各行各业中发挥重要的作用。

(三)混合动力汽车电池系统组成

如图 3-29 所示,混合动力汽车动力电池总成主要包括电池模块、电池管理系统、冷却系统、电池接线盒和维修塞把手。

1. 电池模块

混合动力汽车的电池都是由单体电池通过串联或者并联叠加而成的。以卡罗拉混合动力车辆为例,如图 3-30 所示,电池由 28 个单独的蓄电池模块组成,其通过 2 个母线模块互相串联在一起。每个蓄电池模块由 6 个单格组成,电池总共有 168 个单格(6 个单格×28 个模块)。图 3-31 为奥迪 Q5 混合动力车辆的电池模块,其由 18 个电池格组成。

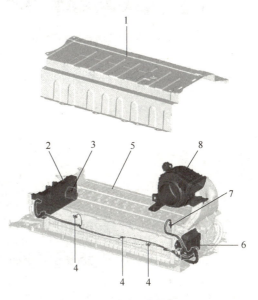

图 3-29 电池系统结构图

1—电池总成上盖;2—动力电池接线盒总成;3—维修塞把手;4—电池温度传感器;5—电池;6—电池智能控制单元;7—电池进气温度传感器;8—电池冷却鼓风机总成

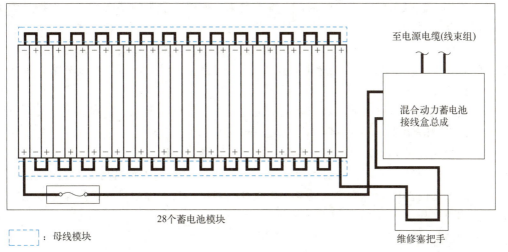

图 3-30 电池模块的结构图

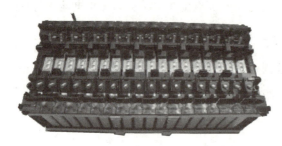

图 3-31 奥迪 Q5 混合动力车辆高压蓄电池

2. 电池管理系统

电池管理系统（battery management system，BMS）是连接车载动力电池和电动汽车的重要桥梁，其作用是监控电池的状态，管理电池的充放电，提高电池的使用效率，防止电池出现过充和过放，延长电池的使用寿命等。如图 3-32 所示，电池管理系统主要分为数据监测模块、控制模块（包括继电器、均衡和热管理）、状态估计模块、故障诊断模块，以及预警模块等。

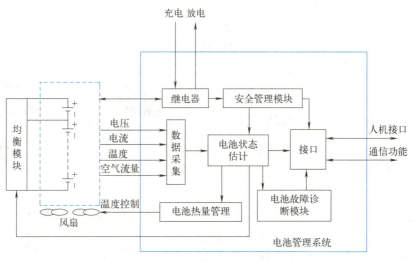

图 3-32 BMS 系统架构

（1）监测模块

监测模块的功能是实时监测单体电池的温度、电压，电池组的总电压、电流，电池包的绝缘状态。监测单体电压是为了防止出现过充过放；监测温度是为了防止电池在过高或过低的温度下工作。总电压、电流的监测，一方面是为了实时显示电池状态，另一方面是为了计算电池组的状态，如剩余容量、最大充放电功率等。由于混合动力汽车上使用的电池组，电压高达几百伏，一旦出现绝缘薄弱，造成漏电，十分危险，所以需要实时监测电池包的绝缘状态。GB 18384—2020 规定，绝缘电阻应满足：直流电路＞100Ω/V；交流电路＞500Ω/V。

（2）控制模块

控制模块的功能是通过继电器控制电池组的充电、放电，电池组的均衡控制，电池包的热管理。BMS 与充电机相互协调控制，保证充电过程始终在安全状态下进行，充电方式包括了快充与慢充两种方式。单体电池存在制造不一致性和使用不一致性，而不一致性会显著降低电池组的使用效率，均衡的目的就是提高电池的一致性，从而提高电池组的使用效率。由于过高或过低的温度都会加速电池老化，减少其寿命，热管理的目的就是保证电池在合理的温度范围内工作。

（3）状态估计模块

状态估计模块的功能是估计电池组的剩余电量（SOC）、最大充放电功率（SOP）、健康状态（SOH）或剩余寿命等。实时估计 SOC，一方面是为了告诉驾驶员车辆的剩余里程，另一方面也作为其他决策的输入变量。SOP 体现了电池组实时的功率能力，整车控制器会根据这一参数来限制电机的功率，如果不进行限制，电池会被过充或过放，影响其寿命。SOH 体现了电池组剩余寿命，对于纯电动车，一般认为当电池的实际容量下降到额定容量的 80% 之后，SOH 就下降为 0，此时的电池组已不适合作为车载动力电池。对于混合动力汽车，还会考虑内阻上升的影响。

（4）故障诊断与预警模块

故障诊断与预警模块主要包括欠压、过压、高温、低温、过流、SOC 低、绝缘漏电、继电器故障、BMS 硬件故障、通信故障等。较低等级的故障预警能够提示驾驶员及时采取应对措施，如 SOC 低，应及时充电。当出现较高等级的故障时，如严重绝缘漏电时，能够及时切断继电器，保证驾驶员和乘客处于安全状态。故障码的保存，能够为后期车辆维护提供参考。

不同的车型的电池管理系统所管理的内容也是不同的。卡罗拉混合动力车辆的蓄电池智能单元监视 HV 蓄电池的状态（如电压、电流和温度），将这些信号转化为数字信号，并通过串行通信将其传输至混合动力车辆控制 ECU 总成，同时，蓄电池智能单元（蓄电池电压传感器）检测执行冷却系统控制所需的鼓风机转速反馈频率并将其传输至混合动力车辆控制 ECU 总成。蓄电池智能单元（蓄电池电压传感器）内配有泄漏检测电路，以检测 HV 蓄电池或高压电路的漏电情况。

3. 冷却系统

蓄电池在充电时，其化学反应过程与放电时是相反的。在这个热力学过程中会放出热量，这就导致蓄电池变热。由于混合动力汽车上的高压蓄电池总是在不断地充电、放电，那么它所产生出的热量就会很可观了。于是除了导致蓄电池老化外，最重要的是还会使得相关导体上的电阻增大，这会导致电能不转换为功，而是转换成热量释放掉了。为确保其性能正常，动力电池一般都采用了专用冷却系统，目前常见的有水冷和风冷两种方式。

如图 3-33 所示，卡罗拉混合动力车辆采用的是风冷系统，包括鼓风机、空气滤清器、

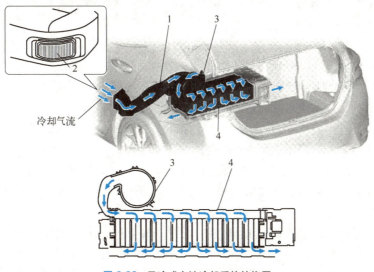

图 3-33 风冷式电池冷却系统结构图

1—进气管；2—电池 2 号进气过滤器；3—电池冷却鼓风机总成；4—电池总成

进气管等。水冷系统一般包括冷却液、水管和水泵等。

为了使动力电池的温度保持在最佳水平，蓄电池智能单元将 HV 蓄电池的相关信号（电压、电流和温度）转换为数字信号，并通过串行通信将其传输至混合动力车辆控制 ECU 总成。混合动力车辆控制 ECU 总成接收来自 HV 蓄电池温度传感器和 HV 蓄电池进气温度传感器的信号，然后，混合动力车辆控制 ECU 总成使用占空比控制对蓄电池冷却鼓风机总成进行无级驱动，以使 HV 蓄电池的温度保持在规定范围内。同时，蓄电池智能单元检测执行冷却系统控制所需的鼓风机转速反馈频率并将其传输至混合动力车辆控制 ECU 总成。

如图 3-34 所示，奥迪 Q5 混合动力车辆的高压电池采用的冷却系统是水冷设计，该冷却系统和空调制冷系统相通。该系统上有自己的蒸发器，并连接在电动空调压缩机的冷却液循环管路上。这个冷却系统使用 12V 的车载电网电压工作。该冷却系统包括蓄电池风扇 1（V457）、混合动力蓄电池循环空气翻板 1 的伺服电机 V479、混合动力蓄电池循环空气翻板 2 的伺服电机 V480、混合动力蓄电池蒸发器前的温度传感器 V756、混合动力蓄电池蒸发器后的温度传感器 V757、混合动力蓄电池冷却液截止阀 1（N516）和混合动力蓄电池冷却液截止阀 2（N517）。

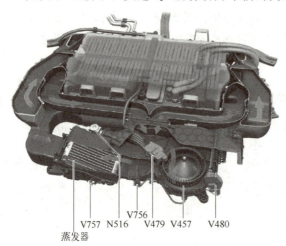

图 3-34 奥迪 Q5 混合动力车辆的高压电池冷却系统

在混合动力蓄电池壳体与高压蓄电池两个部分之间，安装了六个温度传感器，每个传感器都位于冷却模块上的蓄电池冷却空气入口或出口处。如果蓄电池管理控制单元通过蒸发器前传感器 V756 或者蒸发器后传感器 V757，探测到蓄电池的温度过高了，那么控制单元就会接通风扇 V457。控制单元内设置了冷却功能模型，根据具体温度情况，在蒸发器工作时可从新鲜空气模式切换为循环空气模式。发往自动空调控制单元 J255 的冷却功率请求分为三级，鼓风机转速由蓄电池调节控制单元 J840 通过 LIN 总线来控制。

在新鲜空气工作模式时，风扇 V457 从备胎坑内抽入空气，空气经蒸发器被引入蓄电池，吸收热量后的热空气经后保险杠下方排出。在循环空气工作模式时，循环空气翻板 1 和 2 都是关闭着的，不会吸入新鲜空气。在需要时，控制单元 J840 将请求信息通过 CAN 总线发送给空调控制单元，以便去接通电动空调压缩机 V470。

蓄电池风扇 1（V457）、混合动力蓄电池循环空气翻板 1 的伺服电机 V479 和混合动力蓄电池循环空气翻板 2 的伺服电机 V480 由控制单元经 LIN 总线来调节。伺服电机 V479 和 V480 是串联的。混合动力蓄电池冷却液截止阀 1（N516）在未通电时是关闭着的，它控制去往蓄电池空调器的冷却液液流；混合动力蓄电池冷却液截止阀 2（N517）在未通电时是打开着的，它控制去往车内空调器的冷却液液流。

图 3-35 为宝马 i8 插电式混合动力车辆的电池冷却系统，采用水冷式设计，其工作原理与上述奥迪 Q5 相似。

4. 电池接线盒

混合动力蓄电池接线盒总成包括系统主继电器（SMR）预充电电阻器和蓄电池电流传

感器，如图 3-36 所示。内置于混合动力蓄电池接线盒总成的蓄电池电流传感器，用于检测 HV 蓄电池充电和放电安培数。混合动力车辆控制 ECU 总成根据通过蓄电池智能单元接收的安培数信号对混合动力系统进行优化控制，从而使 HV 蓄电池的 SOC 处于规定范围内。SMR 是根据混合动力车辆控制 ECU 总成的信号连接与断开 HV 蓄电池和电源电缆（线束组）的继电器，SMRB 用于蓄电池正极侧，SMRG 用于蓄电池的负极侧，SMRP 用于预充电。

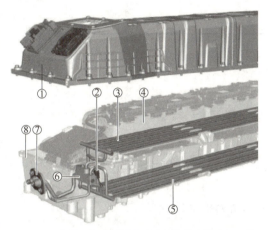

图 3-35　宝马 i8 插电式混合动力车辆的电池冷却系统
1—高压蓄电池单元的上半部分壳体；2—制冷剂管路温度传感器；3—上部热交换器；4—电池模块；5—下部热交换器；6—配电盒；7—膨胀和截止组合阀连接法兰；8—高压蓄电池单元的下半部分壳体

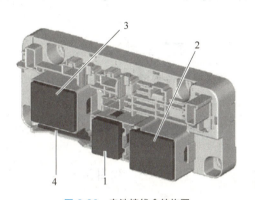

图 3-36　电池接线盒结构图
1—SMRP；2—SMRB；3—SMRG；4—预充电电阻器

5. 维修塞把手

在执行任何检查或者维修前，拆下维修塞把手使高压电路在 HV 蓄电池的中部断开，从而确保维修期间的安全。图 3-37 为维修塞把手结构图。

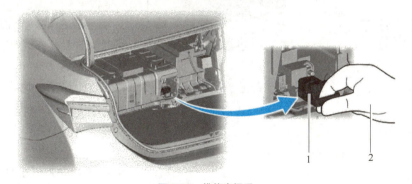

图 3-37　维修塞把手
1—维修塞把手；2—绝缘手套

注意：

切断高压电路后，带转换器的逆变器总成内的高压电容器仍然存在电荷。维修混合动力车辆时，拆下维修塞把手后，在开始工作前至少等待 10 分钟以使电容器放电。

系统处于 ON（READY）状态时，切勿拆下维修塞把手；拆下维修塞把手后，将电源开关置于 ON（READY）位置可能会导致故障。除非修理手册规定，否则请勿将电源开关置于 ON（READY）位置。

维修塞把手上一般安装有互锁开关。把手部分解锁时，互锁开关关闭且混合动力车辆控制 ECU 总成切断系统主继电器。但是，为确保安全，拆下维修塞把手前确保将电源开关置于 OFF 位置。

三、项目实施与评价

（一）实施要求

卡罗拉或者雷凌混合动力汽车、绝缘工具组件、绝缘套筒、绝缘棘轮扳手、绝缘扭力扳手和绝缘手套。

（二）实施步骤

项目实施一　混合动力汽车动力电池的拆卸

1. 拆卸注意事项

① 参考项目二的混合动力汽车高压电安全规程操作（佩戴绝缘手套）。

② 如果电池曾受过敲击或曾掉落，则将其更换。

③ 将连接器连接至电池时，通过下列操作确认连接器连接牢固：推动连接器直至听到一声咔嗒声，通过拉动目视检查并确认连接器连接牢固。

④ 在电池周围进行维修时（例如敲击），不要让金属碎屑进入电池。

⑤ 不要徒手触摸任何高压线束、连接器或零件。

⑥ 握住图 3-38 所示部位（a），并提起电池。

⑦ 不要让异物，如油脂或机油，黏附到电池的螺栓或螺母上。

⑧ 不要将手放入电池的开口内。拆卸、安装、移动电池模块时，确保倾斜角度不要超过 80 度。

⑨ 不要爬到电池顶部或站在电池上。

⑩ 不要让异物或水进入电池。如果任何螺栓、螺母卡入电池内，确保将其取出。

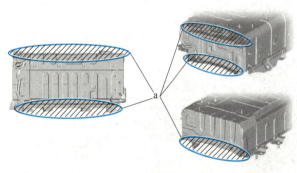

图 3-38　电池提起位置

2. 拆卸电池端子盒

① 拆卸电池传感器。

② 拆卸电池端子盒（佩戴绝缘手套）。

如图 3-39 所示，拆下螺栓。如图 3-40 所示，断开 2 个电池端子盒连接器，从电池上拆下混合动力电池端子盒。

图 3-39 拆卸电池端子盒螺栓

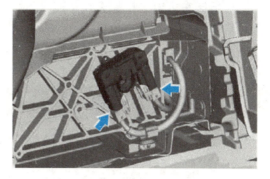
图 3-40 断开 2 个电池端子盒连接器

3. 拆卸电池右侧盖总成

① 插入维修塞把手的凸出部分，并逆时针转动电池盖锁扣的按钮，以将锁扣松开。

② 如图 3-41 所示，从电池上拆下 5 颗螺母和混合动力电池右侧盖分总成。

4. 拆卸电池接线盒总成

① 如图 3-42 所示，断开 2 个电池接线盒总成连接器，并用绝缘胶带将断开的连接器绝缘。

② 从电池上断开屏蔽搭铁（图 3-42 中 a 所示）。

③ 如图 3-43 所示，断开 4 个电池接线盒总成连接器，用绝缘胶带将断开的连接器绝缘。

图 3-42 断开 2 个电池接线盒总成连接器

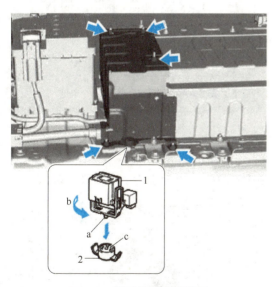
图 3-41 拆下电池上 5 颗螺母
1—维修塞把手；2—电池盖扣锁
a—凸出部分；b—转动；c—按钮

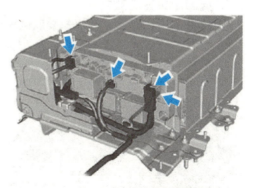
图 3-43 断开 4 个电池接线盒总成连接器

④ 如图 3-44 所示，从电池上拆下 4 颗螺母和电池接线盒总成，如果接线盒总成卡滞或掉落则更换。

5. 拆卸车内电子钥匙天线总成

① 如图 3-45 所示，分离两个卡爪。

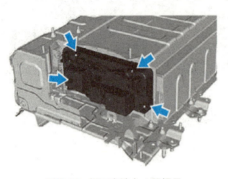

图 3-44 拆下电池上 4 颗螺母

图 3-45 分离两个卡爪

② 如图 3-46 所示，断开连接器，拆下电子钥匙天线总成，如果天线总成掉落则更换。

6. 拆卸电池 1 号进气管

如图 3-47 所示，拆下卡子，逆时针转动分离 2 个卡爪以拆下混合动力电池 1 号进气管。

图 3-46 断开连接器

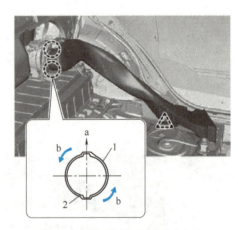

图 3-47 拆下卡子，分离 2 个卡爪

1—1 号进气管；2—冷却鼓风机总成；a—上；b—转动

7. 拆卸冷却鼓风机总成

① 如图 3-48 所示，断开冷却鼓风机连接器，并分离两个卡夹。

② 如图 3-49 所示，拆下三颗螺母，并分离 2 个卡爪，从电池上拆下冷却鼓风机总成。

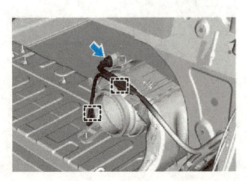

图 3-48 分离两个卡夹

图 3-49 拆下三颗螺母，并分离 2 个卡爪

8. 拆卸电池 2 号进气管

如图 3-50 所示，分离 2 个卡爪，从电池上拆下电池 2 号进气管。

9. 拆卸动力电池

① 如图 3-51 所示，断开互锁连接器并分离卡夹。

图 3-50 分离 2 个卡爪

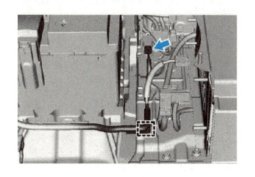
图 3-51 断开互锁连接器并分离卡夹

② 如图 3-52 所示，从车辆上拆下 4 颗螺栓（a）和 2 颗螺栓（b），然后拆下蓄电池，在电池脚部和边缘缠绕保护胶带以保护车身。

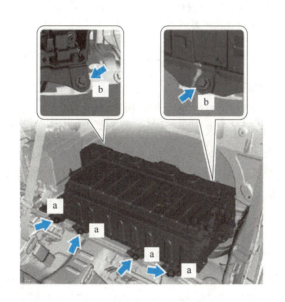
图 3-52 拆下 4 颗螺栓（a）和 2 颗螺栓（b）

项目实施二　混合动力汽车动力电池的安装

① 安装注意事项：

a. 不要让异物，如油脂或机油，黏附到电池的螺栓上。

b. 确保用绝缘胶带或同等产品捆住线束，以防其卡住。

c. 使用硬纸板或其他类似材料保护电池和车身，以防损坏。由于电池非常重，因此需要 2 个人安装。安装电池时，小心不要损坏其周围零件。

　　d. 拆卸、安装、移动电池时，确保倾斜角度不要超过 80°。

　　e. 从车辆拆下电池时，不要使其接触到车辆。

　　f. 由于使用了 2 种不同长度的螺栓，确保将各螺栓安装到正确位置。

　　g. 如果电池曾受过敲击或曾掉落，则将其更换。

② 安装动力电池。

③ 安装电池 2 号进气管。

④ 安装冷却鼓风机总成。

⑤ 安装电池 1 号进气管。

⑥ 安装电子钥匙天线总成。

⑦ 安装电池接线盒总成。

⑧ 安装电池右侧盖总成。

⑨ 安装电池端子盒。

⑩ 执行实用程序。

如果已更换电池，则确保执行蓄电池状态信息更新，如果无须更新存储在混合动力车辆控制 ECU 中的电池状态信息，更换电池后关闭组合仪表上的灯。

① 将 GTS 连接到 DLC3。

② 将电源开关置于 ON（IG）位置。

③ 进入以下菜单：Powertrain/HybridControl/Utility/BatteryStatusInfoUpdate。

项目实施三　混合动力汽车动力电池冷却滤清器的检修

1. 检查电池冷却鼓风机滤网有无阻塞或者损坏

① 如果滤清器损坏，则用新的电池冷却鼓风机滤网更换。

② 不要在电池冷却鼓风机总成安装在车辆上时进行清洁。

③ 如果电池冷却鼓风机滤网损坏，则检查蓄电池冷却鼓风机总成内是否有异物。必要时清洁或更换蓄电池冷却鼓风机总成。用压缩空气清洁电池冷却鼓风机总成时，确保固定电池冷却鼓风机总成的风扇，如果允许风扇转动，则将产生电压，从而可能损坏电池冷却鼓风机总成电路。

2. 清洁电池冷却鼓风机滤网

① 清洁电池冷却鼓风机滤网时不要使用水或其他液体；

② 仅使用压缩空气；

③ 为防止损坏电池冷却鼓风机滤网，不要使用钢丝或者刮板；

④ 使喷气枪距离电池冷却鼓风机滤网至少 30mm；

⑤ 从滤网的后侧吹压缩空气，如图 3-53 所示。

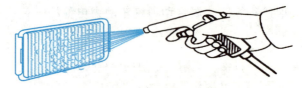

图 3-53　清洁电池冷却鼓风机滤网

学生项目实施评价表

你是否在教师的帮助下成功地完成项目任务?	是	否
知识目标		
掌握电池的性能评价指标	☐	☐
掌握不同类型动力电池的性能	☐	☐
掌握混合动力汽车电池系统的组成	☐	☐
掌握混合动力汽车电池系统零部件的作用	☐	☐
能力目标		
你是否能更换混合动力汽车电池?	☐	☐
你是否能进行电池冷却滤清器的清洁与更换?	☐	☐
素质目标		
你是否认识到混合动力汽车维修的高压危险?	☐	☐
你是否具备了混合动力汽车维修的安全意识?	☐	☐
你是否能在混合动力汽车维修中做到认真负责、一丝不苟?	☐	☐
你是否能依靠维修手册和教材进行自主学习?	☐	☐
你是否能和其他人就维修项目进行良好的沟通?	☐	☐
完成情况		
所有上述表格必须是肯定回答。如果不是,应咨询教师是否需要增加学习活动,以达到要求的技能。		
教师评语:		
教师签字:		
学生签字:		
完成时间和日期:		

四、知识与技能拓展

(一)搭载太阳能电池板的普锐斯混合动力汽车

丰田推出的插电式混合动力车型普锐斯 PHV 可搭太阳能充电系统(选配)。新款普锐斯 PHV 的太阳能充电系统由车顶搭载的太阳能电池板(如图 3-54 所示)、储存电池板产生电能的镍氢电池和内置 DC-DC 转换器的 ECU 电子控制单元组成。

全新普锐斯的亮点配置是采用了太阳能通风系统与遥控空调系统。普锐斯有独有的太阳能通风系统,利用安装在车顶的太阳能电池板吸收太阳能驱动车内通风系统,以降低车内温度,同时太阳能电池板和天窗完美融合,将外在的视觉之美与内在的人性享受合二为一;

图 3-54 插电式普锐斯混合动力车型外观

世界首创的智能钥匙可以远程开启遥控空调系统,在炎热的夏日里驾乘者可在进入车辆之前提前开启空调,有效降低车内温度,避免了酷暑的煎熬。

新一代太阳能蓄电装置虽仍以曝晒面积最为广的车顶结构为基础,但在崭新的设计工法下,打造出了兼具流体空气力学表现的曲面造型,通过吸热电极模组的重新规划,使得太阳能板可完美地铺设于全车顶,在电极体薄型化与金属导引外盖等新技术的支持下,使得系统功率一口气攀升至180W,可直接供应电动机模组所需的电量。在行驶中,车顶的太阳能电池板可以以10%的充电速度为普锐斯混合动力版汽车进行充电,大大提升这款车的燃油经济性。另外,新款普锐斯混合动力版车顶太阳能电池板除了为电池充电以外,还可以为电动车窗、照明灯等配件供电,非常实用。

(二)丰田超级电容技术混动勒芒赛车

由于超级电容的能量密度相比锂离子电池低很多,所以它很难单独作为能量存储设备而运用在乘用车辆上,但是它却可以与传统内燃机组成混合动力系统。

丰田 TOYOTA Racing TS040 HYBRID 超级电容技术混动勒芒赛车的动力系统来自一台汽油发动机和一个 KERS 系统,如图 3-55 所示。汽油机为 3.4L V8;KERS 系统采用了超级电容技术。由于赛车在制动瞬间的能量非常大,通过超级电容高功率密度的特点可以更高效地将能量回收存储起来,同时在赛车需要超车等瞬时大功率的情况下,超级电容可以释放能量满足这样的要求。

图 3-55　TOYOTA Racing TS040 HYBRID 结构图

(三)PSA Hybrid Air 空气混合动力系统

在新能源汽车领域,目前众多汽车厂商都在积极研发与推广混合动力汽车。不过 PSA 集团(标致-雪铁龙集团)在这个领域另辟蹊径,开发出一套名为 Hybrid Air 的空气混合动力系统。

如图 3-56 所示,这套空气混合动力系统主要包括三部分:汽油发动机动力总成、液压泵/液压马达以及压缩空气系统。其中液压泵、液压马达与变速箱是整合到一块的(结构布局与油电混合系统相似)。其结构简图如图 3-57 所示,压缩空气能量的释放,是利用液压油推动液压机构(液压泵与液压马达),进而将动力传递到驱动桥,而制动能量的回收,也是通过液压机构,通过液压油来压缩空气存储能量。

压缩空气系统则包括高压储气罐和低压储气罐,里面装的是活性稳定的氮气。高压储气罐位于车身底部的中央通道位置,而低压储气罐则布置在后备厢区域。

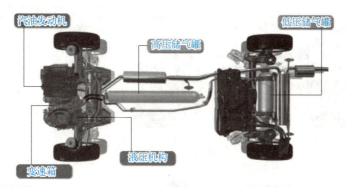

图 3-56　Hybrid Air 空气混合动力系统结构图

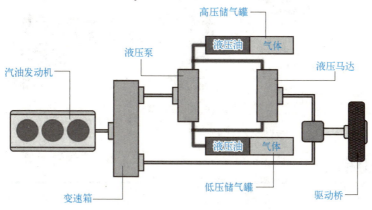

图 3-57　Hybrid Air 空气混合动力系统结构简图

空气混合动力系统与油电混合动力系统类似，包含了四种行驶驱动模式：高压空气驱动（图 3-58）、混合驱动（图 3-59）、发动机驱动（图 3-60）和能量回收（图 3-61）。其中，发动机驱动模式主要用于高速定速巡航（这也是发动机最经济的工作区间）；纯空气驱动主要用于城市道路（速度不超过 70km/h）；而需要加速或爬坡时，两者同时介入工作；最后就是制动能量回收，这与电动机回收电能存储于电池有所差别，它是以压缩气体的形式储存于储气罐里。

空气驱动模式

高压储气罐释放能量，推动液压马达运转，进而驱动车辆前进。主要在速度低于70km/h下启动，实现零排放。

图 3-58　高压空气驱动模式

混合驱动模式

需要加速或者爬坡时，发动机与压缩空气系统同时介入驱动车辆，提升加速性能。

图 3-59　混合驱动模式

图 3-60　发动机驱动模式

图 3-61　能量回收模式

五、项目小结

本项目对典型蓄电池的结构和工作原理进行了讲解，分析了混合动力汽车对蓄电池的要求，对目前主流混合动力汽车的蓄电池进行了列举，在此基础上对电池系统的基本组成和功用进行了讲解。通过电池的拆装和电池冷却系统的检修项目的实施，使读者掌握电池系统的检修与更换方法，具备高压电池的维修能力。

思考与练习

1. 电动汽车用电池有哪些类型？
2. 动力电池的性能指标主要有哪些？
3. 电动汽车对动力电池有哪些要求？
4. 电动汽车用蓄电池主要有哪几种？其特点是什么？
5. 请查阅资料，目前主流混合动力汽车都是用的哪几种类型的电池？它们各自的优缺点是什么？
6. 高压电池系统的基本组成和各组成部分的功用。
7. 电池管理系统基本组成和功用。
8. 电池冷却系统和发动机冷却系统、空调系统可以共同组成热管理系统吗？谈谈你的想法。
9. 电池冷却系统是怎么工作的？
10. 请你结合本章所学知识，想一种电池冷却系统结构。

项目四
电机驱动系统结构原理与维修

思维导图：

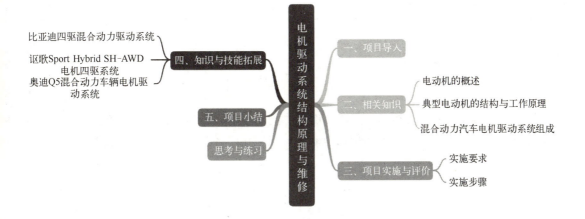

一、项目导入

故障案例：卡罗拉双擎 CVT 精英版车仪表盘上有混合动力系统的故障指示灯（MIL）点亮，经维修技师检查，确定为发电机控制模块内部电子故障，需要更换逆变器总成。

混合动力汽车的驱动系统除了常规的发动机驱动之外，还有电机驱动系统。电机驱动系统不仅有电动机，还有与之配套的逆变器、电机控制器、DC-DC 转换器和增压器，一般这些部件都是集成在一起的，称为逆变器总成。逆变器总成在工作的时候会产生大量的热，需要独立的冷却系统进行冷却。

本项目通过对混合动力汽车的典型电动机、逆变器、电机控制系统、DC-DC 转换器、增压器和冷却系统的构造和原理等相关知识进行讲解，并通过四个项目的实施，使读者掌握相关知识的同时掌握电机驱动系统相关的维修能力。

知识目标：
① 掌握电动机的评价指标；
② 掌握混合动力汽车应用的典型电动机的结构和工作原理；
③ 掌握逆变器总成的组成与各部件的功用；
④ 掌握电机驱动系统各传感器的工作原理；

⑤ 掌握逆变器、增压器、DC-DC 转换器的结构与工作原理；
⑥ 掌握逆变器冷却系统的结构与工作原理。

能力目标：
① 能更换逆变器总成；
② 会进行逆变器总成冷却液的检查与更换。

素质目标：
① 培养吃苦耐劳的敬业精神和自主学习能力；
② 培养独立工作能力和团队合作能力；
③ 培养良好的沟通、协调能力和表达能力。

二、相关知识

（一）电动机的概述

1. 电动机的种类

电动机的种类很多，如图 4-1 所示，用途广泛，功率的覆盖面非常大。而混合动力汽车所采用的电动机种类较少，功率覆盖面也较窄，只采用了一些符合混合动力汽车要求的电动机来作为驱动电动机。

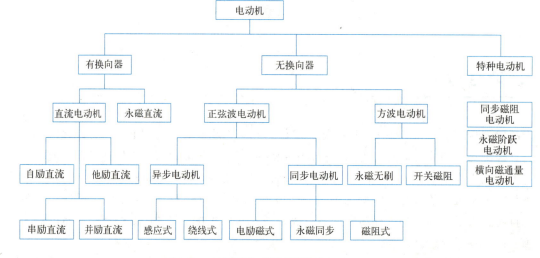

图 4-1　电动机的种类

在混合动力汽车发展的早期，大部分都采用直流电动机作为驱动电机。这类电动机技术较为成熟，具备控制方式容易、调速优良的特点，曾经在调速电动机领域内有着最为广泛的应用。但是由于直流电动机机械结构复杂，导致它的瞬时过载能力和电动机转速的进一步提高受到限制，而且在长时间工作的情况下，电动机的机械结构会产生损耗，增加维护成本。此外，电动机运转时电刷冒出的火花使转子发热，会造成高频电磁干扰，影响整车其他电器性能。由于直流电动机有着以上缺点，目前的电动汽车已经基本将直流电动机淘汰。

随着电子技术、机械制造技术和自动控制技术的发展,交流电动机、永磁电动机和开关磁阻电动机显示出更加优越的性能,这些电动机正在逐步取代直流电动机。

2. 混合动力汽车对驱动电动机性能的基本要求

① 高电压。主要优点是可以减小电动机的尺寸、降低逆变器的成本以及提高能量转换效率等。

提高电动机电压的典型例子是丰田公司的 THS-Ⅱ 混合动力系统。该系统电动机采用的电压由 THS 系统的 274V 提高到 500V,在电动机尺寸和质量变化不大的前提下,使电动机的功率、转矩和转速范围扩大。典型混合动力汽车电动机功率和电源电压的关系如图 4-2 所示。

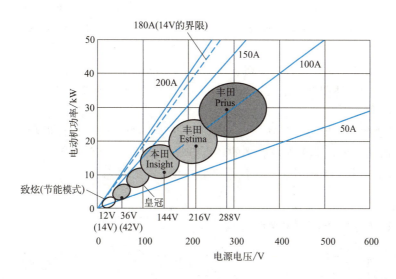

图 4-2 电动机功率和电源电压的关系

② 高转速。现代电动汽车的电动机转速可达 8000～12000r/min,甚至更高。

③ 转矩密度和功率密度大、质量轻、体积小。转矩密度、功率密度分别是指最大转矩体积比和最大功率体积比。采用铝合金外壳等降低电动机的质量;各种控制装置和冷却系统的材料等也应尽可能选用轻质材料。以 Prius 为例,其驱动电机的外特性如图 4-3 所示。

④ 具有较大的启动转矩和较宽范围的调速性能。为满足启动、加速、行驶、减速、制动等所需的功率与转矩,应具有较大的启动转矩和较宽范围的调速性能;应具有自动调速功能,减轻操纵强度,提高舒适性,达到内燃机汽车同样的控制响应。

⑤ 较大的过载能力。电动汽车的驱动电机一般需要有 4～5 倍的过载,以满足短时加速行驶与最大爬坡度的要求,而工业驱动电动机只要求有 2 倍的过载。

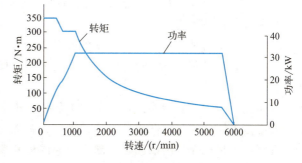

图 4-3 Prius 驱动电机外特性图

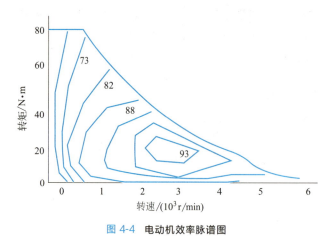

图 4-4 电动机效率脉谱图

⑥ 较高的可控性、稳态精度和动态性能，满足多部电动机协调运行。

⑦ 高效率。高负荷、低转速和低负荷、高转速条件工作时，电动机的效率不够理想，因此，混合动力汽车的控制系统应在满足汽车动力性要求的前提下，尽量使电动机工作在高效率区域。电动机效率脉谱图如图4-4所示。

⑧ 可兼作发电机使用。为减轻汽车的自重和节省空间，绝大部分混合动力汽车的电动机均可兼作发电机使用，以回收汽车制动和减速时的能量。

⑨ 电气系统安全性和控制系统的安全性应达到有关的标准和规定，必须装备高压保护设备以保证安全。

⑩ 能够在恶劣条件下可靠工作。电动机应具有高的可靠性、耐低温和高温性、耐潮湿性，并且运行时噪声低，能够在较恶劣的环境下长期工作。

⑪ 结构简单，适于大批量生产，使用维修方便，价格便宜等。

⑫ 散热性好。

（二）典型电动机的结构与工作原理

1. 直流电动机

（1）直流电动机的特点

① 电磁转矩控制特性优良，启动和制动转矩大，易于快速启动和停车；

② 调速比较方便，调速范围广，易于平滑调节；

③ 控制装置简单（磁场和电枢可以分别控制），且价格低廉；

④ 效率较低、质量大、体积大、结构较复杂、成本高；

⑤ 在高速工作时会产生火花，工作转速低，电刷、换向器等接触零件易磨损。

（2）直流电动机的基本结构

直流电动机主要由转子、定子、端盖和电刷架四部分组成。

① 定子。如图4-5所示，定子由主磁极、换向极和机座三部分组成，其主要功用是产生磁通和进行机械固定。

主磁极：作用是产生主磁场。磁极可以是永磁也可以是励磁式的。励磁式磁极通常由厚0.5~1mm的低碳钢片叠装而成，在磁极铁芯上绕有励磁绕组。整个磁极利用螺杆固定在磁轭上。

换向极：作用是改善换向，使电动机运行时电刷不产生有害的火花。如同主磁极一样，换向极也是由铁芯和绕组两部分组成并固定在磁轭上。

机座：也称机壳，用以固定主磁极、换向极和端盖等，也为其磁通路。

② 转子。如图4-6所示，转子由电枢铁芯、电枢绕组及换向器三部分组成。

电枢铁芯：在旋转时被交变磁化，为了减少损耗，铁芯一般由0.35~0.5mm的硅钢片叠装而成。

换向器：起整流作用，它由楔形铜片所组成。铜片与铜片之间以及铜片与压圈之间均用云母绝缘。两个换向片与电枢绕组的各个线圈分别相接。

电枢绕组：由按一定规律连接的线圈组成，是直流电动机中复杂而重要的电路部分，也是通过电流和产生感应电动势，从而实现机电能量转换的关键性部件。

③ 端盖。如图 4-7 所示，端盖上装有轴承以支撑电动机转子旋转，端盖固定在机座的两端。

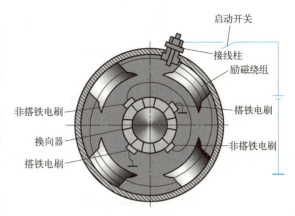

图 4-5　直流电动机定子基本结构

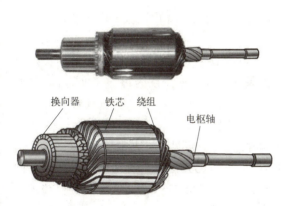

图 4-6　直流电动机转子结构

图 4-7　直流电动机端盖

④ 电刷架。如图 4-8 所示，电刷架装在端盖上，电刷与换向器接触。

图 4-8　直流电动机电刷架

⑤ 气隙。气隙是定子磁极和转子电枢间自然形成的缝隙。虽不为结构部件，但是主磁路重要部分，是机电能量转换媒介。气隙大小直接影响电动机性能，气隙越小磁损耗越小，效率越高，但受机械加工精度和同轴度限制。气隙随电动机容量（体积）和最高允许转速增加而增大。

（3）直流电动机的基本原理

图 4-9 为直流电动机工作原理示意图，电动机外圈主磁极固定南（S）、北（N）极永磁铁，之间安装空心筒状电枢铁芯；铁芯与磁极间为气隙；铁芯空筒内安放电枢绕组；绕组两端接在换向器的半圆形铜片上；再由两个电刷 A、B 连接外电路。电动机运转时电枢铁芯、电枢绕组及换向器旋转，而主磁极和电刷在空间固定不动。

① 把直流电能转换为机械能输出做功　电流正极从电刷 A 流入线圈，方向为 a→b、c→d，再经电刷 B 返回电源负极。如导体处磁通密度为 B，导体有效长度为 l，电流为 i，

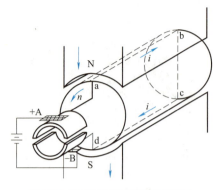 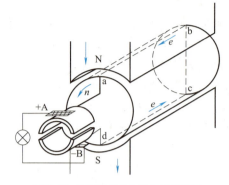

图 4-9　直流电动机工作原理示意图　　　　图 4-10　直流发电机工作原理示意图

按电磁力定律，此时导体所受电磁力 $F=Bli$。其方向由左手定则判定，即导体 ab 和 cd 受力产生的转矩均使电动机转子按逆时针转动。转子转过 180°导体 ab 段与 cd 段对换，使 cd 段在 N 极下，ab 段在 S 极上。电流经电刷 A 由 d 端流入线圈内，方向为 d→c、b→a。根据左手定则判定导体 ab 和 cd 受力产生的转矩仍为逆时针方向。导体内电流方向改变，但受力转矩方向不变，使转子连续旋转。

② 将电动机轴上机械能转换为直流电能　如图 4-10 所示，电动机拖动转子电枢按逆时针旋转，导体 ab 段在 N 极下，cd 段在 S 极上，如果导体处磁通密度为 B，长度为 l，其线速度为 v，则根据法拉第电磁感应定律，导体感应电动势瞬时值 $e=Blv$。电动势方向按右手定则如图箭头所示：N 极下 ab 段为 b→a、S 极上 cd 段为 d→c。线圈 abcd 电动势为 ab（或 cd）的 2 倍，并使电刷极性方向 A 为正、B 为负。转子转过 180°导体 ab 段与 cd 段对换，使 cd 段在 N 极下，ab 段在 S 极上，电动势方向：cd 段为 c→d、ab 段为 a→b。因电刷不随换向片转动，因此线圈 abcd 电动势方向仍是：电刷极性方向 A 为正、B 为负。转子旋转时绕组感应的交变电动势经换向器与电刷变成直流电动势。

实际电动机的电枢不只是一个线圈，而是由多个按一定规律连接的线圈组成，主磁极对数也成倍增加，提高了电动机的功率密度，同时也降低了输出转矩（电动机）或电动势（发电机）的脉动程度。对于同一台直流电动机，只要改变外界条件，既可用作电动机，也能转换为发电机运行。

（4）直流电动机的励磁方式

根据励磁方式不同，直流电动机可分为他励和自励两类。

如图 4-11 所示，他励直流电动机的励磁线圈与转子电枢的电源分开，能够实现对励磁电流和电枢电流的分别控制，从而实现对他励直流电动机的控制。具有线性特性和稳定输出特性，能够实现在减速和制动时的再生制动，回收部分能量。

自励直流电动机的励磁电流由自身供给，根据励磁绕组与电枢绕组的连接关系，又可以分为并励、串励和复励三种。

如图 4-12 所示，并励直流电动机的励磁绕组与电枢绕组并联，励磁线圈与转子电枢的端电压相同为 U。在外加电压一定的情况下，励磁电流产生的磁通将保持恒定不变。其特点是：启动转矩大、调速范围宽。

如图 4-13 所示，串励直流电动机的励磁绕组与电枢绕组串联，串励直流电动机的励磁电流和电枢电流相等，能获得每单位电流的最高转矩。这种励磁方式采用得较少。其特点是启动转矩大、有较好的启动特性以及较宽的恒功率调速范围,且转速随转矩的增加呈显著下降的特性,特别适用于起重设备。

如图 4-14 所示,复励直流电动机的主磁极上装有两个励磁绕组,一个与电枢绕组并联,称为并励绕组,另一个与电枢绕组串联,称为串励绕组。这两个励磁绕组若产生的磁动势方向相同称为积复励,否则称为差复励。积复励电动机的电磁转矩变化速度较快,负载变化时能够有效克服电枢电流的冲击,比并励式电动机的性能优越,主要用于负载力矩有突然变化的场合。差复励电动机具有负载变化时转速几乎不变的特性,常用于要求转速稳定的机械设备中。

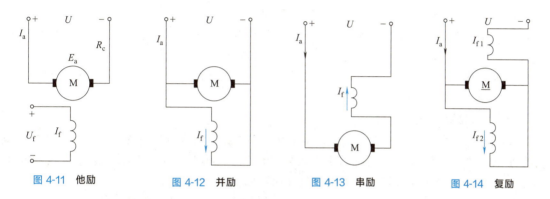

图 4-11 他励　　图 4-12 并励　　图 4-13 串励　　图 4-14 复励

虽然励磁绕组所消耗的功率仅占直流电动机额定功率的 1%～3%,但励磁方式对直流电动机的性能产生很大影响。

(5) 直流电动机的制动

直流电动机的制动主要有能耗制动、反接制动和发电反馈制动等三种。

① 能耗制动。在停机时将电枢绕组接线端从电源上断开后立即与一个制动电阻短接,由于惯性,短接后电动机仍保持原方向旋转,电枢绕组中的感应电动势仍存在并保持原方向,但因为没有外加电压,电枢绕组中的电流和电磁转矩的方向改变了,即电磁转矩的方向与转子的旋转方向相反,起到了制动作用。

② 反接制动。在停机时将电枢绕组接线端从电源上断开后立即与一个相反极性的电源相接,电动机的电磁转矩立即变为制动转矩,使电动机迅速减速至停转。

③ 发电反馈制动。在电动机转速超过理想空载转速时,电枢绕组内的感应电动势将高于外加电压,使电动机变为发电状态运行,电枢电流改变方向,电磁转矩成为制动转矩,限制电动机转速过分升高。

(6) 无刷直流电动机

无刷直流电动机(brushless DC motor,BLDCM)是随着电子技术的发展而出现的一种新型直流电动机。它以电子换向装置代替了直流电动机的电刷和换向器,其特性与普通直流电动机相类似,但是在性能上保持了普通直流电动机的优点而克服了其缺点。其特点是启动迅速、调速范围宽、寿命长、维护方便、可靠性高、噪声较低、无换向火花和无线电干扰。无刷直流电动机转子上既无铜耗又无铁耗,其效率比同容量异步电动机提高 5%～12%。

无刷直流电动机由电动机本体、转子位置传感器和电子换向电路三部分组成,如图 4-15 所示。转子位置传感器检测出转子位置信号送入控制电路,控制电路将转子位置信号经过逻辑变换后产生脉宽调制 PWM 信号,经过驱动电路放大送到逆变器各功率管,控制

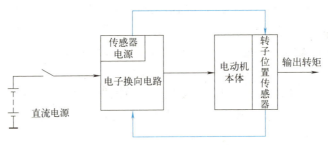

图 4-15 无刷直流电动机组成

电动机各相绕组按一定次序通电,电动机产生间断式旋转磁场。

电子换向电路产生方波驱动电流或正弦波驱动电流。在有效材料利用率相同的条件下,方波电动机的平均转矩比正弦波电动机的大,控制器和转子位置传感器成本也较低;但正弦波电动机的脉动转矩较小。方波电流驱动的无刷直流电动机在电动汽车中的应用比较普遍。

2. 三相异步感应电动机(交流电动机)

(1) 三相异步感应电动机的特点

交流电动机可分为同步电动机和异步电动机两大类。同步电动机的电动机转子的转速 n 与定子旋转磁场的转速 n_1 相等,即转子与定子旋转磁场在空间同步旋转;异步电机的 n 不等于 n_1,即转子与定子旋转磁场在空间旋转时不同步。

异步电动机具有结构简单、制造容易、价格便宜、运行可靠、维护方便、效率较高等优点,因此得到广泛的应用。据估计,90%左右的电动机均为异步电动机,在电网总负荷中,异步电动机用电量占60%以上。

(2) 三相异步感应电动机基本结构

三相异步感应电动机主要由定子、转子(层叠、压紧的硅钢片)、底座、支架、外壳、后保护罩和冷却风扇等组成,其结构如图4-16所示。在转子和定子之间有一个非常小的空气气隙。根据电动机容量的不同,气隙一般在0.4~4mm的范围内。气隙过小,使电动机装配困难,高次谐波磁场增强,附加损耗增加,启动性能变差以及运行不可靠;气隙过大,则电动机运行时的功率因数下降。

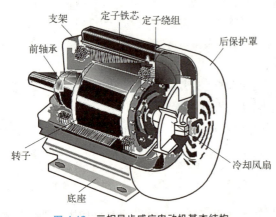

图 4-16 三相异步感应电动机基本结构

三相异步电动机转子与定子之间没有任何电气上的联系,能量的传递全部依靠电磁感应,因此称为感应式电动机。

(3) 三相异步电动机的工作原理

交流电动机与直流电动机均根据电磁力和电磁感应定律工作,区别主要是相对导体作用的磁场不同:前者为旋转磁场,而后者为静止磁场。

① 旋转磁场对导体的作用。如图4-17所示,U形磁铁以转速 n_0 逆时针旋转,在磁感应强度为 B 的磁场内,有效长度 L 的线圈导体将以速度 v 切割磁力线,则产生的感应电动势为 $e=BLv$,方向按右手定则为图箭头所示。因线圈闭合而产生感应电流 i,方向如图箭头所示。带电导体在磁场中受到的电磁力 $F=BLi$,方向按左手定则为图箭头所示。线圈在

旋转磁场电磁力 F 的作用下，将按转速 n 逆时针旋转，且 $n<n_0$。

② 旋转磁场的产生。交流电动机定子的三相绕组在空间互为 120°，每相绕组分别通入相位互差 120°的对称正弦波交流电，如图 4-18 所示。

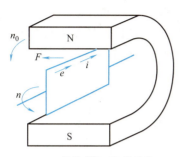

图 4-17 旋转磁场对导体的作用

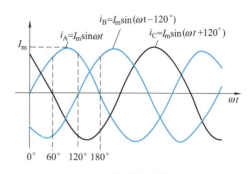

图 4-18 三相对称的交流电波形

假设如图 4-19 所示，每相仅为一个线圈，⊗ 表示电流流入、⊙ 表示电流流出。线圈 AX、BY、CZ 分别通入相位互差 120°的正弦电流 i_A、i_B、i_C，分析相位角 ωt 分别为 0°、60°、120°、180°时，所产生合成磁场的变化过程。

$\omega t=0°$ 时，AX 线圈 $i_A=0$，无磁场。BY 线圈 i_B 从 Y 端流入，B 端流出，磁场方向按右手螺旋法则为图 4-19（a）的 BY 向，CZ 线圈 i_C 从 C 端流入，Z 端流出，磁场为图 4-19（a）的 BZ 向，合成磁场为图 4-9（a）中 NS 极。同理 $\omega t=60°$、120°、180°时合成磁场分别为图 4-19（b）~（d）所示的 NS 极位置。

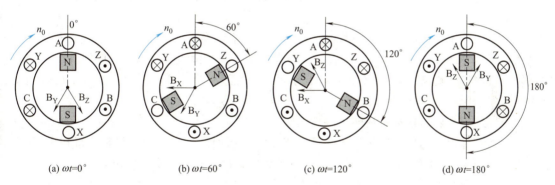

图 4-19 不同时刻三相合成的旋转磁场位置

由此比较每个瞬间的合成磁场分别以顺时针方向在旋转 NS 极，即在定子绕组中通入三相交流电源时产生顺时针方向旋转的磁场。

如改变三相交流电相序，则产生逆时针旋转的合成磁场。其旋转磁场转速为同步转速 $n_0=60f/P$，其中 f 为电流频率（Hz）；P 为电动机极对数。旋转磁场在定子铁芯中产生的磁通被转子绕组切割而感应出电动势，其内流动的感应电流在旋转电磁场力 F 作用下，将按转速 n 旋转。因转子导体需要与旋转磁场间有相对运动才能感应出电流而形成电磁转矩，所以 n 总小于 n_0，由此该类电动机被称为异步电动机。电动机转子导体的电流经切割旋转磁场而感应，所以也称感应电动机。

若在电动机转子绕组中另外通入直流励磁电流，使转子本身产生固定极性的磁场，则定子旋转磁场的磁极与转子的异性磁极产生磁拉力会牵引转子与旋转磁场同速旋转，这即为同步电动机的简单工作原理。

③ 转差率。使转子导体产生感应电动势，转速 n 需要与旋转磁场同步转速 n_0 存在差速 $\Delta n = n_0 - n$，Δn 与 n_0 之比即称为异步电动机的转差率 $s = (n_0 - n)/n_0$。转差率 s 是异步电动机的重要运行参数，与负载及运行状态密切相关。s 越小，n 越接近 n_0，效率也越高。通常额定负载时异步电动机 $s \approx 1\% \sim 6\%$。

④ 转差率与异步电动机运行状态之间的关系。如图 4-20 所示，转差率与异步电动机运行状态之间的关系，共有发电机、电动机和反接制动三种运行状态。

图 4-20 转差率与异步电动机的三种运行状态

电动机运行状态：$0 < n < n_0$ 或 $0 < s < 1$ 时，电动机产生电磁转矩驱动负载与磁场同向旋转，从电源吸收电功率，向轴输出机械功率。

发电机运行状态：当电动机轴由原机或如惯性、重力等其他转矩拖动，使 $n > n_0$，$s < 0$ 时，旋转磁场将反向切割转子导体，使感应的电动势改向，转子电流及电磁转矩也变向，即电磁转矩变为制动型，电动机从外部获得机械功率，经磁动势平衡使定子电流随之改向，变为输出电功率。对电动汽车，在降速制动过程中 n 不可能升高，但按公式 $n_0 = 60f/P$，即可降低电源频率 f 来减小 n_0 以实现发电回馈；而下坡时可能因加速行驶会使 $n > n_0$，但为确保安全应结合降低 f 来发电回馈。

反接制动状态：如吊车起吊时货物过重，电动机不能将货物吊起，反而因货物过重下沉使电动机反转，即 $n < 0$ 使 $s > 1$，电磁转矩为制动转矩。此时电动机既从电网吸收电功率，又从轴上吸收机械功率，使两部分功率变为电动机内部损耗，异步电动机运行于反接制动状态。

(4) 三相异步感应电动机的转矩特性曲线

电磁转矩是由电动机旋转磁场与转子电流相互作用而产生的。转矩与定子每相电压 U_1 和转子的电阻 R_2、电源的频率 f 等有关。电动机特性曲线是在一定的电源电压 U_1、电源频率 f 和转子电阻 R_2 条件下，转矩与转速的关系曲线，如图 4-21 所示。T_{st}、T_{max}、T_e、n_e 和 n_0 分别表示电动机启动时的电磁转矩、最大电磁转矩、额定转矩、额定转速和最大转速。

通常，三相异步感应电动机的启动电流与额定电流的比值大约为 5～7 倍，但由于启动时间很短（约 3s），且启动后转速迅速升高，电流比很快降低，从发热的角度考虑不会有太大问题。启动时，如果启动转矩过小，就不能在满载下启动；如果启动转矩过大，就会对传动系统的齿轮造成冲击。因此，可以在空载条件下启动，避免发生以上情况。

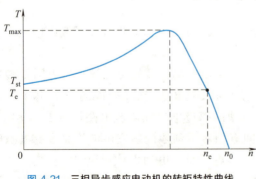

图 4-21 三相异步感应电动机的转矩特性曲线

3. 永磁同步电动机

永磁电动机驱动系统可以分为无刷直流电动机（BLDCM）系统和永磁同步电动机（PMSM）系统。无刷直流电动机（BLDCM）系统具有转矩大、功率密度高、位置检测和控制方法简单的优点，但是由于换相电流很难达到理想状态，因此会造成转矩脉动、振动噪声等问题。对于车速要求不太高的电动汽车，BLDCM 系统具有一定的优势，得到了广泛的重视和普遍应用。永磁同步电动机（PMSM）系统具有高控制精度、高转矩密度、良好的转矩平稳性以及低噪声的特点，通过合理设计永磁磁路结构能获得较高的弱磁性能，提高电动机的调速范围，因此在电动车驱动方面具有较高的应用价值，已经受到国内外电动汽车界的高度重视，并在日本得到了普遍的应用，是一种比较理想的混合动力汽车驱动系统。

（1）永磁同步电动机相比交流异步电动机的优势

① 效率高、更加省电：

a. 由于永磁同步电动机的磁场是由永磁体产生的，从而避免通过励磁电流来产生磁场而导致的励磁损耗（铜耗）。

b. 永磁同步电动机的外特性效率曲线相比异步电动机，其在轻载时效率值要高很多。

c. 由于永磁同步电动机功率因数高，这样相比异步电动机其电动机电流更小，相应地，电动机的定子铜耗更小，效率也更高。

d. 系统效率高：永磁电动机参数，特别是功率因数，不受电动机极数的影响，因此便于设计成多极电动机（如可以 100 极以上），这样对于传统需要通过减速箱来驱动负载的电动机，可以做成直接用永磁同步电动机驱动的直驱系统，从而省去了减速箱，提高了传动效率。

② 功率因数高：由于永磁同步电动机在设计时，其功率因数可以调节，甚至可以设计成功率因数等于 1，且与电动机极数无关。电动机的功率因数高有以下几个好处：

a. 功率因数高，电动机电流小，电动机定子铜耗降低，更节能。

b. 功率因数高，电动机配套的电源，如逆变器、变压器等，容量可以更低，同时其他辅助配套设施如开关、电缆等规格可以更小，相应系统成本更低。

c. 由于永磁同步电动机功率因数高低不受电动机极数的限制，在电动机配套系统允许的情况下，可以将电动机的极数设计得更高，相应电动机的体积可以做得更小，电动机的直接材料成本更低。

③ 电动机结构简单灵活：由于异步电动机转子上需要安装导条、端环或转子绕组，大大限制了异步电动机结构的灵活性，而永磁同步电动机转子结构设计更为灵活。

④ 可靠性高：由于永磁同步变频调速电动机参数不受电动机极数的限制，便于实现电动机直接驱动负载，省去噪声大、故障率高的减速箱，增加了机械传动系统设计的可靠性和灵活性。

⑤ 体积小，功率密度大：电动机效率的增高，相应地损耗降低，电动机温升减小，则在采用相同绝缘等级的情况下，电动机的体积可以设计得更小；电动机结构的灵活性，可以省去电动机内许多无效部分，如绕组端部、转子端环等，相应体积可以更小。

⑥ 起动力矩大、噪声小、温升低：

a. 永磁同步电动机在低频的时候仍能保持良好的工作状态，低频时的输出力矩较异步电动机大，运行时的噪声小；

b. 转子无电阻损耗，定子绕组几乎不存在无功电流，因而电动机温升低，同体积、同重量的永磁电动机功率可提高 30% 左右；同功率容量的永磁电动机体积、重量、所用材料可减少 30%。

（2）永磁同步电动机缺点

① 价格较高：磁钢价格较高。

② 弱磁能力低：由于永磁同步电动机转子为永磁体，无法调节，必须通过增加定子直轴去磁电流分量来削弱磁场，这会增大定子的电流，增加电动机的铜耗。

③ 启动困难，高速制动时电势高，给逆变器带来一定的风险。

（3）永磁同步电动机的基本结构

定子绕组一般制成三相绕组。三相绕组沿定子铁芯对称分布，在空间互差 120°电角度，通入三相交流电时，产生旋转磁场。转子采用永磁体，目前主要以钕铁硼作为永磁材料。采用永磁体简化了电动机的结构，提高了可靠性，又没有转子铜耗，提高了电动机的效率。图 4-22 为永磁同步电动机模拟结构图，图 4-23 为永磁同步电动机实物结构图。

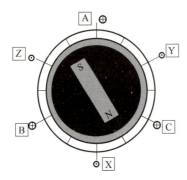

图 4-22　永磁同步电动机模拟结构图

图 4-23　永磁同步电动机实物结构图

① 表面凸出式结构，如图 4-24（a）。表面凸出式转子结构中的永磁磁极易于实现最优设计，使之成为能使电动机气隙磁密波形趋近于正弦波的磁极形状，可显著提高电动机乃至整个传动系统的性能；具有结构简单、制造成本较低、转动惯量小、动态响应快、转矩脉动低等优点。

由于弱磁调速范围小，功率密度低，与其他转子结构相比在电动车驱动力方面没有优势。但因动态响应快，并可得到低转矩脉动，比较适合用作汽车的电子伺服驱动，如汽车电子动力方向盘的伺服电机。

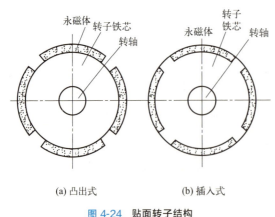

图 4-24　贴面转子结构

② 表面插入式结构，如图 4-24（b）。可充分利用转子磁路的不对称性所产生的磁阻转矩，提高电动机的功率密度，动态性能较凸出式有所改善，制造工艺也较简单，但漏磁系数和制造成本都大。

这种结构形式的永磁同步电动机为丰田汽车公司的蓄电池电动车 RAV4 所采用。本田汽车公司 PLUS 电动车的第一代驱动电机也采用了这种结构。

③ 内置式转子结构。内置式永磁同步电动机也称为混合式永磁磁阻电动机。该

电动机在永磁转矩的基础上叠加了磁阻转矩。磁阻转矩的存在有助于提高电动机的过载能力和功率密度，而且易于弱磁调速，扩大恒功率范围运行。

内置式结构的永磁体位于转子内部。按永磁体磁化方向与转子旋转方向的相互关系，内置式磁路结构又可分为径向式、切向式和混合式三种，如图 4-25 所示。目前国内外电动车驱动采用径向式结构的居多。

(a) 内置径向式　　　　(b) 内置切向式　　　　(c) 内置混合式

图 4-25　内置式转子结构

（4）永磁同步电动机的工作原理

永磁同步电动机的工作原理与传统同步电动机基本相同，其结构也由定子和转子两部分组成。其中定子由电磁绕组和磁极构成，通过三相交流电源供电，产生旋转磁场。转子则由永磁体组成，通过机械传动实现旋转。

当三相交流电源向定子电磁绕组中输入电流时，根据三相交流电源的正弦规律，电流的大小和方向会不断变化，从而产生旋转磁场。这个旋转磁场的转速由电源频率和定子绕组的要对数决定，一般情况下是同步转速。

当转子中的永磁体与旋转磁场同步旋转时，它们之间就会产生相对运动，从而在永磁体表面产生交变电动势。根据电动机的运动定律，当转子内部存在电动势时，会产生电流，这个电流产生的方向与旋转磁场的方向相同，这个电流称为转子电流。

转子电流与定子磁场相互作用，产生电磁转矩，使转子旋转。由于永磁体和磁场是固定的，因此转子电流的大小和方向可以通过电机控制系统进行调节，从而实现电动机的转速和转矩控制。同时，永磁体的存在使得永磁同步电动机的效率较高，适用于需要高效率和高精度的应用场合。

4. 开关磁阻电动机

开关磁阻电动机驱动系统主要由开关磁阻电动机、功率转换器、传感器和控制器四部分组成，如图 4-26 所示。开关磁阻电动机实现电能向机械能的转化，功率转换器是连接电源和电动机的开关器件，用以提供开关电动机所需电能。传感器主要用来反馈位置及电流信号，并传送给控制器。控制器是系统的中枢，起决策和指挥作用，主要是针对传感器提供的转子位置、速度和电流反馈信息以及外部输入的指令，实时加以分析处理，进而采取相应的控制决策，控制功率转换器中主开关器件的工作状态以控制开关磁阻电动机。

（1）开关磁阻电动机的特点

① 开关磁阻电动机有较大的电动机利用系数，可以是感应电动机利用系数的

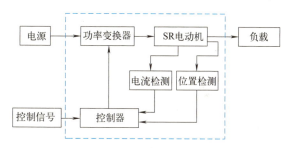

图 4-26　开关磁阻电动机驱动系统组成

1.2～1.4 倍。

② 电动机的结构简单，转子上没有任何形式的绕组；定子上只有简单的集中绕组，端部较短，没有相间跨接线。因此，具有制造工序少、成本低、工作可靠、维修量小等特点。

③ 开关磁阻电动机的转矩与电流极性无关，只需要单向的电流激励，理想上功率变换电路中每相可以只用一个开关元件，且与电动机绕组串联，不会像 PWM 逆变器电源那样，存在两个开关元件直通的危险。所以，开关磁阻电动机驱动系统 SRD 线路简单，可靠性高，成本低于 PWM 交流调速系统。

④ 开关磁阻电动机转子的结构形式对转速限制小，可制成高转速电动机，而且转子的转动惯量小，在电流每次换相时又可以随时改变相匝转矩的大小和方向，因而系统有良好的动态响应。可以通过对电流的导通、断开和对幅值的控制，得到满足不同负载要求的机械特性，易于实现系统的软启动和四象限运行等功能，控制灵活，不会像变频供电的感应电动机那样在低频时出现不稳定和振荡问题。

⑤ 由于开关磁阻电动机采用了独特的结构和控制方法，与感应电动机相比，有些方面具有优势。其效率和功率密度在宽广的速度和负载范围内都可以维持在较高水平。

(2) 开关磁阻电动机的基本结构

开关磁阻电动机由双凸极的定子和转子组成，其定子、转子的凸极均由普通的硅钢片叠压而成。定子极上绕有集中绕组，把沿径向相对的两个绕组串联成一个两级磁极，称为"一相"；转子既无绕组又无永磁体，仅由硅钢片叠成。开关磁阻电动机有多种不同的相数结构，如单相、二相、四相及多相等，且定子和转子的极数有多种不同的搭配。图 4-27 为四相开关磁阻电动机的结构示意图。

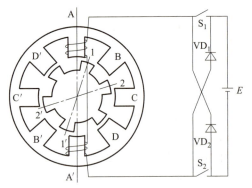

图 4-27 四相开关磁阻电动机的结构示意图

(3) 开关磁阻电动机的工作原理

如图 4-28 所示，A 相绕组通电时，因磁通总要沿着磁阻最小的路径闭合，将力图使转子转动最终使转子 1、3 极和定子 A、A′极对齐。A 相断电、B 相通电时，则 B 相电流产生的磁吸力要吸引转子 2、4 极，使转子逆时针转动，最终使转子 2、4 极与定子 B、B′对齐，转子在空间转过 $\theta = 30°$ 机械角。再使 B 相断电、C 相断电，转子又将逆时针转过 30°，一个通电周期使转子在空间转过了一个齿距。电机若按 A—C—B—A 的顺序通电，则反方向旋转。电流的方向不影响上述的动作过程。

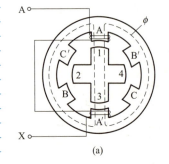   

(a)　　　　　　　(b)　　　　　　　(c)　　　　　　　(d)

图 4-28 开关磁阻电动机工作原理图

5. 不同类型电动机性能比较

现代混合动力汽车采用最多的是交流感应电动机和永磁同步电动机，直流电动机和开关磁阻电动机也有一定的竞争优势。从能量转换效率、力矩转速性能和功率密度来看，交流感应电动机和永磁同步电动机有一定优势，但永磁同步电动机的成本较高，各种不同类型电动机性能对比见表4-1。

表4-1 不同类型电动机性能比较

项目	交流感应电动机	永磁同步电动机	直流电动机	开关磁阻电动机
功率密度	一般	好	差	一般
力矩转速性能	好	好	一般	好
转速范围/(r/min)	9000～15000	4000～10000	4000～6000	>15000
最大效率/%	94～95	95～97	85～89	小于90
效率(10%负荷时)/%	79～85	90～92	80～87	78～86
易操作性	好	好	最好	好
可靠性	好	一般	差	好
结构的坚固性	好	一般	差	好
尺寸及质量	一般,一般	小,轻	大,重	小,轻
成本	低	高	较高	较高
控制器成本比	3.5	2.5	1	4.5

（三）混合动力汽车电机驱动系统组成

混合动力汽车电机驱动系统在驾驶人操纵控制下，将内燃机-发电机系统、动力电池组的电能转化为车轮的动能驱动车辆，并在车辆制动时把车辆的动能再生为电能反馈到动力电池中以实现车辆的再生制动。

1. 混合动力汽车的电机驱动系统特点

① 混合动力汽车上所使用的电机往往要求频繁启停，频繁加减速以及工作模式频繁切换（做电动机使用驱动汽车以及做发电机使用实现能量回收及发电的功能），这对电机的响应性能提出了更高的要求。

② 由于汽车内部空间紧张，往往要求电机系统具有体积小、质量轻，以及具有较高的功率密度和工作效率等性能要求。

③ 相对于传统电机而言，混合动力汽车上所使用的电机系统的工作环境更为恶劣、干扰更大，从而要求它具有更高的可靠性、抗震性和抗干扰性。

④ 传统电机一般工作在额定工作点附近，而混合动力汽车电机的工作范围相对较宽。

⑤ 在供电方式上，传统电机由常规标准电源供电，而电动汽车电机所使用的电能来源于蓄电池，且由功率转化器直接供给。另外电机的使用电压及形式并不确定，从减少功率损耗及降低电机逆变器成本的角度而言，一般倾向于使用较高的电压。

2. 混合动力汽车的电机驱动系统的要求

为适应在起步、加速、匀速、降速、爬坡、下坡、高速、低速、滑行、制动和停车等各种行驶工况的负载特性匹配要求，电动汽车的动力驱动系统应满足以下要求。

① 启动力矩大和过载能力强。不仅要满足汽车带负载频繁起步要求，同时还希望在加速和上坡时，有相当的短时过载能力。

② 限制电机过大的峰值电流。小于蓄电池最大放电允许电流以免损坏。普通电机启动电流较大，需设法改善电机的启动特性。

③ 调速范围宽。在高、低速各工况均能高效运行，需电机有较宽调速范围，并保持理想调速特性。通常电机在所设计额定功率及其转速附近运行效率较高，而远离额定点效率必降低，为此将提出多级额定转速设计，以减少机械传动而减少其摩擦损耗和车载质量。

④ 电机能够正反转运行。使汽车倒车时不必切换齿轮来实现倒挡。

⑤ 方便、高效地实现发电回馈。使汽车降速制动和下坡滑行时，能将更多动能转换为电能回馈给蓄电池来提高续驶里程。

⑥ 设法使电机同时具有电磁制动功能。因电磁制动的动态响应极快，可及时准确地对前、后、左、右车轮制动力适宜分配，提高汽车安全性。

⑦ 调速响应快。提高电机动态响应性可改善行驶中各控制性能。

⑧ 运行平稳及可靠性高。利用其故障容错性，确保电动汽车故障时仍能"跛脚回家"以避免交通堵塞。

3. 混合动力汽车的电机驱动系统的组成

混合动力汽车电机驱动系统一般由电机、控制器、增压转换器、DC-DC 转换器、传感器、冷却系统和动力电池系统等构成。

（1）电机

内置于卡罗拉混合动力汽车变速器总成的 MG1 和 MG2 为紧凑、轻量化、高效的交流永磁电动机，其结构如图 4-29 所示。MG1 和 MG2 分别由定子、定子线圈、转子、永久磁铁和角度传感器组成。MG1 为 HV 蓄电池充电并提供电能驱动 MG2。此外，MG1 调节产生的电量以改变 MG1 的转速从而有效地控制变速器的无级变速功能。MG1 还可作为起动机以启动发动机。MG2 使用 MG1 或 HV 蓄电池的电能驱动驱动轮。此外，减速时其为发电机为 HV 蓄电池充电。

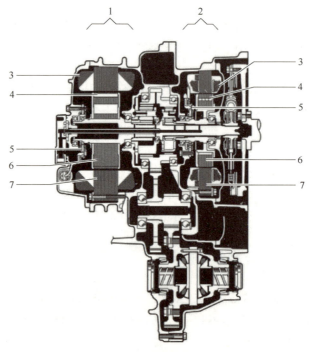

图 4-29　卡罗拉混合动力驱动电机结构图

1—MG2；2—MG1；3—定子线圈；4—永久磁铁；5—角度传感器；6—转子；7—导轮

如图 4-30 所示，三相交流电流经定子线圈的三相绕组时，电机内产生旋转磁场。根据转子的旋转位置和转速控制此旋转磁场，转子中的永久磁铁受到旋转磁场的吸引而产生扭矩，产生的扭矩实际上与电流大小成比例。此外，通过适当控制旋转磁场与转子磁铁角度间的关系，可以有效地产生大扭矩和高转速。电机用于发电时，转子旋转产生旋转磁场，在定子线圈的相内产生电流。

（2）角度传感器

角度传感器也称旋变器、位置传感器、旋转变压器（简称旋变），是一种输出电压随转子转角变化的信号元件。电机转速由角度传感器进行控制和监测。

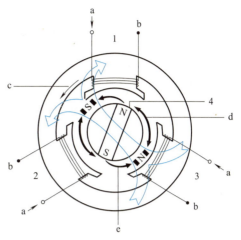

图 4-30　卡罗拉混合动力驱动电机工作原理图
1—定子线圈（U 相）；2—定子线圈（V 相）；
3—定子线圈（W 相）；4—转子（永久磁铁）；
a—自带转换器的逆变器总成；b—在电机内部连接；c—旋转磁场；d—排斥；e—吸引

角度传感器是可靠性极高且结构紧凑的传感器，可精确检测磁极位置。了解转子（MG1 和 MG2）磁极的精确位置对于确保有效控制 MG1 和 MG2 非常重要。MG1 和 MG2 都有各自的角度传感器。如图 4-31 所示，角度传感器的定子包括 3 种线圈：励磁线圈 A、检测线圈 S 和检测线圈 C。角度传感器的转子为椭圆形，定子与转子间的距离随转子的旋转而变化。交流电流入励磁线圈 A，产生频率恒定的磁场。使

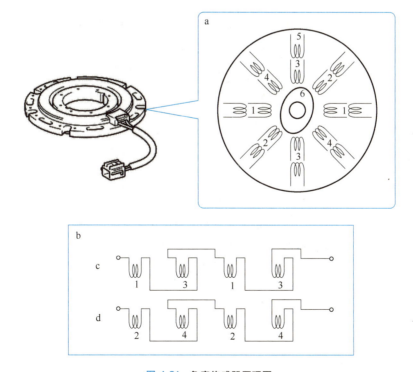

图 4-31　角度传感器原理图

1—＋S（检测线圈 S）；2—＋C（检测线圈 C）；3——S（检测线圈 S）；4——C（检测线圈 C）；5—励磁线圈 A；6—转子；a—角度传感器内部结构图；b—角度传感器线圈的电流定向；c—检测线圈 S 的电路；d—检测线圈 C 的电路

用此频率恒定的磁场，线圈 S 和线圈 C 将输出与转子位置对应的值。因此，MGECU 根据线圈 S 和线圈 C 输出值间的差异检测绝对位置。此外，MGECU 根据给定时间内位置的变化量计算转速。检测线圈 S 的＋S 和－S 组错开 90°。检测线圈 C 的＋C 和－C 组也以同样的方式错开。线圈的 S 和 C 组之间相距 45°。

励磁线圈 A 具有恒定频率的交流电，向线圈 S 和 C 输出恒定频率的磁场，与转子转速无关。励磁线圈 A 的磁场由转子送至线圈 S 和 C。转子为椭圆形，定子与转子之间的间隙随转子的旋转而变化。由于间隙的变化，线圈 S 和 C 输出波形的峰值随转子位置的变化而变化。MGECU 持续监视这些峰值，并将其连接形成虚拟波形。MGECU 根据线圈 S 和 C 值之间的差异计算转子的绝对位置。其根据线圈 S 的虚拟波形和线圈 C 的虚拟波形的相位差判定转子的方向。此外，MGECU 根据规定时间内转子位置的变化量计算转速。图 4-32 为转子从特定位置正向旋转 180°时，线圈 A、S 和 C 的输出波形。

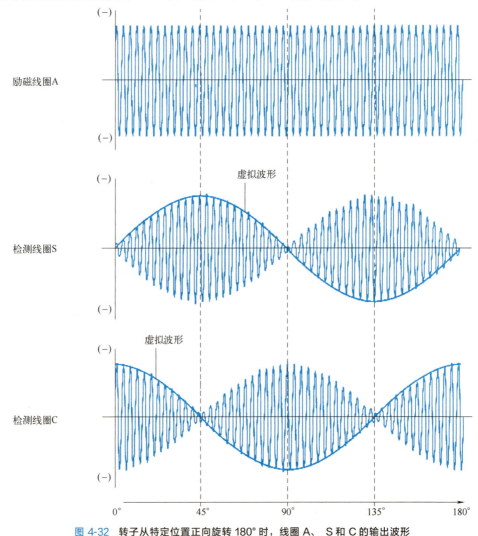

图 4-32 转子从特定位置正向旋转 180°时，线圈 A、S 和 C 的输出波形

（3）逆变器总成

如图 4-33 所示，逆变器总成包括传感器、MGECU、逆变器、增压转换器、DC-DC 转换器和逆变器冷却系统。逆变器和增压转换器主要由智能动力模块（IPM）、电抗器和电容器组成。

图 4-33 卡罗拉混合动力车辆逆变器总成
1—增压转换器/逆变器；2—DC-DC 转换器

IPM 为集成动力模块，包括信号处理器、保护功能处理器和绝缘栅双极晶体管（IGBT）。

① 逆变器和增压转换器。如图 4-34 所示，逆变器采用 IPM 执行切换控制。发电机（MG1）和电动机（MG2）的 IPM 各有 1 个包含 IGBT 的桥接电路。发电机（MG1）的 IPM 采用 6 个 IGBT，每个臂使用一个，电动机（MG2）则采用 6 对 IGBT，每个臂使用平行的一对。增压转换器采用执行切换控制的增压 IPM、起感应器作用的电抗器和积累、存储电量的电容器。增压 IPM 采用 IGBT2 增压，采用 IGBT1 减压。

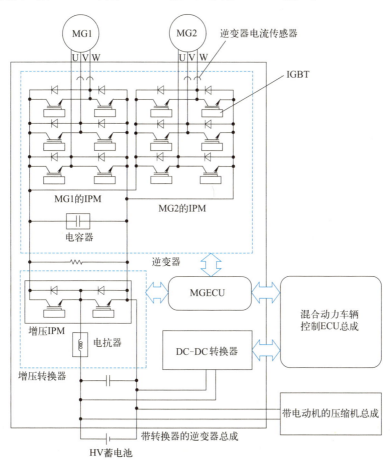

图 4-34 带转换器的逆变器结构示意图

② MGECU。带转换器的逆变器总成内安装有 MGECU。根据从混合动力车辆控制 ECU 总成接收到的信号，MGECU 控制逆变器和增压转换器以驱动发电机（MG1）和电动机（MG2）。

MGECU 将车辆控制所需的信息（例如，大气压力、逆变器温度和任何故障信息）传输至混合动力车辆控制 ECU 总成。MGECU 接收来自混合动力车辆控制 ECU 总成的控制发电机（MG1）和电动机（MG2）所需的信息［如发电机（MG1）和电动机（MG2）的温度及所需原动力］。

③ 大气压力传感器。MGECU 板上安装有大气压力传感器，该传感器检测大气压力并将信号传输至 MGECU，以根据使用环境进行相应的修正。

④ 温度传感器。如图 4-35 所示，带转换器的逆变器总成有 5 个不同的温度传感器；其中 2 个位于发电机（MG1）和电动机（MG2）的 IPM 处，还有 2 个位于增压转换器处，剩下的 1 个传感器位于 HV 冷却液通道。这些传感器检测带转换器的逆变器总成内部区域的温度，并通过 MGECU 将温度信息传输至混合动力车辆控制 ECU 总成。混合动力车辆控制 ECU 总成根据温度信息优化冷却系统，从而保持带转换器的逆变器总成的输出性能。

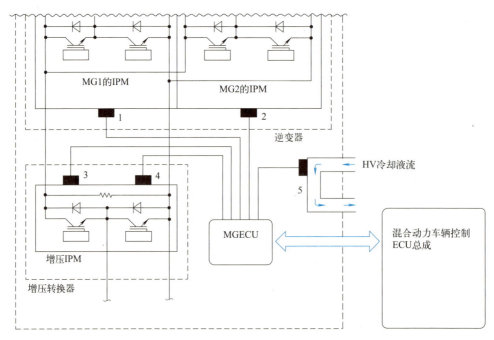

图 4-35 带转换器的逆变器温度传感器分布示意图

1—MG1 的 IPM 上的温度传感器；2—MG2 的 IPM 上的温度传感器；3—增压 IPM 上的温度传感器（上部）；4—增压 IPM 上的温度传感器（下部）；5—HV 冷却液温度传感器

⑤ 逆变器电流传感器。如图 4-36 所示，逆变器电流传感器检测驱动发电机（MG1）和电动机（MG2）的三相交流的安培数。实际安培数用作 MGECU 的反馈。电流传感器用于监测发送至发电机（MG1）和电动机（MG2）的三相绕组的电流。电流传感器位于带转换器的逆变器总成内，用于发电机和电动机的 U、V 和 W 相。逆变器电流传感器的特性曲线如图 4-37 所示。

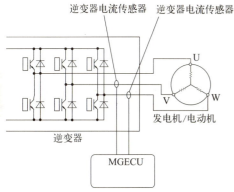

图 4-36 逆变器电流传感器安装示意图

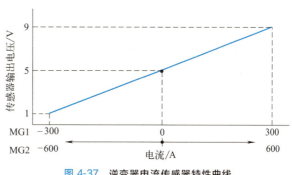

图 4-37 逆变器电流传感器特性曲线

⑥ 辅助电池温度传感器。辅助蓄电池温度传感器（热敏电阻总成）检测辅助蓄电池温度（其特性曲线如图 4-38 所示），并将温度信号传输至混合动力车辆控制 ECU 总成。根据来自传感器的信号，混合动力车辆控制 ECU 总成调节 DC-DC 转换器的输出电压，从而保持与辅助蓄电池温度相适应的最佳充电状态。

⑦ 逆变器水泵。紧凑、高效的电动型逆变器水泵总成的泵电动机采用大功率无刷型电动机，此外，采用支撑轴两端的轴承的方法，抑制了噪声和振动。泵电动机由混合动力车辆控制 ECU 总成的占空比信号进行 3 级控制，图 4-39 为逆变器水泵结构图。

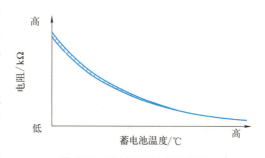

图 4-38 蓄电池温度与阻值关系

⑧ 加速踏板位置传感器。如图 4-40 所示，非接触型加速踏板传感器总成采用霍尔集成电路。安装在加速踏板臂底部的磁轭根据施加在加速踏板上的作用力围绕霍尔集成电路移动。霍尔集成电路将磁通量变化转换为电信号，并将其以加速踏板作用力的形式输出至 ECM（发动机控制模块）。该加速踏板传感器总成包含 2 个霍尔集成电路、主信号电路和副信号电路，其工作原理如图 4-41 所示，它将加速踏板踩下角度转换为具有两种不同特征的电信号并将其输出至 ECM，输出特性如图 4-42 所示。

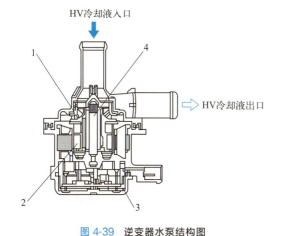

图 4-39 逆变器水泵结构图

1—叶轮；2—磁铁；3—电动机控制器；4—轴

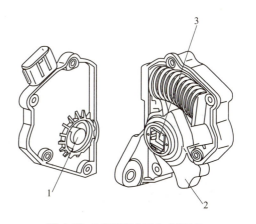

图 4-40 加速踏板位置传感器结构

1—霍尔集成电路；2—加速踏板臂；3—磁轭

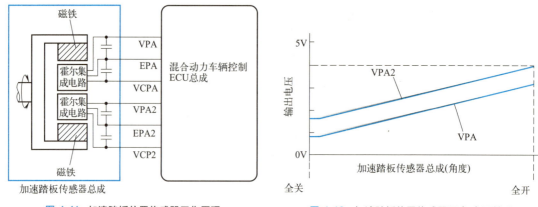

图 4-41 加速踏板位置传感器工作原理　　图 4-42 加速踏板位置传感器开度-电压关系

⑨ 电源电缆。电源电缆（线束组）是一组高电压、大电流的电缆，用于连接 HV 蓄电池总成与带转换器的逆变器总成、带转换器的逆变器总成与 MG1 和 MG2，及带转换器的逆变器总成与带电动机的压缩机总成。电源电缆（线束组）由屏蔽电缆制成，以减少电磁干扰。为便于辨认，高压线束和连接器采用橙色标记，以将其与普通低压线束区分开来。图 4-43 所示为卡罗拉混合动力汽车高压线束。

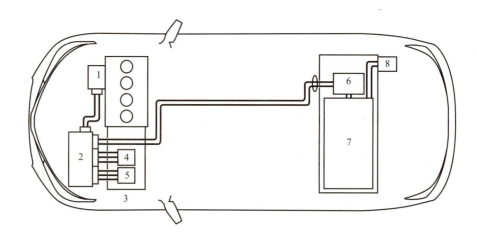

图 4-43　卡罗拉混合动力汽车高压线束示意图

1—带电动机的压缩机总成；2—带转换器的逆变器总成；3—混合动力车辆变速器总成；4—MG1；
5—MG2；6—混合动力蓄电池接线盒总成；7—HV 蓄电池总成；8—维修塞把手

三、项目实施与评价

（一）实施要求

举升机、混合动力汽车整车或者混合动力汽车实训台架、绝缘工具组件、万用表、绝缘手套和胶带等（表 4-2）。

表4-2 项目用工具

名　　称	图　　示	名　　称	图　　示
绝缘工具组件		绝缘工具箱	
绝缘套筒		绝缘棘轮扳手	
绝缘扭力扳手		绝缘手套	
散热器盖检测仪		万用表	

（二）实施步骤

项目实施一　混合动力汽车逆变器冷却液检查

1. 检查冷却液是否泄漏（逆变器）

① 从逆变器储液罐总成上拆下储液罐盖。为避免烫伤的危险，冷却液（逆变器）仍然很烫时不要拆下储液罐盖。高压高温的冷却液（逆变器）和蒸汽可能会释放出来并导致严重烫伤。

② 将散热器盖检测仪安装到逆变器储液罐总成上，如图4-44所示。

③ 把散热器盖检测仪拉至122kPa，然后检查并确认压力未下降。如果压力下降，则检查软管、散热器总成、逆变器水泵总成、混合动力车辆变速器总成和带转换器的逆变器总成是否有泄漏。

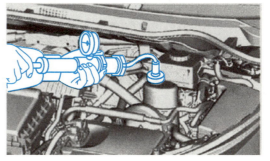

图4-44　安装散热器盖检测仪

④ 将储液罐盖重新安装到逆变器储液罐总成上。

2. 检查储液罐内的冷却液液位（逆变器）

冷却液（逆变器）冷却时，冷却液应位于L和F刻度线之间。如果冷却液液位过低，则检查冷却液是否泄漏，并加注冷却液最高至F刻度线，如图4-45所示。

3. 检查冷却液质量（逆变器）

① 从逆变器储液罐总成上拆下储液罐盖。为避免烫伤的危险，冷却液仍然很烫时不要拆下。

② 检查储液罐盖和其开口周围是否有过多积锈或水垢。如果过脏，则更换冷却液（逆变器）。

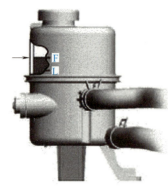

图 4-45 逆变器冷却液刻度线

③ 安装储液罐盖。

4. 检查储液盖（逆变器）

① 检查储液罐盖，如果 O 形圈（图 4-46）上有水渍或异物，则用水和毛刷进行清洁。

② 检查和确认 O 形圈没有变形、破裂或损坏。

③ 检查并确认 O 形圈未膨胀。

5. 检查储液盖（逆变器）工作情况

① 使用散热器盖检测仪前，在 O 形圈和橡胶密封件上涂抹冷却液（逆变器）。

② 如图 4-47 所示，将储液罐盖安装到散热器盖检测仪上。

③ 泵吸散热器盖检测仪数次（泵送速度为每秒泵送一次），并检查最大压力，其标准压力值为：新盖标准值为 94~122kPa，旧盖最小标准值为 94kPa。如果最大压力值小于最小标准值，则更换储液罐盖。

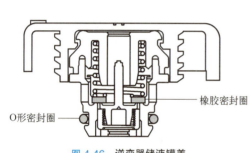

图 4-46 逆变器储液罐盖

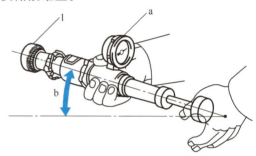

图 4-47 散热器盖检测仪
a—散热器盖检测仪；b—30°或更大；1—储液罐

项目实施二　混合动力汽车逆变器冷却液更换

① 拆卸发动机 1 号底罩总成。

② 排空冷却液（逆变器）。因为排出的冷却液可能含有异物，所以不要重复使用，收集排出的冷却液，并测量冷却液量以建立基准。加注冷却液时，确保加注的冷却液量高于测量值。

a. 从逆变器储液罐总成上拆下储液罐盖。

b. 使用 10mm 六角套筒扳手拆下放水螺塞并排空冷却液。

注意：以上两个操作步骤时为避免烫伤的危险，冷却液（逆变器）仍然很烫时不要拆下储液罐盖。高压高温的冷却液（逆变器）和蒸汽可能会释放出来并导致严重烫伤。

c. 使用 10mm 六角套筒扳手安装放水螺塞和新衬垫，扭矩为 39.2N·m。

③ 加注冷却液（逆变器）。因为排出的冷却液可能含有异物，所以不要重复使用。如果在逆变器冷却系统内有空气的情况下驾驶车辆，可能会发生损坏并存储故障代码。

a. 缓慢向逆变器储液罐总成倒入冷却液，直至达到 F 刻度线为止，如图 4-45 所示。

其标准容量为 1.9L。为防止异物（如灰尘或污物）进入冷却系统，确保用于添加冷却液的容器干净且没有异物。

b. 将电源开关置于 ON（READY）位置。

c. 将电源开关置于 OFF 位置并加注冷却液至 F 刻度线，因为冷却液液位会因放气而下降，加注冷却液前，务必将电源开关置于 OFF 位置。电源开关置于 ON（READY）位置时不要对发动机室内零部件进行作业,因为发动机将间歇操作。

d. 重复步骤 b 和 c,直至冷却系统的放气操作完成。

逆变器水泵总成产生的噪声变小且逆变器储液罐总成中冷却液的循环状况改善时,逆变器冷却系统中的空气完全放出。逆变器水泵总成产生的噪声较大且逆变器储液罐总成中冷却液的循环不流畅时表示冷却系统中存在空气。

e. 空气完全从冷却系统排出后,添加冷却液至逆变器储液罐总成的 F 刻度线并安装储液罐盖。

④ 检查冷却液是否泄漏。

⑤ 安装发动机 1 号底罩总成。

项目实施三　混合动力汽车逆变器拆卸

逆变器总成的零部件图如图 4-48、图 4-49 所示。

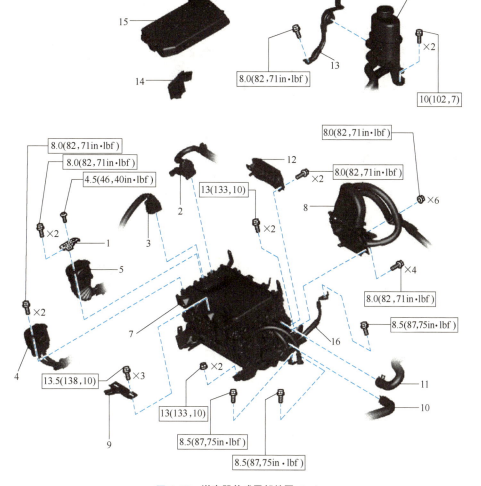

图 4-48　逆变器总成零部件图（一）

1—连接器盖总成；2—发动机室主线束；3—发动机线束；4—空调线束；5—HV 地板底部线束；6—逆变器储液罐总成；7—带转换器的逆变器总成；8—电动机电缆；9—4 号逆变器支架；10—1 号逆变器冷却软管；11—6 号逆变器冷却软管；12—逆变器盖；13—线束卡夹支架；14—继电器盒盖；15—继电器盒上盖；16—发动机室 2 号线束；□—规定扭矩

注：图 4-48 中 □ 中的第一个数字的单位是 N·m,括号里面第一个数字的单位是 kgf·cm,第二个数字图中如果没带单位,那么默认单位是 ft·lbf。后面出现此情况与图 4-48 同。

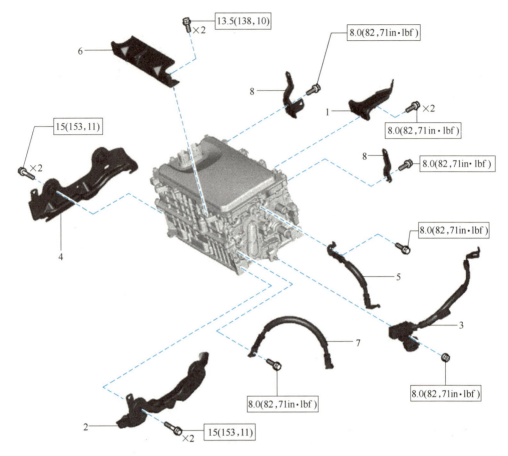

图 4-49 逆变器总成零部件图（二）

1—电动机电缆支架；2—1号逆变器支架；3—发动机2主线束；4—2号逆变器支架；5—发动机3主线束；
6—3号逆变器支架；7—发动机4主线束；8—线束卡夹支架；
☐—规定扭矩

① 注意事项。将电源开关置于 OFF 位置后，在断开辅助蓄电池负极（一）端子电缆前，需要等待10分钟。

② 拆卸维修塞把手。

③ 拆卸发动机1号底罩总成。

④ 排空逆变器的冷却液。

⑤ 拆卸空气滤清器盖。

⑥ 拆卸1号空气滤清器进气口。

⑦ 拆卸空气滤清器壳。

⑧ 断开发动机室主线束。

a. 如图4-50所示移动锁杆并断开逆变器总成连接器。

注意：断开过程中不要损坏端子、连接器外壳或逆变器总成；用胶带（非残留性）或同等物品包住连接电缆的孔，以防异物进入；不要让任何异物或水进入逆变器总成；用绝缘胶带将断开的端子绝缘；不要触摸防水密封或者连接器端子。

b. 分离两个卡夹。

⑨ 拆卸连接器盖。

a. 佩戴绝缘手套。

b. 如图 4-51 所示,使用梅花套筒扳手拆下螺栓。

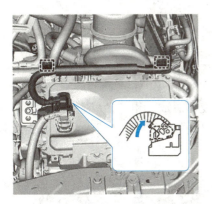

图 4-50 断开发动机室逆变器总成连接器

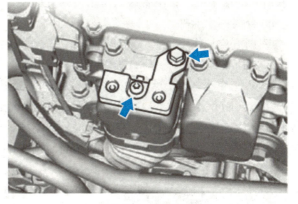

图 4-51 拆下螺栓

c. 从 HV 地板底部线束上拆下螺栓和连接器盖总成。

注意:连接器连接到连接器盖的底部,因此确保垂直向上拉连接器盖;不要触摸连接器盖防水密封;不要让任何异物或水进入逆变器总成。

⑩ 检查端子电压。

a. 佩戴绝缘手套。

注意:不要让任何异物或水进入逆变器总成。

b. 如图 4-52 所示,在电压表上用直流 750V 或更高的测量范围,测量 2 个相位连接器端子之间的电压,标准电压为 0V。

⑪ 暂时安装连接器盖。

a. 佩戴绝缘手套。

b. 将连接器盖暂时安装到 HV 地板底部线束。

c. 使用梅花套筒扳手安装螺栓,如图 4-53 所示,标准扭矩为 4.5N·m。

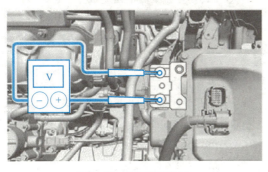

图 4-52 检查端子电压

图 4-53 安装螺栓

⑫ 断开 HV 地板底部线束。

a. 佩戴绝缘手套。

注意:不要让任何异物或水进入逆变器总成。

b. 拆下螺栓。

c. 从逆变器总成上断开 HV 地板底部线束,如图 4-54 所示。

注意：断开过程中不要损坏端子、连接器外壳或逆变器总成；用胶带（非残留性）或同等物品包住连接电缆的孔，以防异物进入；不要让任何异物或水进入逆变器总成；用绝缘胶带将断开的端子绝缘；不要触摸防水密封（图 4-54 中 a）或者连接器端子。

d. 分离两个卡夹。

⑬ 断开空调线束。

a. 拆下 2 颗螺栓。

b. 从逆变器总成上断开空调线束，如图 4-55 所示。

注意：断开过程中不要损坏端子、连接器外壳或逆变器总成；用胶带（非残留性）或同等物品包住连接电缆的孔，以防异物进入；不要让任何异物或水进入逆变器总成；用绝缘胶带将断开的端子绝缘；不要触摸防水密封（图 4-55 中 a）或者连接器端子。

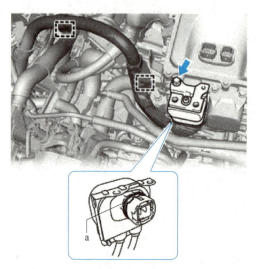

图 4-54　断开 HV 地板底部线束

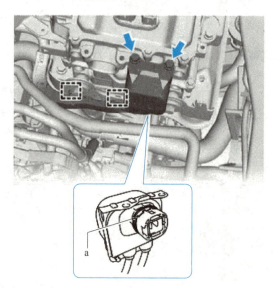

图 4-55　断开空调线束

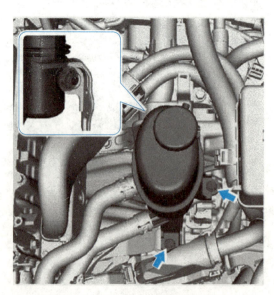

图 4-56　拆下 2 颗螺栓

⑭ 断开逆变器储液罐总成。

a. 拆下 2 颗螺栓，如图 4-56 所示。

b. 从线束卡夹支架上断开逆变器储液罐总成。

⑮ 拆卸线束卡夹支架。

从逆变器托盘上拆下螺栓和线束卡夹支架，如图 4-57 所示。

⑯ 拆卸逆变器盖。

a. 佩戴绝缘手套。

b. 从逆变器总成上拆下 2 颗螺栓和逆变器盖（图 4-58 中 1）。

注意：连接器连接到逆变器盖的内侧时，确保垂直向上拉逆变器盖；不要触摸逆变器盖的防水密封（图 4-58 中 b）；不要让任何异物或水进入逆变器总成；拆下逆变器盖时，不要拉动区域（图 4-58 中 A），否则可能变形；不要拆下或过度紧固逆变器盖（图 4-59 中 1）的螺钉（图 4-59 中 a），尽管感到逆变器盖松动，这也不属于故障。

图 4-57 拆下螺栓和线束卡夹支架

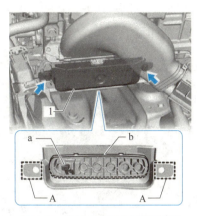

图 4-58 拆下 2 颗螺栓和逆变器盖

⑰ 断开电动机电缆。

a. 佩戴绝缘手套。

b. 使用绝缘工具，拆下 6 颗螺母，如图 4-60 所示。

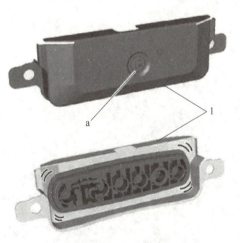

图 4-59 逆变器盖（1）的螺钉（a）

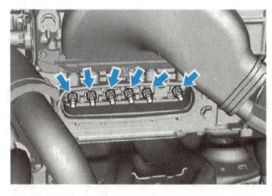

图 4-60 拆下 6 颗螺母

c. 分离卡夹。

d. 拆下 4 颗螺栓并从逆变器总成上断开电机电缆，如图 4-61 所示。

注意：断开过程中不要损坏端子、连接器外壳或逆变器总成；用胶带（非残留性）或同等物品包住连接电缆的孔，以防异物进入；不要让任何异物或水进入逆变器总成；用绝缘胶带将断开的端子绝缘。

⑱ 断开发动机室 2 号线束。

a. 拆下继电器盒上盖。

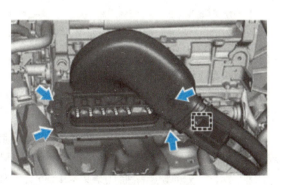

图 4-61 拆下 4 颗螺栓

b. 如图 4-62 所示，分离 2 个卡爪并从发动机室 1 号继电器盒和 1 号接线盒总成上拆下继电器盒盖。

c. 拆下螺栓，并从发动机室 1 号继电器盒和 1 号接线盒总成上断开发动机室 2 号线束，如图 4-63 所示。

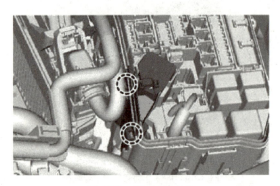

图 4-62 分离两个卡爪

图 4-63 断开发动机室 2 号线束

⑲ 断开 6 号逆变器冷却软管。滑动卡子并从逆变器总成上断开 6 号逆变器冷却软管，如图 4-64 所示。在管和断开的软管内放布或用塑料袋包住管和软管以防异物进入。

⑳ 断开 1 号逆变器冷却软管。

a. 滑动卡子并从逆变器总成上断开 1 号逆变器冷却软管，如图 4-65 所示。在管和断开的软管内放布或用塑料袋包住管和软管以防异物进入。

图 4-64 断开 6 号逆变器冷却软管

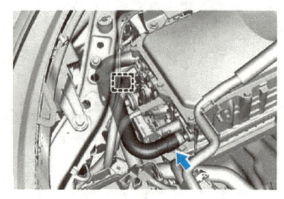

图 4-65 断开 1 号逆变器冷却软管

b. 分离卡夹。

㉑ 拆卸 4 号逆变器支架。拆下三颗螺栓和 4 号逆变器支架，如图 4-66 所示。

㉒ 拆下逆变器总成。

a. 佩戴绝缘手套。

b. 拆下 2 颗螺栓（图 4-67 中 a）、2 颗螺母（图 4-67 中 b）和逆变器总成，如图 4-67 所示。

注意：拆下逆变器总成时，小心不要损坏周围的零件；为防止损坏，不要握住逆变器总成的连接器、支架和冷却管；为防止由于静电造成的损坏，不要触摸断开的连接器端子；确保用绝缘胶带或同等产品捆住线束，以防其卡住；即使排放冷却液，也会有一些冷却液因逆变器内部结构而残留其中，因此，拆下逆变器总成时应密封或罩住管，以防冷却液溅出。

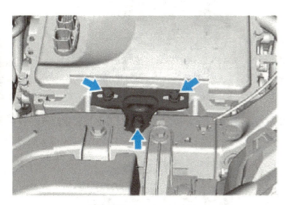

图 4-66 拆下三颗螺栓

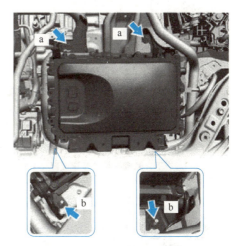

图 4-67 拆下 2 颗螺栓和螺母

㉓ 拆卸线束卡夹支架。从逆变器总成上拆下 2 颗螺栓和 2 个线束卡夹支架，如图 4-68 所示。

㉔ 拆卸电机电缆支架。从逆变器总成上拆下 2 颗螺栓和电机电缆支架，如图 4-69 所示。

图 4-68 拆下 2 颗螺栓和 2 个线束卡夹支架

图 4-69 拆下 2 颗螺栓和电机电缆支架

㉕ 拆卸 3 号逆变器支架。从逆变器总成上拆下 2 颗螺栓和 3 号逆变器支架，如图 4-70 所示。

㉖ 拆卸 2 号逆变器支架。从逆变器总成上拆下 2 颗螺栓和 2 号逆变器支架，如图 4-71 所示。

㉗ 拆卸 1 号逆变器支架。从逆变器总成上拆下 2 颗螺栓和 1 号逆变器支架，如图 4-72 所示。

㉘ 拆卸发动机室 2 号线束。

a. 打开发动机室 2 号线束端子盖。

b. 从逆变器总成上拆下螺母和发动机室 2 号线束，如图 4-73 所示。

㉙ 拆卸发动机室 4 号线束。从逆变器总成上拆下螺栓和发动机室 4 号线束，如图 4-74 所示。

图 4-70 拆下 2 颗螺栓和 3 号逆变器支架

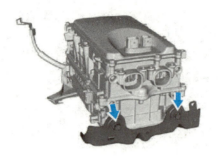
图 4-71 拆下 2 颗螺栓和 2 号逆变器支架

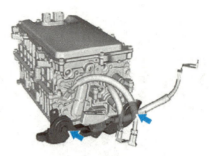
图 4-72 拆下 2 颗螺栓和 1 号逆变器支架

图 4-73 拆下螺母和发动机室 2 号线束

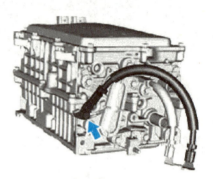
图 4-74 拆下螺栓和发动机室 4 号线束

㉚ 拆卸发动机室 3 号线束。从逆变器总成上拆下螺栓和发动机室 3 号线束，如图 4-75 所示。

图 4-75 拆下螺栓和发动机室 3 号线束

项目实施四　混合动力汽车逆变器安装

① 安装发动机室 3 号线束。用螺栓将发动机室 3 号线束安装到逆变器总成上，如图 4-76 所示，扭矩为 8.0N·m。

② 安装发动机室 4 号线束。用螺栓将发动机室 4 号线束安装到逆变器总成上，如图 4-77 所示，扭矩为 8.0N·m。

③ 安装发动机室 2 号线束。

a. 用螺母将发动机室 2 号线束安装到带转换器的逆变器总成上，如图 4-78 所示，扭矩为 8.0N·m。

b. 闭合发动机室 2 号线束端子盖。

图 4-76 安装发动机室 3 号线束

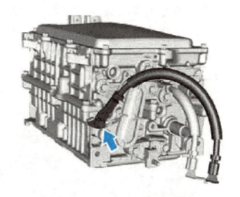

图 4-77 安装发动机室 4 号线束

④ 安装 1 号逆变器支架。

a. 用 2 颗螺栓将 1 号逆变器支架暂时安装到逆变器总成上。

b. 完全紧固 2 颗螺栓，扭矩为 15N·m。

⑤ 安装 2 号逆变器支架。

a. 用 2 颗螺栓将 2 号逆变器支架暂时安装到逆变器总成上。

b. 完全紧固 2 颗螺栓，扭矩为 15N·m。

⑥ 安装 3 号逆变器支架。

a. 用 2 颗螺栓将 3 号逆变器支架暂时安装到逆变器总成上。

图 4-78 安装发动机室 2 号线束

b. 完全紧固 2 颗螺栓，扭矩为 15N·m。

⑦ 安装电机电缆支架。

a. 用 2 颗螺栓将电机电缆支架暂时安装到带转换器的逆变器总成上。

b. 按图 4-79 所示顺序，完全紧固 2 颗螺栓，扭矩为 8.0N·m。

⑧ 安装线束卡夹支架。用 2 颗螺栓将 2 个线束卡夹支架安装到带转换器的逆变器总成上，如图 4-80 所示，扭矩为 8.0N·m。

图 4-79 紧固 2 颗螺栓

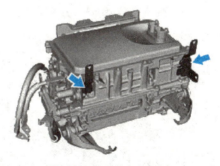

图 4-80 安装线束卡夹支架

⑨ 安装带转换器的逆变器总成。

a. 戴绝缘手套。

b. 将 2 颗螺栓和 2 颗螺母暂时安装到逆变器总成,如图 4-81 所示。

注意:安装带转换器的逆变器总成时,小心不要损坏周围的零件;为防止损坏,不要握住带转换器的逆变器总成的连接器、支架和冷却管;为防止由于静电造成的损坏,不要触摸断开的连接器端子;如图 a 所示(b 是错误示范),紧固前,确保各螺栓的头部与逆变器总成各支架的 U 形部分重叠。

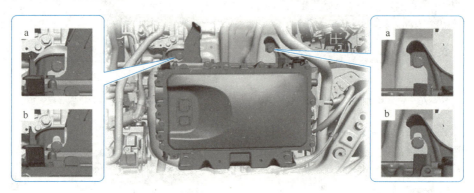

图 4-81　安装带转换器的逆变器总成

c. 按图 4-82 所示顺序完全紧固 2 颗螺栓(a)和 2 颗螺母(b),扭矩为 13N·m。

d. 安装 2 颗螺栓,如图 4-83 所示,扭矩为 8.5N·m。

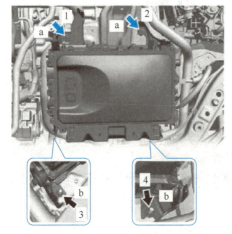

图 4-82　安装带转换器的逆变器总成

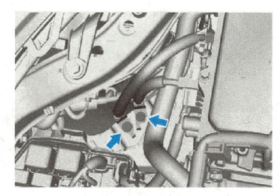

图 4-83　安装 2 颗螺栓

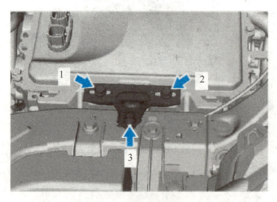

图 4-84　紧固 3 颗螺栓

⑩ 安装 4 号逆变器支架。

a. 用 3 颗螺栓暂时安装 4 号逆变器支架。

b. 按图 4-84 所示顺序,完全紧固 3 颗螺栓,扭矩为 13.5N·m。

⑪ 连接 1 号逆变器冷却软管。

a. 接合卡夹。

b. 将 1 号逆变器冷却软管连接到逆变器总成上,并滑动卡子以将其固定,如图 4-85 所示。为防止异物进入带转换器的逆变器总成和逆变器冷却系统，安装前不要从管和断开软管中取出布；确保卡子处于图示位置；确保将软管的定位标记与逆变器总成的肋片对准。

⑫ 连接6号逆变器冷却软管。将6号逆变器冷却软管连接到带转换器的逆变器总成上，并滑动卡子以将其固定，如图4-86所示。为防止异物进入带转换器的逆变器总成和逆变器冷却系统，安装前不要从管和断开软管中取出布；确保卡子处于图示位置；确保将软管的定位标记与带转换器的逆变器总成的肋片对准。

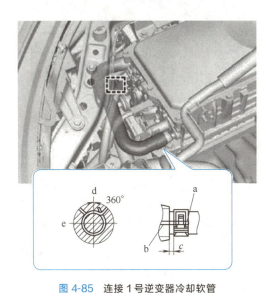

图 4-85　连接1号逆变器冷却软管

a—定位标记；b—肋片；c—2～7mm；d—上；e—前

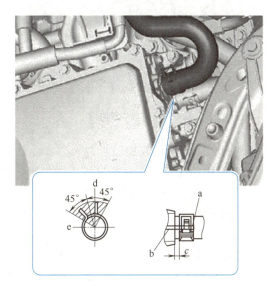

图 4-86　连接6号逆变器冷却软管

a—定位标记；b—肋片；c—2～7mm；d—上；e—前

⑬ 连接发动机室2号线束。

a. 接合2个卡爪以将发动机室2号线束连接到发动机室1号继电器盒和1号接线盒总成上。

b. 安装螺栓，如图4-87所示，扭矩为8.5N·m。

c. 接合2个卡爪以将继电器盒盖安装到发动机室1号继电器盒和1号接线盒总成上。

d. 安装继电器盒上盖。

⑭ 连接电机电缆。

注意：佩戴绝缘手套；不要让任何异物或水进入逆变器总成。重复使用逆变器总成时，使梅花套筒扳手将双头螺栓紧固至6.9N·m，如图4-88所示。

图 4-87　安装螺栓

图 4-88　紧固双头螺栓

a. 用 4 颗螺栓将电机电缆连接到逆变器总成上，扭矩为 8.0N·m，如图 4-89 所示。

b. 接合卡夹。

c. 暂时安装 6 颗螺母，如图 4-90 所示。

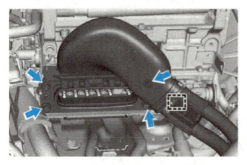

图 4-89　连接电机电缆

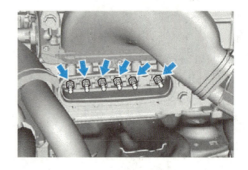

图 4-90　安装 6 颗螺母

注意：勿让任何异物或水进入逆变器总成；为防止螺纹损坏，暂时手动紧固 6 颗螺母。

d. 使用绝缘工具，完全紧固 6 颗螺母，扭矩为 8.0N·m。

⑮ 安装逆变器盖。

a. 戴绝缘手套。

b. 用 2 颗螺栓将逆变器盖（1）暂时安装到逆变器总成上，如图 4-91 所示。

注意：安装逆变器盖前，目视确认逆变器盖防水密封安装牢固；不要触摸逆变器盖的防水密封；确保互锁装置完全接合；安装过程中不要损坏端子、互锁连接器或逆变器总成；不要让任何异物或水进入逆变器总成；不要拆下或过度紧固逆变器盖的螺钉（a）；尽管感到逆变器盖松动，这也不属于故障。

推动逆变器盖直至其接触到逆变器总成，使 a 为 0，如图 4-92 所示。

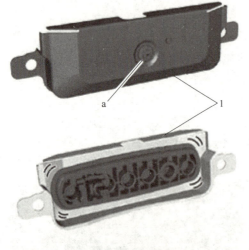

图 4-91　安装逆变器盖

图 4-92　推动逆变器盖

c. 按图 4-93 所示顺序，完全紧固 2 颗螺栓，扭矩为 8.0N·m。

⑯ 安装线束卡夹支架。用螺栓将线束卡夹支架安装到逆变器托盘上，扭矩为 8.0N·m。

⑰ 连接逆变器储液罐总成。

a. 将逆变器储液罐总成连接到线束卡夹支架上。

b. 安装 2 颗螺栓，扭矩为 10N·m。

⑱ 连接空调线束。

a. 戴绝缘手套。

b. 接合 2 个卡夹。

c. 将空调线束连接到带转换器的逆变器总成上。

注意：不要触摸防水密封（a）或连接器端子；断开过程中不要损坏端子、连接器外壳或逆变器总成。

d. 安装 2 颗螺栓，扭矩为 8.0N·m，如图 4-94 所示。

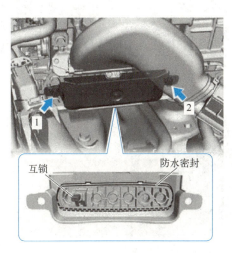

图 4-93　紧固 2 颗螺栓

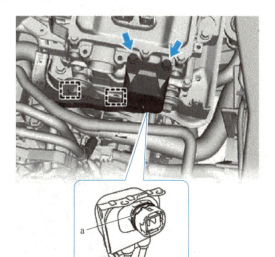

图 4-94　连接空调线束

⑲ 连接 HV 地板底部线束。

a. 佩戴绝缘手套。

注意：不要让任何异物或水进入逆变器总成。

b. 接合两个卡夹。

c. 将 HV 地板底部线束连接到带转换器的逆变器总成上。

注意：不要触摸防水密封（a）或连接器端子；断开过程中不要损坏端子、连接器外壳或逆变器总成。

d. 安装 2 颗螺栓，扭矩为 8.0N·m，如图 4-95 所示。

⑳ 连接发动机线束。

a. 接合卡夹。

b. 将逆变器总成连接器连接到逆变器总成并如图 4-96 所示移动锁杆。

注意：为防止由于静电造成的损坏，不要触摸断开的连接器端子；断开过程中不要损坏端子、连接器外壳或逆变器总成；不要让任何异物或水进入逆变器总成。

㉑ 连接发动机室主线束。

a. 接合 2 个卡夹。

b. 将逆变器总成连接器连接到逆变器总成并如图 4-97 所示移动锁杆。

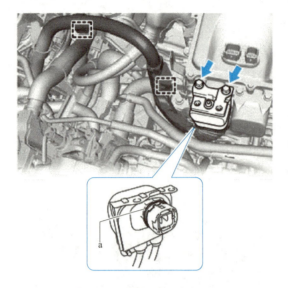 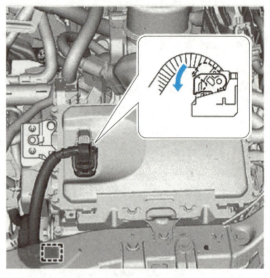

图 4-95 连接 HV 地板底部线束　　图 4-96 连接发动机线束

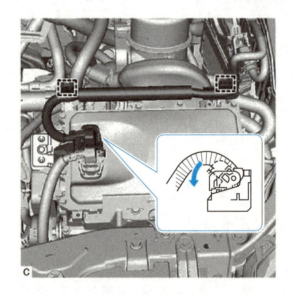

图 4-97 连接发动机室主线束

注意：为防止由于静电造成的损坏，不要触摸断开的连接器端子；断开过程中不要损坏端子、连接器外壳或逆变器总成；不要让任何异物或水进入逆变器总成。

㉒ 安装空气滤清器壳。
㉓ 安装 1 号空气滤清器进气口。
㉔ 安装空气滤清器盖。
㉕ 安装维修塞把手。
㉖ 加注冷却液。
㉗ 检查冷却液是否泄漏。
㉘ 安装发动机 1 号底罩。

学生项目实施评价表

你是否在教师的帮助下成功地完成项目任务？	是	否
知识目标		
掌握电机的评价指标	☐	☐
掌握混合动力汽车应用的典型电机的结构和工作原理	☐	☐
掌握逆变器总成的组成与各部件的功用	☐	☐
掌握电机驱动系统各传感器的工作原理	☐	☐
掌握逆变器冷却系统的结构与工作原理	☐	☐
能力目标		
你是否能更换逆变器总成？	☐	☐
你是否会进行逆变器总成冷却液检查与更换？	☐	☐
素质目标		
你是否认识到混合动力汽车维修的高压危险？	☐	☐
你是否具备了混合动力汽车维修的安全意识？	☐	☐
你是否能在混合动力汽车维修中做到认真负责、一丝不苟？	☐	☐
你是否能依靠维修手册和教材进行自主学习？	☐	☐
你是否能和其他人就维修项目进行良好的沟通？	☐	☐
完成情况		
所有上述表格必须是肯定回答。如果不是，应咨询教师是否需要增加学习活动，以达到要求的技能。		
教师评语：		
教师签字：		
学生签字：		
完成时间和日期：		

四、知识与技能拓展

（一）比亚迪四驱混合动力驱动系统

从唐开始，比亚迪新能源车型全面搭载混合动力四驱系统，其结构如图 4-98 所示。

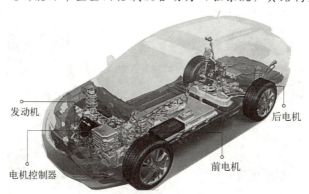

图 4-98　比亚迪四驱混合动力驱动系统结构图

强劲模式:四驱+运动+HEV,如图 4-99 所示。

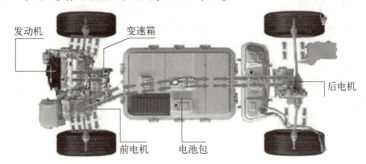

图 4-99　强劲模式

经济模式:四驱+经济+EV,如图 4-100 所示。

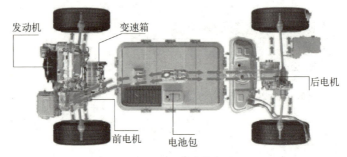

图 4-100　经济模式

行车发电模式:如图 4-101 所示。

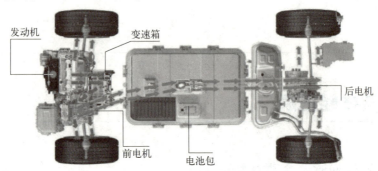

图 4-101　行车发电模式

怠速发电模式:如图 4-102 所示。

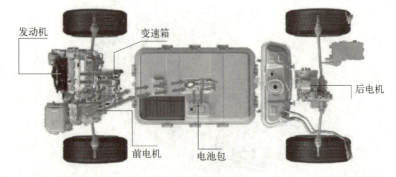

图 4-102　怠速发电模式

（二）讴歌 Sport Hybrid SH-AWD 电机四驱系统

1. Sport Hybrid SH-AWD 的结构组成

传统的 SH-AWD（Super Handing All-Wheel-Drive，四轮驱动力自由控制系统）是通过后桥差速器两侧的多片离合器来分配后轴左右车轮的扭矩的，如图 4-103 所示。而全新的 Sport Hybrid SH-AWD（多动力超控四驱系统）技术也被称作是电动 SH-AWD 技术，它主要的改进在于在后桥上采用了两个电机来取代多片离合器，实现后轴扭矩分配的功能。

图 4-103 传统的 SH-AWD

采用 Sport Hybrid SH-AWD（多动力超控四驱系统）技术的车型上会带有三个电机。其中一个是集成在变速箱中的电机，用于回收前轴动能并辅助驱动车辆。后轴的两个电机分别驱动两个后轮并适时回收来自车轮的动能。由于后轴采用了电机，所以新的 Sport Hybrid SH-AWD 系统取消了传统 SH-AWD 系统的传动轴，如图 4-104 所示。

2. Sport Hybrid SH-AWD 的动力分配

前后轮驱动力的分配可以在 90：10 至 30：70 的范围内连续变化，如图 4-105 所示。

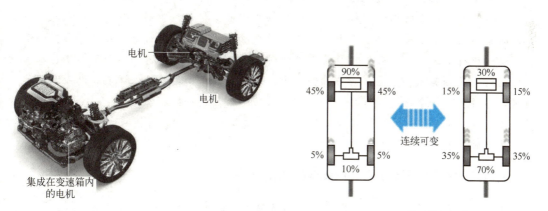

图 4-104 Sport Hybrid SH-AWD 结构　　　　图 4-105 前后轮扭矩分配

无论前后轮分配不同比例的驱动力，还是均等分配驱动力，后左右轮的驱动力都可以实现在（100：0）～（0：100）的范围内连续变化，如图 4-106 和图 4-107 所示。

如果想让船向一侧转弯，需要通过增加相反方向桨的滑动力，才能得以转弯。与此相同，如图 4-108 所示，向外侧后轮传递更多的驱动力就产生了与转弯方向同向的力。通过向有充裕抓地力的外侧后轮转移更多的驱动力，产生转向力（内横摆力矩），使车辆沿着预想的行驶轨迹顺畅转向。

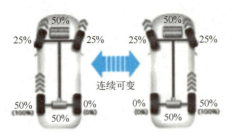
图 4-106 前后轮得到均等驱动力时

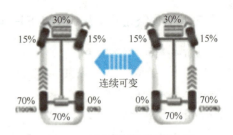
图 4-107 后轮得到较多驱动力时

SH-AWD 通过驱动力的全效利用，提升车辆的行驶极限，当车辆即将超出极限时，车辆稳定性控制系统会控制制动和发动机的功率输出，使车辆的状态稳定化。

图 4-108 转向时动力分配

3. Sport Hybrid SH-AWD 的工作原理

在车辆启动时，以纯电动模式行驶，由后轴两个电机驱动；车辆行驶时可以靠发动机驱动，此时变速器内的电机工作在发电机状态，对电池进行充电，同时也可以依靠后桥的两个电机驱动，进行低速巡航；当驾驶员需要提速时，三个电机和发动机同时驱动车辆；在减速通过弯道时，后轴其中一个电机对弯外轮输出扭矩，其余三个车轮回收动能；在半油门通过弯道时，后轴其中一个电机对弯外轮输出扭矩，前轴采用发动机驱动车轮；在全油门通过弯道时，RLX Hybrid 后轴两个电机以及发动机同时推动车辆前行，而集成于变速箱内部的电机则处于回收功能状态。

（三）奥迪 Q5 混合动力车辆电机驱动系统

图 4-109 是奥迪 Q5 混合动力总成，电机驱动系统主要由导线接头、电驱动装置的功率和控制电子系统、驱动电机等组成。

1. 电驱动装置的功率和控制电子系统

电驱动装置的功率和控制电子系统 JX1 由电驱动控制单元 J841、交流电驱动装置 VX54、牵引电机逆变器 A37、变压器 A19 和中间电容器 1-C25 组成。电驱动控制单元 J841 是混合动力 CAN 总线和驱动 CAN 总线用户。

牵引电机逆变器 A37（双向脉冲式逆变器）将高压蓄电池的直流电转换成三相交流电，供交流电机使用。在能量回收时和发电机工况时，会将三相交流电转换成直流电，用于给高

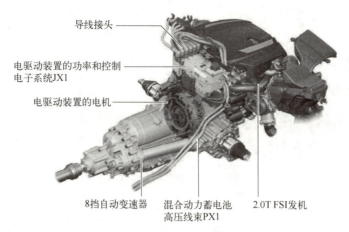

图 4-109 奥迪 Q5 混合动力总成

(图中标注：导线接头；电驱动装置的功率和控制电子系统JX1；电驱动装置的电机；8挡自动变速器；混合动力蓄电池高压线束PX1；2.0T FSI发机)

压蓄电池充电。转速是通过改变频率来进行调节的。比如在转速为 1000 转/分时，供电频率约为 267Hz。扭矩是通过脉冲宽度调制来进行调节的。

变压器 A19 用于将高压蓄电池（266V）的直流电压转换成较低的车载电网用直流电压（12V）。

中间电容器 1-C25 用作电机的蓄能器。在"15 号线关闭"或者高压系统切断（因有撞车信号）时，该中间电容器会主动放电。

由于这个 DC-DC 变压器 A19 可双向工作，因此它也能将较低的车载电网电压（12V）转换成高压蓄电池的高电压（266V）。该功能用于跨接启动（给高压蓄电池充电）。

空调压缩机直接连接在高压直流电功率控制电子装置上。因用于接空调压缩机的导线横截面积小于从高压蓄电池到功率控制电子装置导线的横截面积，所以在功率控制电子装置内集成了一个 30A 的空调压缩机保险丝。在能量回收时或发电机工况时，压缩机由功率控制电子装置来供电。只有在用电来驱动车辆行驶时，压缩机才由高压蓄电池供电。

功率控制电子装置有自己的低温循环管路，该管路连接在发动机冷却循环管路的冷却液膨胀罐上。冷却液通过低温循环冷却液泵按需要来进行循环，低温循环管路是温度管理功能的一个组成部分，发动机控制单元负责触发该泵。

在电动驱动车辆行驶时，发动机控制单元为功率控制电子装置提供关于能量回收、发电机模式和车速方面的信息。功率控制电子装置通过电驱动装置位置传感器 1-G713 来检查转子的转速和位置，用电驱动装置温度传感器 1-G712 来检查电驱动装置电机 V141 的冷却液温度。

2. 驱动电机

电驱动装置的电机安装在发动机和自动变速器之间的空隙处（取代了变扭器）。该电机是永久激励式同步电机，其结构如图 4-110 所示。

电驱动装置的电机构成如下：铸造铝壳体、内置转子（装备有永久磁铁，由钕、铁、硼制成，NdFeB）、带有电磁线圈的定子、一个轴承盖（用于连接到自动变速器的变扭器上）、分离离合器和三相动力接头。

电驱动装置的电机 V141 集成在三相交流驱动装置 VX54 内。电驱动装置的电机由电驱动控制单元 J841 和电驱动功率和控制电子装置 JX1 来操控，通过改变频率来调节转速，通过脉冲宽度调制来调节扭矩。通过功率控制电子装置来将 266V 的直流电转换成三相交流

冷却水套　动力接头　轴承盖

转子
带有永久磁铁　带有电磁线圈的定子　分离离合器K0

图 4-110 奥迪 Q5 混合动力车辆驱动电机结构

电，这个三相电可在电驱动装置的电机内产生一个三相电磁场。

电驱动装置的电机用于启动内燃机、在发电机模式时借助于电驱动功率和控制电子装置 JX1 内的 DC-DC 变压器来给高压蓄电池和 12V 蓄电池充电。Audi Q5 hybrid quattro 车可使用这个电驱动装置的电机来以纯电动方式驱动车辆行驶（但是车速和可达里程是受限制的），且该电机可在车辆加速时给内燃机提供助力。如果混合动力管理器识别出电驱动装置的电机足够用于驱动车辆行驶了，那么内燃机就关闭。

电驱动装置的电机是水冷式的，它集成在内燃机的高温循环管路上。冷却液是由高温循环管路冷却液泵 V467 根据需要情况来进行调节（分三级，就是有三挡）的，该泵由发动机控制单元 J632 来操控。电驱动装置温度传感器 1-G712 是个 NTC 电阻（就是负温度系数电阻），它测量电驱动装置电机线圈间的温度。如果这个温度高于 180～200℃，那么电驱动装置电机的功率就被降至零了（在发电机模式和电动行驶时）。重新启动发动机取决于电驱动装置电机的温度情况，必要时可通过 12V 起动机来启动。电驱动装置位置传感器 1-G713 是按坐标转换器原理来工作的，它用于侦测转子的实际转速和角位置。

3. 传感器

(1) 电驱动装置温度传感器 1-G712 传感器

该传感器用于测量电驱动装置电机线圈间的温度，通过一个温度模型来判定出该电机的最热点。这个温度传感器的信号用于操控高温循环的冷却能力，这个冷却循环管路是创新温度管理的组件，通过一个电动冷却辅助泵和接通内燃机的冷却液泵，可实现让冷却液从静止（不流动）到最大冷却能力之间的调节。

该传感器要是出故障了，那么组合仪表上就会显示黄色的混合动力系统警告灯。这时司机必须到就近的服务站寻求帮助。车辆这时无法重新启动，但是可以继续靠内燃机工作来行驶，直至 12V 蓄电池没电了为止。

(2) 电驱动装置位置传感器 1-G713

由于带有自己的转速传感器的内燃机在以电动模式工作时，与电驱动装置的电机是断开的，因此电驱动装置的电机需要有自己的传感器，以便用于侦测转子位置和转子转速。为此，就在电驱动装置的电机内集成了一个转速传感器。发动机管理系统和变速器管理系统根据这个传感器传来的信号，来判断电驱动装置的电机是否转动以及转速是多少。该信号用于操控下述高压驱动部件：

- 电机做发电机使用；
- 电机做电动机使用；
- 电机做内燃机的起动机使用。

该传感器要是出故障了，那么组合仪表上就会显示红色的混合动力系统警告灯。这时电机就会关闭，车辆滑行至停止；无法使用电动方式来驱动车辆行驶；发电机这个工作模式就不能用了；同时无法启动内燃机。

五、项目小结

本项目主要对电机的评价指标，混合动力汽车对电机的要求，典型混合动力汽车的电机结构与工作原理，电机驱动系统的功用、要求和组成，逆变器总成包括逆变器、增压器、DC-DC 转换器和传感器的结构和工作原理等知识进行讲解，并开展了混合动力汽车逆变器冷却液的检查与更换，逆变器总成的拆卸与更换等四个实训项目，使读者在了解电机系统相关知识的同时具备电机驱动系统的维修能力。

 思考与练习

1. 怎样从混合动力汽车的角度衡量电机的好坏？
2. 混合动力汽车所应用的电机有哪几种类型？它们各自的优缺点是什么？
3. 简述交流感应电机的构造与工作原理。
4. 简述永磁同步电机的构造与工作原理。
5. 简述开关磁阻电机的构造与工作原理。
6. 电机驱动系统由哪几部分组成？它们各自的功用是什么？
7. 逆变器总成由哪几部分组成？它们各自的功用是什么？
8. 逆变器是如何工作的？
9. DC-DC 转换器是如何工作的？
10. 为什么逆变器也有冷却系统？卡罗拉混合动力车辆的逆变器冷却系统是和发动机共用的吗？

项目五
传动系统原理与维修

📚 **思维导图：**

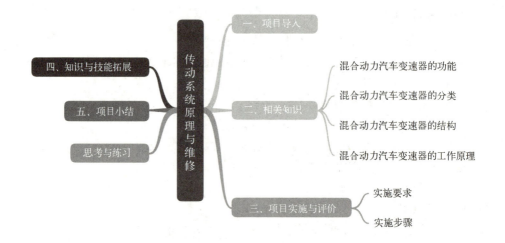

一、项目导入

故障案例：卡罗拉双擎CVT精英版的变速器发出大的"咔咔"声，经维修技师检查，变速器输入减振器需要更换。

混合动力汽车的变速器不再是简单地改变发动机扭矩和转速，还涉及电动机。混合动力汽车的变速器最典型的特征就是将电机集成在里面，同时，发动机输入的动力和电动机输出的动力需要经过复合装置进行分配，这个动力分配装置往往也集成在变速器里，所以，和常规内燃机的变速器在结构上和功能上都有着非常大的区别。

本项目将对混合动力汽车变速器的功能、分类、结构和工作原理进行详细讲解，并设计了混合动力汽车变速器油压检查、变速器油的检查与更换、油封更换和变速器拆装等六个项目实施。通过本项目的学习，读者在掌握以上相关知识的同时，应该具备混合动力汽车变速器的保养和更换维修能力。

知识目标：

① 掌握混合动力汽车变速器的功能和分类；
② 熟知混合动力汽车变速器的结构；
③ 理解混合动力汽车变速器的工作原理。

能力目标:
① 能对混合动力汽车变速器的油压进行检查;
② 能对混合动力汽车变速器的油量进行检查和完成变速器油的更换;
③ 能对混合动力汽车变速器油封进行更换;
④ 能对混合动力汽车变速器进行拆装与更换。

素质目标:
培养学生认真负责的工作态度及一丝不苟的工作作风。

二、相关知识

(一) 混合动力汽车变速器的功能

汽车变速器,是一套用于协调发动机的转速和车轮的实际行驶速度的变速装置,用于发挥发动机的最佳性能。变速器可以在汽车行驶过程中,在发动机和车轮之间产生不同的变速比,通过换挡使发动机工作在其最佳的动力性能状态下。

混合动力汽车是两种动力混合驱动的车辆,所以混合动力汽车的变速器除了有以上作用外,还要实现多个动力源的联合驱动,这也是混合动力汽车与传统汽车的主要差别之一。

对于不同结构形式的混合动力汽车,其变速器的结构差别也很大,但总的来说,混合动力汽车变速器主要有以下功能:

① 改变发动机和电机的转速和扭矩,发挥发动机和电机的最佳效能。

② 动力合成 混合动力汽车具有 2 个或 2 个以上动力源,在不影响各个动力源动力性能的条件下,变速器能够将来自不同动力源的动力分别输入并进行动力合成,并且根据车辆行驶的需求,各个动力源可以实现单独驱动车辆行驶,也可以实现联合驱动车辆行驶,各个动力源之间互不干扰,对传动效率无影响。

③ 动力分解和能量反馈 在车辆行驶过程中,根据行驶需求,可以将发动机动力的所有或部分传递给电机,驱动电机发电,进而向蓄电池充电;并且在再生制动时回收能量,此时电机处于发电状态,将机械能转换为电能存储起来提高能量利用率。

④ 辅助功能 为了能够在较短时间快速启动车辆,根据电机的低转速、大转矩的特点,混合动力汽车的变速器可以充分利用电机启动车辆;另外,可以利用电机的反转特性来实现倒车,从而取消变速器的倒挡机构。

(二) 混合动力汽车变速器的分类

因为混合动力汽车变速器种类非常多,结构差别又大,目前对其分类还没有一个统一的界定,本书按照混合动力汽车发动机和电机的耦合方式进行分类,主要突出"混合动力"这个特点。

1. 扭矩耦合式

扭矩耦合式是指发动机和电机的动力源输出在进行耦合时,发动机和电机的动力源输出扭矩是互相独立的,而输出的转速互成比例,其耦合之后的扭矩为两个动力源输出的扭矩的线性代数之和。

根据动力传动的机械结构不同，扭矩耦合式可以分为 3 种形式：磁场耦合、齿轮耦合、链或带耦合。

(1) 齿轮耦合式

齿轮耦合式是各个动力源之间通过相互啮合的齿轮/齿轮组耦合，该耦合方式具有简单、控制方便、耦合效率高等优点，缺点是在耦合过程中，刚性齿轮的啮合易产生较大的冲击，进而影响整车的舒适性。国内的"一汽"和"二汽"研发的混合动力客车均采用这种结构，如图 5-1 所示。

(2) 磁场耦合式

磁场耦合式是将电机的转子轴与发动机的输出轴布置在同一轴线上，并做成一体，电机的输出力与发动机的输出力通过磁场力的作用进行耦合。该方式具有耦合效率高、结构紧凑、耦合的冲击小等优点，但是混合度（即电机功率与发动机功率之比）较低，此时的电机一般充当辅助动力。本田公司的 IMA 系统（integrated motor assist）、长安集团的 ISG 系统（integrated started generator）以及长城嘉誉混合动力轿车均采用这种结构，如图 5-2 所示。

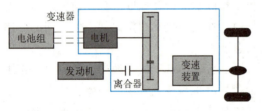

图 5-1 齿轮耦合式变速器

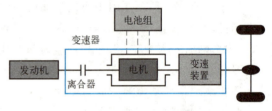

图 5-2 磁场耦合式变速器

(3) 链或带耦合式

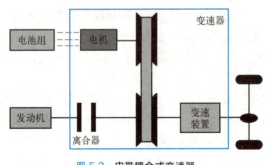

图 5-3 皮带耦合式变速器

链或带耦合式是各个动力源的输出动力通过链条、皮带进行耦合。该耦合方式简单、冲击小，但是耦合效率低，传动滑动损失较大。一汽奔腾混合动力轿车的 BSG（belt-driven started generator）采用的是这种结构，如图 5-3 所示。

2. 转速耦合式

转速耦合式是指发动机和电机的输出动力在耦合时，它们的输出转速是互相独立的，而输出转矩互成比例，最终耦合的转速是两个动力源输出转速的线性代数和。

转速耦合式变速器根据驱动系统的结构形式，又可以进一步细分为行星齿轮式耦合和差速器式耦合两种类型。

(1) 行星齿轮式

该耦合方式通常是将某一个动力源的输出轴与太阳轮相连，另一个与齿圈相连，而行星架则作为输出轴，是目前普遍采用的耦合方式。该耦合方式结构简单紧凑，传动效率高，不需要变速器，整个驱动系统体积小，可以实现多种驱动模式，但是驱动控制难度高。目前，由北京理工大学与华沙工业大学联合开发的混合动力汽车就采用这种耦合方式，如图 5-4 所示。

(2) 差速器式

差速器式的耦合装置为差速器，因为差速器正向使用时可以分解动力，而逆向使用时可以耦合动力，所以汽车上常用的差速器反其道而用之，即可对各个动力源进行多能源动力总成，该耦合方式要求各个动力源的动力参数相当，而且混合度较高。湖南大学以菱形轿车为研发基础开发的混合动力轿车就是采用这种耦合方式，如图5-5所示。

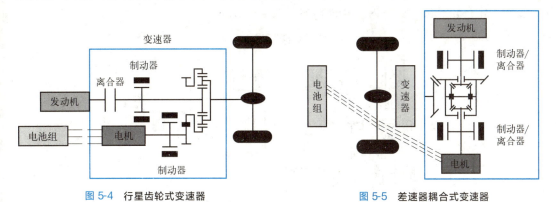

图5-4　行星齿轮式变速器　　　　图5-5　差速器耦合式变速器

3. 牵引力耦合式

牵引力耦合式是发动机驱动车辆的前轮（后轮），而电机驱动车辆的后轮（前轮），通过前后车轮的驱动力将各个动力源的输出动力进行耦合，其耦合力为各个动力源输出动力之和。该耦合方式结构简单，前后轴的独立性高，方便改装，可以实现单、双模式驱动以及再生制动，但整车控制复杂，成本较高。比亚迪唐混合动力汽车就是采用这种耦合方式，如图5-6所示。

4. 混合耦合式

混合耦合方式是综合前面所提到的两种或两种以上的耦合方式。该耦合方式集成了转矩耦合和转速耦合的优点，能够实现多种工作模式，充分发挥各个动力源的工作特性，提高整车的动力性和经济性，但是结构复杂，控制较为复杂。目前这种耦合方式已经成为混合动力汽车变速器总成的发展趋势，具有很好的应用前景。日本丰田公司推出的Prius搭载的THS（Toyota hybrid system）的变速器是先将发动机和发电机的动力经过星齿轮耦合，之后又将合成动力与电机进行齿轮式耦合，最终合成的动力经过差速器驱动车轮行驶，如图5-7所示，该变速器是一种性能极佳的混合动力驱动系统，其主要由发动机、驱动电机、发电机、行星齿轮机构以及减速器等组成。该驱动系统中的THS的核心是一个单排行星齿轮机构，该行星齿轮机构用来协调发动机和驱动电机的输出动力，使得行进中的车辆能够实现多种驱动模式。

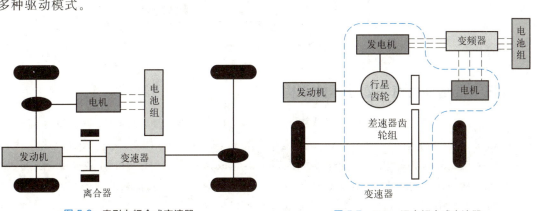

图5-6　牵引力耦合式变速器　　　　图5-7　Prius混合耦合式变速器

福特汽车公司推出的 Escape 采用了磁场扭矩耦合与行星齿轮转速耦合两种耦合方式，发动机和电机/发电机构成磁场扭矩耦合，扭矩耦合输出经过变速器，变速器的输出与主驱动电机经过行星齿轮机构构成了转速耦合。在结构上，Escape 与丰田 THS 结构的差别主要在于扭矩耦合和转速耦合的前后位置，扭矩经过耦合之后，能够更好地调节发动机的工作区间，使其工作在较经济的区域内，其机构如图 5-8 所示。

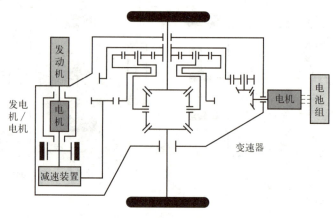

图 5-8 Escape 变速器

Volt 是通用汽车雪佛兰品牌下的插电式油电混合动力车（PHEV，即 plug-in hybrid electric vehicle），其传动系统结构如图 5-9 所示，电力驱动系统包括：两个电机（发电机 MG1、电动机 MG2）、两个离合器、一个制动器及一个行星齿轮组。通过离合器和制动器的不同工作状态组合，该驱动系统可以实现低速单一电机驱动模式、高速双电机驱动模式、并联式高速双电机驱动模式、增程单一电机驱动模式、混联式单电机驱动模式五种主要操作模式。

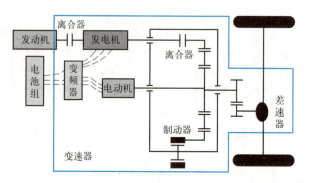

图 5-9 Volt 变速器

（三）混合动力汽车变速器的结构

卡罗拉混合动力汽车采用的变速器主要包括 MG1、MG2、复合齿轮装置、变速器输入减振器总成、中间轴齿轮、减速齿轮、差速器齿轮机构和油泵，如图 5-10 所示。此变速器具有 3 轴结构。复合齿轮装置、变速器输入减振器总成、油泵、MG1 和 MG2 安装在输入轴上。中间轴从动齿轮和减速主动齿轮安装在第二轴上。减速从动齿轮和差速器齿轮机构安装在第三轴上。发电机、MG1 和 MG2 通过复合装置机械连接。

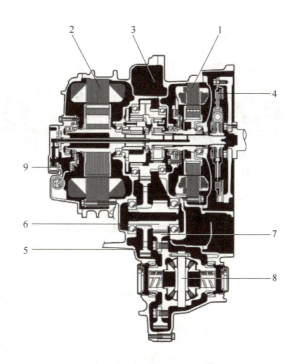

图 5-10　卡罗拉混合动力汽车变速器结构

1—MG1；2—MG2；3—复合齿轮装置；4—变速器输入减振器总成；5—中间轴从动齿轮；6—减速主动齿轮；7—减速从动齿轮；8—差速器齿轮机构；9—油泵

丰田卡罗拉混合动力汽车变速器规格如表 5-1 所示。

表 5-1　卡罗拉混合动力汽车变速器规格

项　目			规　格
变速器类型			P410
挡位			P/R/N/D/S
复合齿轮装置	动力分配行星齿轮机构	太阳齿轮齿数	30
		小齿轮齿数	23
		齿圈轮齿数	78
	电动机减速行星齿轮机构	太阳齿轮齿数	22
		小齿轮齿数	18
		齿圈轮齿数	58
中间轴齿轮		主动齿轮齿数	54
		从动齿轮齿数	55
最终齿轮		主动齿轮齿数	24
		从动齿轮齿数	77
总减速比			3.267
油液类型			丰田原厂 ATFWS
油液容量/L			3.4
重量(参考)/kg			92

1. 复合齿轮装置

复合齿轮装置包括动力分配行星齿轮机构、中间轴主动齿轮和电动机减速行星齿轮机构，如图 5-11 所示。各行星齿圈与复合齿轮集成于一体。另外，此复合齿轮还集成了中间轴主动齿轮和驻车挡齿轮。动力分配行星齿轮机构将发动机的原动力分成两路：一路用来驱动车轮，另一路用来驱动 MG1，因此，MG1 可作为发电机使用。为了降低 MG2 的转速，

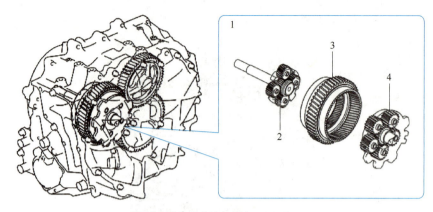

图 5-11 复合齿轮在变速器中的位置

1—复合齿轮装置;2—动力分配行星齿轮机构;3—中间轴主动齿轮(复合齿轮);4—电动机行星齿轮机构

采用电动机减速行星齿轮机构,使高转速、大功率的 MG2 最佳适应复合齿轮。

复合装置的结构如图 5-12 所示,其中太阳齿轮、齿圈和各行星齿轮的齿轮架的连接情况如表 5-2 所示。

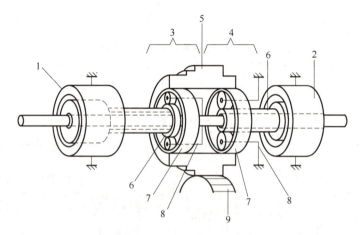

图 5-12 复合装置结构

1—MG1;2—MG2;3—动力分配行星齿轮机构;4—电动机减速行星齿轮机构;5—中间轴主动齿轮;
6—太阳齿轮;7—齿圈;8—齿轮架;9—中间轴从动齿轮

表 5-2 太阳齿轮、齿圈和各行星齿轮的齿轮架的连接

项 目		连 接
动力分配行星齿轮机构	太阳齿轮	MG1
	齿圈	复合齿轮(至车轮)
	齿轮架	输入轴(自发动机)
电动机减速行星齿轮机构	太阳齿轮	MG2
	齿圈	复合齿轮(至车轮)
	齿轮架	固定

2. 减振器

减振器的作用是吸收发动机原动力的转矩波动,此总成包括具有低扭转特性的螺旋弹簧,如图 5-13 所示。转矩限制器采用干式、单盘摩擦材料。通过使用这些零件,减振器结构能够很好地吸收发动机原动力的振动。

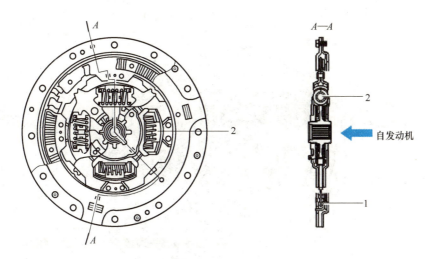

图 5-13 减振器结构
1—转矩限制器；2—螺旋弹簧

3. 油泵机构

油泵包括油泵主动轴、油泵主动转子、油泵从动转子和油泵盖，如图 5-14 所示。油泵由发动机通过输入轴驱动，润滑齿轮。

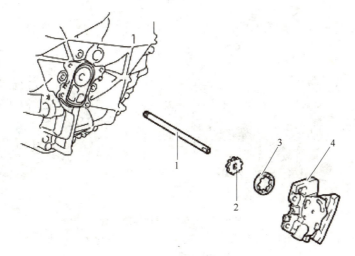

图 5-14 油泵机构构造
1—油泵主动轴；2—油泵主动转子；3—油泵从动转子；4—油泵盖

4. 甩油式润滑机构

此甩油式润滑机构使用集油箱和从动齿轮，此齿轮将润滑油甩入集油箱，其构造如图 5-15 所示。该结构将油泵的驱动转矩降至最低，这样减少了驱动损失。集油箱用于稳定供油。集油箱暂时存储甩起的油，并为齿轮供油。此外，为了向 MG1 和 MG2 高效供油，集油内采用了油孔。

5. 驻车锁止机构

驻车锁止机构包括驻车锁止杠杆、驻车锁杆、驻车锁爪和驻车挡齿轮，如图 5-16 所示。驻车锁爪与驻车挡齿轮（与复合齿轮集成一体）的接合锁止车辆的移动。当换挡杆置于 P 挡位置时，驻车锁止执行器（换挡控制执行器总成）旋转驻车锁止杠杆以滑动驻车锁杆，驻

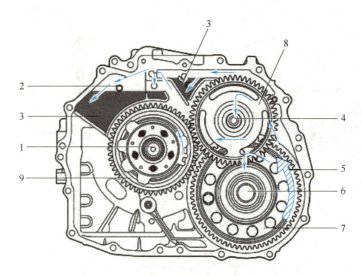

图 5-15 甩油式润滑机构构造

1—输入轴；2—油孔；3—集油箱；4—第二轴；5—减速齿轮旋转方向；6—第三轴；7—减速从动齿轮；
8—中间轴从动齿轮；9—主动齿轮

车锁杆向上推动驻车锁爪。从而，驻车锁爪与驻车挡齿轮接合。

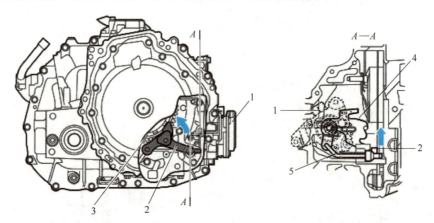

图 5-16 驻车锁止机构构造

1—驻车锁止执行器（换挡控制执行器总成）；2—驻车锁爪；3—驻车挡齿轮；4—驻车锁板；5—驻车锁杆；
➡—移动方向

（四）混合动力汽车变速器的工作原理

1. 变速器动力传输路线

（1）原动力传输路径

由发动机和MG2产生的原动力经过复合齿轮装置的中间轴主动齿轮、中间轴从动齿轮、减速主动齿轮，然后至差速器齿轮机构，以驱动前轮，其动力传输路径如图5-17所示。

（2）发动机原动力和MG2原动力传输路径

由行星齿轮架输入的发动机原动力传输至齿圈，MG2的原动力通过电动机减速行星齿轮机构传输至齿圈，这两个原动力之和由复合齿轮传输，以驱动车轮，其动力传输路径如图5-18所示。

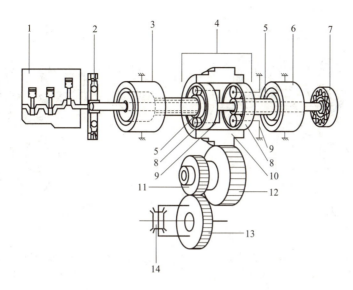

图 5-17 原动力传输路径

1—发动机；2—变速器输入减振器总成；3—MG1；4—复合齿轮装置；5—太阳齿轮；6—MG2；
7—油泵；8—齿圈；9—齿轮架；10—中间轴主动齿轮（复合齿轮）；11—减速主动齿轮；
12—中间轴从动齿轮；13—减速从动齿轮；14—差速器齿轮机构

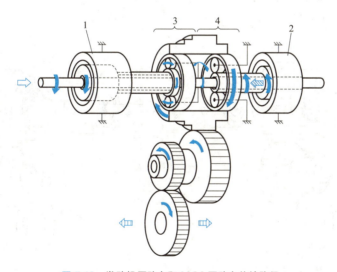

图 5-18 发动机原动力和 MG2 原动力传输路径

1—MG1；2—MG2；3—动力分配行星齿轮机构；4—电动机减速行星齿轮机构；
➡—旋转方向；⇨—自发动机；⇛—自 MG2；⇨—至车轮

（3）MG2 原动力传输路径

MG2 的原动力由太阳齿轮传输，传输至齿圈，以驱动车轮。电动机减速行星齿轮机构的行星齿轮架是固定的，因此，电动机减速行星齿轮机构按照固定的传动比降低 MG2 的转速，增大扭矩。旋转方向（正转和倒转）颠倒，其动力传输路径如图 5-19 和图 5-20 所示。

（4）发动机原动力传输路径

齿轮架输入的发动机原动力输出至太阳齿轮，从而传输原动力以使 MG1 作为发电机运行，其动力传输路径如图 5-21 所示。

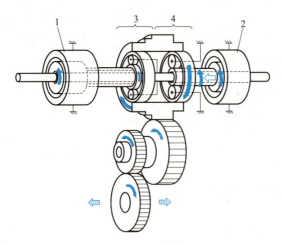

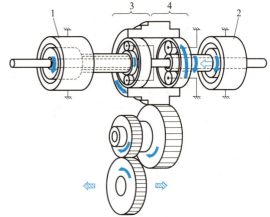

图 5-19 MG2 原动力传输路径 1
1—MG1；2—MG2；3—动力分配行星齿轮机构；
4—动力分配行星齿轮机构；
➡️—旋转方向；⇨—自 MG2；〰️—至车轮

图 5-20 MG2 原动力传输路径 2
1—MG1；2—MG2；3—动力分配行星齿轮机构；
4—电动机减速行星齿轮机构；
➡️—旋转方向；⇨—自 MG2；〰️—至车轮

（5）MG1 原动力传输路径

MG1 的原动力通过太阳齿轮传输，输出至行星齿轮架，从而传输原动力以启动发动机，其动力传输路径如图 5-22 所示。

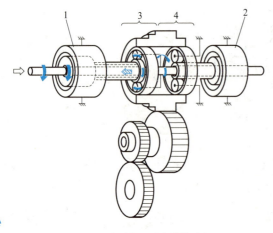

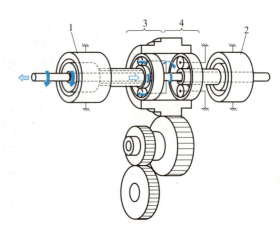

图 5-21 发动机原动力传输路径
1—MG1；2—MG2；3—动力分配行星齿轮机构；
4—电动机减速行星齿轮机构；
➡️—旋转方向；⇨—自 MG2；〰️—至车轮

图 5-22 MG1 原动力传输路径
1—MG1；2—MG2；3—动力分配行星齿轮机构；
4—电动机减速行星齿轮机构；
➡️—旋转方向；⇨—自 MG2；〰️—至车轮

2. 变速器的工作原理

（1）典型的车辆行驶状态

混合动力系统使用发动机和 MG2 提供的原动力，并将 MG1 用作发电机。系统根据各种行驶状态对这些力进行优化组合。混合动力车辆控制 ECU 总成持续监视发动机冷却液温度、SOC、HV 蓄电池温度和电气负载情况，如果任一监视条件未满足要求，电源开关置于 ON（READY）位置且换挡杆处于 N 以外的任一位置，则混合动力车辆控制 ECU 总成启动发动机。

混合动力系统根据下列行驶状态对发动机、MG1 和 MG2 的运转进行优化组合，驱动车辆。如图 5-23 所示，下列车辆状态为典型的车辆行驶状态示例。

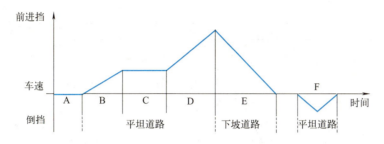

	行驶状态		
A	电源开关置于ON(READY)位置	B	启动
C	定速巡航	D	节气门全开加速期间
E	减速期间	F	倒车期间

图 5-23 典型的车辆行驶状态

（2）列线图识读方法

下面的列线图（图 5-24）对行星齿轮的旋转方向、转速和扭矩平衡进行了直观表示。在列线图中，直线用于表示行星齿轮机构中 3 个齿轮的旋转方向和转速间的关系，各齿轮的转速由距 0r/min 点的距离表示。由于行星齿轮机构的结构，3 个齿轮转速间的关系总是用一条直线表示。以下说明中各车辆行驶状态的列线图和传动机构运行图仅为示例，所示的示例为"快照"，正常的系统工作是适应这些条件的系统反应不断变化的融合。

列线图：

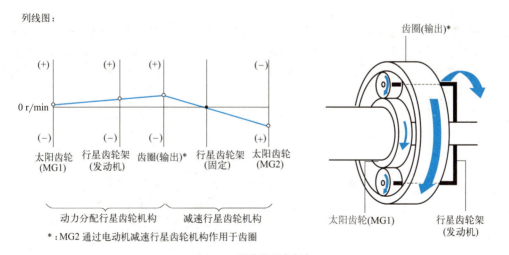

图 5-24 列线图识读方法

对于混合动力系统，电机根据不同情况具有不同的作用。了解旋转方向和扭矩间的关系有助于理解电机的作用。表 5-3 表明了正扭矩或负扭矩和正向旋转或反向旋转进行不同组合时驱动和发电的关系。

例如，如果电机正向（＋）旋转，并施加负扭矩，则其将发电（产生电能）。另外，如果电机反向（一）旋转，并施加负扭矩，则其将作为驱动源（消耗电能）。

表 5-3 驱动和发电的关系

旋转方向	扭矩状态	零部件的作用
正向(+)旋转	正扭矩	驱动
	负扭矩	发电
反向(−)旋转	正扭矩	发电
	负扭矩	驱动

(3) 起步时变速器工作原理

如图 5-25 所示，车辆起步时，由 MG2 为车辆提供动力。如果仅由 MG2 驱动运行，所需的驱动扭矩增加，则激活 MG1 以启动发动机。

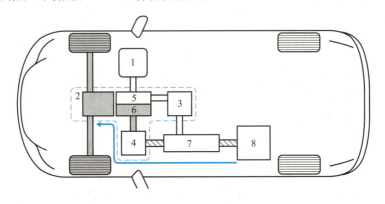

图 5-25 起步时混合动力工作原理图

1—发动机（停止）；2—混合动力车辆变速器总成；3—MG1（自由旋转）；4—MG2（主动）；
5—动力分配行星齿轮机构；6—电动机减速行星齿轮机构；7—带转换器的逆变器总成；8—HV 蓄电池；
➡—电力路径（DC）；▭—电力路径（AC）；▭—机械动力路径

车辆正常情况下起步时，使用 MG2 的原动力行驶。在此状态下行驶时，由于发动机停止，行星齿轮架（发动机）的转速为 0r/min。此外，由于 MG1 未产生任何扭矩，因此没有扭矩作用于太阳齿轮（MG1），而且，太阳齿轮沿（−）方向自由旋转以平衡旋转的齿圈。图 5-26 所示为起步时变速器列线图。

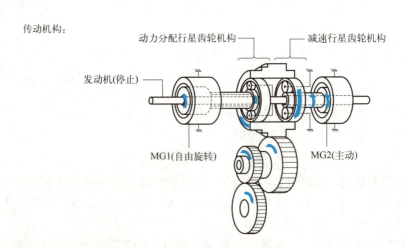

列线图：

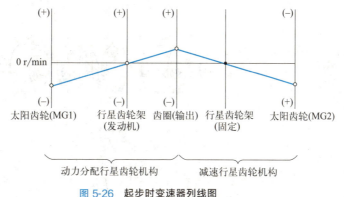

图 5-26　起步时变速器列线图

（4）定速巡航时变速器工作原理

如图 5-27 所示，车辆在低负载状态下行驶时，动力分配行星齿轮机构传输发动机原动力。其中一部分原动力直接输出，剩余的原动力则通过 MG1 发电。利用逆变器的电力路径，该电能被传输至 MG2，作为 MG2 的原动力输出。如果 HV 蓄电池的 SOC 水平低，则由发动机驱动的 MG1 进行充电。

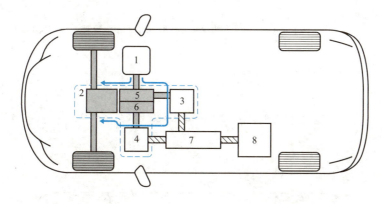

图 5-27　定速巡航时混合动力工作原理图

1—发动机（主动）；2—混合动力车辆变速器总成；3—MG1（发电）；4—MG2（主动）；5—动力分配行星齿轮机构；6—电动机减速行星齿轮机构；7—带转换器的逆变器总成；8—HV 蓄电池；
➡—电力路径（DC）；▨—电力路径（AC）；▬—机械动力路径

如图 5-28 所示，发动机扭矩以（＋）方向作用于行星齿轮架，使太阳齿轮（MG1）在负扭矩的反作用力下沿（＋）方向转动。MG1 利用作用于太阳齿轮（MG1）的副扭矩发电。

（5）节气门全开加速时变速器的工作原理

如图 5-29 所示，车辆行驶状态从低负载巡航变为节气门全开加速时，系统用来自 HV 蓄电池的电能为 MG2 补充原动力。

如图 5-30 所示，需要更多发动机动力时，相关齿轮的转速发生如下所述改变以提高发动机转速。发动机扭矩以（＋）方向作用于行星齿轮架，使太阳齿轮（MG1）在负扭矩的反作用力下沿（＋）方向转动。MG1 利用作用于太阳齿轮（MG1）的负扭矩发电。

传动机构：

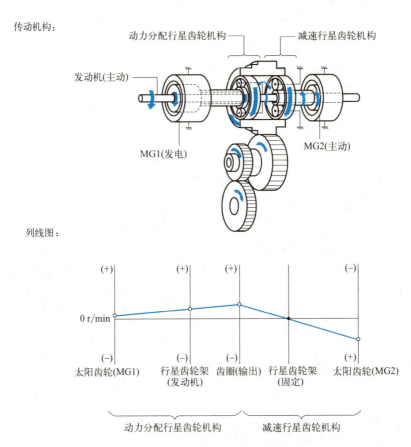

图 5-28 定速巡航时变速器列线图

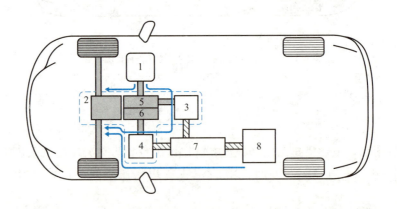

图 5-29 节气门全开加速时混合动力工作原理图

1—发动机（主动）；2—混合动力车辆变速器总成；3—MG1（发电）；4—MG2（主动）；
5—动力分配行星齿轮机构；6—电动机减速行星齿轮机构；
7—带转换器的逆变器总成；8—HV 蓄电池；

➡—电力路径（DC）；▭—电力路径（AC）；▮—机械动力路径

项目五
传动系统原理与维修   157

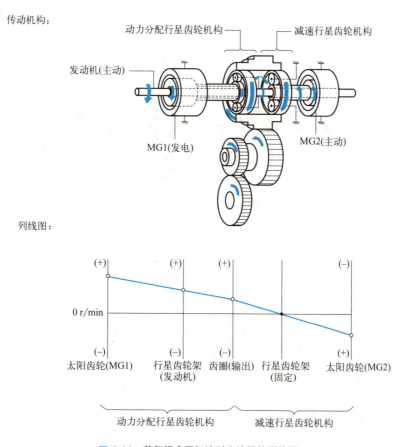

图 5-30 节气门全开加速时变速器的列线图

(6) 减速时变速器工作原理

如图 5-31 所示,选择行驶挡(D)的情况下使车辆减速时,发动机关闭且原动力变为零。此时,车轮驱动 MG2,使 MG2 作为发电机运行,从而为 HV 蓄电池充电。如果车辆从较高车速减速,发动机将保持预定转速而非停止,以保护行星齿轮。

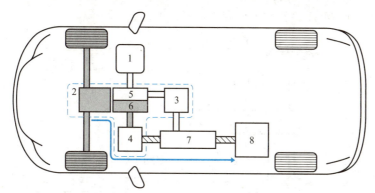

图 5-31 减速时混合动力工作原理图

1—发动机(停止);2—混合动力车辆变速器总成;3—MG1(自由旋转);4—MG2(发电);5—动力分配行星齿轮机构;6—电动机减速行星齿轮机构;7—带转换器的逆变器总成;8—HV 蓄电池;
➡—电力路径(DC);▭—电力路径(AC);▬—机械动力路径

如图 5-32 所示，减速期间，齿圈由车轮驱动旋转。在此情况下，由于发动机停止，行星齿轮架（发动机）的转速为 0r/min。此外，由于 MG1 未产生任何扭矩，因此没有扭矩作用于太阳齿轮（MG1），而且，太阳齿轮（MG1）自由旋转以平衡旋转的齿圈。

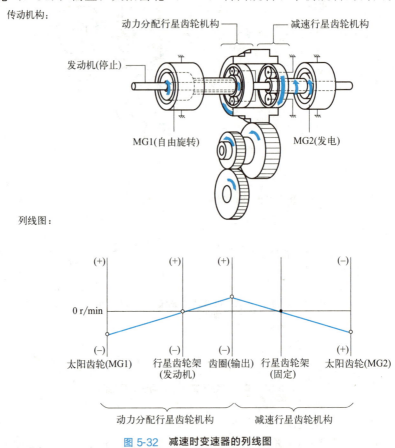

图 5-32 减速时变速器的列线图

（7）倒车时变速器工作原理

如图 5-33 所示，车辆以倒挡行驶时，所需动力由 MG2 提供。此时，MG2 反向旋转，发动机保持停止，且 MG1 沿正常方向旋转而不发电。

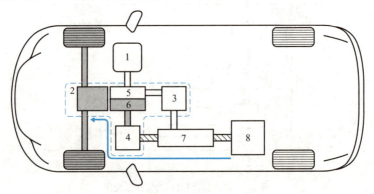

图 5-33 倒车时混合动力工作原理图

1—发动机（停止）；2—混合动力车辆变速器总成；3—MG1（自由旋转）；4—MG2（主动）；5—动力分配行星齿轮机构；6—电动机减速行星齿轮机构；7—带转换器的逆变器总成；8—HV 蓄电池；
➡—电力路径（DC）；▱—电力路径（AC）；▬—机械动力路径

如图 5-34 所示，行星齿轮机构的状态与"起步"中描述的相反。由于发动机停止，行星齿轮架（发动机）的转速为 0r/min，但太阳齿轮（MG1）沿（+）方向自由旋转以平衡旋转的齿圈。

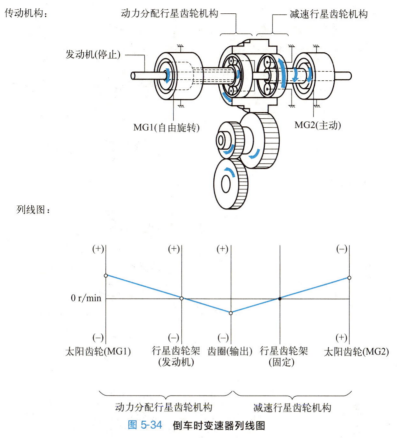

图 5-34　倒车时变速器列线图

三、项目实施与评价

（一）实施要求

① 卡罗拉或者雷凌混合动力汽车、拆装工具和油压表。
② 专用工具（表 5-4）。

表 5-4　专用工具

名　称	图　示	名　称	图　示
油封拉出器		中间轴承拉出器	
拆装工具		变速器轴承拆装工具	
拆装工具管		拆装工具	

续表

名称	图示	名称	图示
传动轴中间轴承拆装工具		主动小齿轮锁紧螺母套筒	
交流发电机后轴承拆装工具		轴承拆卸工具	
轴承拆卸工具连接件		拉出器组件	
吊架		滑动臂	
中心螺栓		卡爪	
附加支撑块		固定架	
拆装工具组件		手柄组件	
变速器油压表			

（二）实施步骤

项目实施一　混合动力汽车变速器油压检查

① 如图 5-35 所示，从变速器油泵总成上拆下油泵盖螺塞和 O 形圈。

② 如图 5-36 所示，将 SST（专用工具）安装到变速器油泵盖总成上。

③ 使发动机处于检查模式。混合动力车辆发动机已暖机且 HV 蓄电池已充电，则在车辆停止后，发动机将停机。如果需要发动机在即使车辆停止的情况下也持续运行进行检查，则切换到检查模式。检查模式下操作时，可能存储 DTC（故障代码），因此，如果警告灯点亮，则使用 GTS 检查 DTC 并清除 DTC。检查完成后应该立即取消检查模式，否则可能损坏混合动力变速器。

④ 测量混合动力变速器油压，标准值如表 5-5 所示，完成检查后请立即取消检查模式。

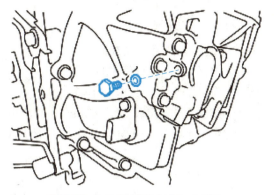
图 5-35 变速器油泵盖螺塞和 O 形圈

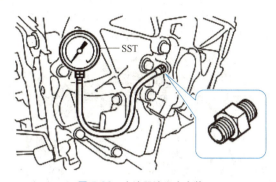
图 5-36 变速器油压表安装

表 5-5 油压标准值

检查模式发动机怠速转速	混合动力变速器油温度	混合动力变速器油压
900～1000r/min	20～50℃	3kPa($0.03kgf/cm^2$,0.4psi)或更高

⑤ 从变速器油泵盖分总成上拆下 SST（专用工具）。
⑥ 在新 O 形圈上涂抹 ATF（变速器润滑油），并将其安装到油泵盖螺塞上。
⑦ 将油泵盖螺塞按照规定扭矩（8.0N·m）安装到变速器盖分总成上。

项目实施二　混合动力汽车变速器油的检查与更换

1. 检查混合动力变速器油

① 用 10mm 六角套筒扳手，从混合动力车辆变速器总成上拆下注油螺塞和衬垫。
② 检查并确认油位位于距注油螺塞开口下唇 0～10mm 之间，如图 5-37 所示。如果混合动力变速器油油位低，则检查是否漏油，如果没有混合动力变速器油泄漏，但混合动力变速器油油位低，则添加混合动力变速器油。

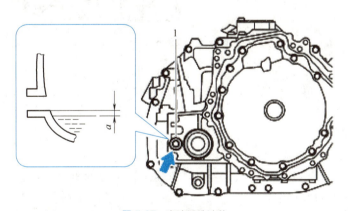

图 5-37 变速器油油位
1—加油螺塞；a—0～10mm

③ 用 10mm 六角套筒扳手，将注油螺塞和新衬垫安装到混合动力车辆变速器总成上，扭矩：50N·m。
④ 注意事项：
a. 将车辆停在水平地面上；

b. 确保直接检查并确认油位位于规定范围内；

c. 混合动力变速器油不足或过量可能损坏混合动力车辆变速器总成；

d. 如果已更换或加注混合动力变速器油，则驾驶车辆前必须重新检查油位。

2. 更换混合动力变速器油

① 确保车辆水平并举升车辆。

② 如图 5-38 所示，用 10mm 六角套筒扳手，从混合动力车辆变速器总成上拆下注油螺塞和衬垫。

③ 如图 5-38 所示，用 10mm 六角套筒扳手，从混合动力车辆变速器总成上拆下放油螺塞和衬垫并排空混合动力变速器油。

④ 使用 10mm 六角套筒扳手，将放油螺塞和衬垫暂时安装到混合动力车辆变速器总成上。

⑤ 加注变速器油直到油位位于距注油螺塞开口下唇 0～10mm 之间，如图 5-39 所示。

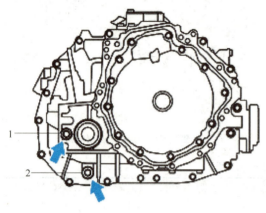

图 5-38 拆下注油螺塞和放油螺塞

1—注油螺塞；2—放油螺塞

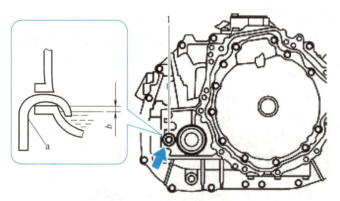

图 5-39 变速器油油位

1—注油螺塞；a—注油喷嘴；b—0～10mm

⑥ 使用 10mm 六角套筒扳手，将注油螺塞和衬垫暂时安装到混合动力车辆变速器总成上。

⑦ 降下车辆。

⑧ 发动机处于检查模式。

⑨ 源开关置于 ON（READY）位置时，急速运转发动机 30 秒。

⑩ 电源开关置于 OFF 位置。

⑪ 检查油量，如果不足需要更换。

⑫ 使用 10mm 六角套筒扳手，将衬垫和注油螺塞安装到混合动力车辆变速器总成上。

⑬ 注意事项：

a. 将注油喷嘴完全插入注油螺塞开口。

b. 缓慢加注混合动力变速器油。如果快速加注混合动力变速器油，则混合动力变速器油可能撞到内部零件而反弹，导致混合动力变速器油从注油螺塞开口溅出。

c. 直接检查并确认混合动力变速器油油位位于规定范围内。

d. 动力变速器油不足或过量可能损坏混合动力车辆变速器总成。

项目实施三　混合动力汽车变速器油封的更换

1. 半轴油封更换

① 零部件位置。半轴油封所在位置，如图 5-40 所示。

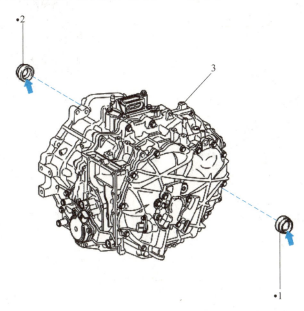

图 5-40　半轴油封零件位置

1—前桥左半轴油封；2—前桥右半轴油封；
3—混合动力车辆变速器总成；
●—不可重复使用零件；➡—通用润滑脂

② 拆卸前桥半轴总成。

③ 拆卸前桥左半轴油封。如图 5-41 所示，使用 SST（专用工具）从混合动力车辆变速器总成上拆下前桥左半轴油封。

④ 拆卸前桥右半轴油封。如图 5-42 所示，使用 SST（专用工具）从混合动力车辆变速器总成上拆下前桥右半轴油封。

⑤ 装前桥右半轴油封。如图 5-43 所示，使用 SST（专用工具）和锤子，将新的前桥右半轴油封安装到混合动力车辆变速器总成上，标准深度：-0.5～0.5mm。在前桥右半轴油封唇口上涂抹通用润滑脂。

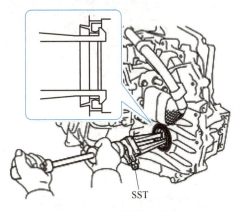

图 5-41　拆下前桥左半轴油封

⑥ 装前桥左半轴油封。如图 5-44 所示，使用 SST（专用工具）和锤子，将新的前桥左半轴油封安装到混合动力车辆变速器总成上，标准深度：-0.5～0.5mm（a）。在前桥左半轴油封唇口上涂抹通用润滑脂。

⑦ 安装前桥半轴总成。

2. 输入轴油封更换

① 零部件位置。输入轴油封安装位置，如图 5-45 所示。

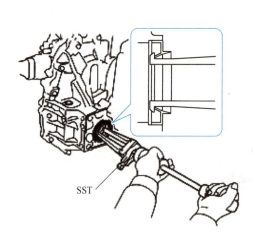

图 5-42 拆卸前桥右半轴油封

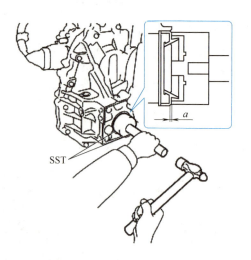

图 5-43 安装前桥右半轴油封

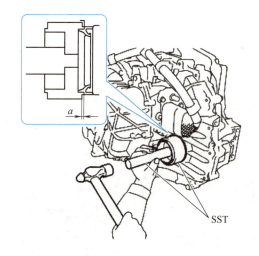

图 5-44 安装前桥左半轴油封

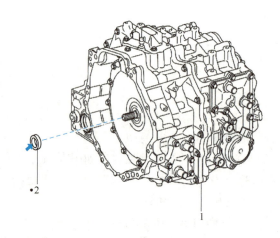

图 5-45 输入轴油封零件位置
1—混合动力车辆变速器总成；2—输入轴 T 形油封；
●—不可重复使用零件；➡—通用润滑脂

② 拆卸混合动力车辆变速器总成。

③ 拆卸输入轴 T 形油封。如图 5-46 所示，使用头部缠有保护胶带（a）的螺丝刀，从混合动力车辆变速器总成上拆下输入轴 T 形油封。拆下输入轴 T 形油封时，确保不要损坏输入轴总成或混合动力车辆变速器总成。

④ 安装输入轴 T 形油封。在新输入轴 T 形油封唇口上涂抹通用润滑脂，如图 5-47 所示，使用 SST（专用工具）和锤子，将输入轴 T 形油封安装到混合动力车辆变速器总成上。

其标准深度：1.0～1.8mm（a）。确保输入轴 T 形油封唇口没有异物，不要倾斜安装输入轴 T 形油封。

⑤ 安装混合动力车辆变速器总成。

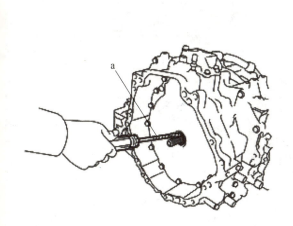

图 5-46 拆卸输入轴 T 形油封　　　　图 5-47 安装输入轴 T 形油封

项目实施四　混合动力汽车变速器拆解

1. 混合动力汽车变速器总成零部件

混合动力汽车变速器总成的零部件分解如图 5-48～图 5-52 所示。

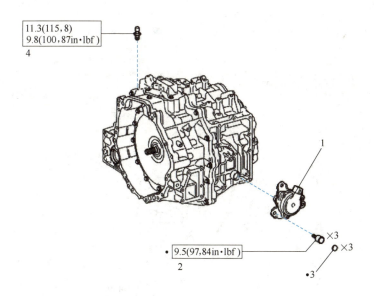

图 5-48　变速器总成的零部件分解 1

1—换挡执行器总成；2—换挡执行器总成开关；3—换挡执行器螺栓盖；
4—变速器通气塞

☐—规定扭矩；●—不可重复零件

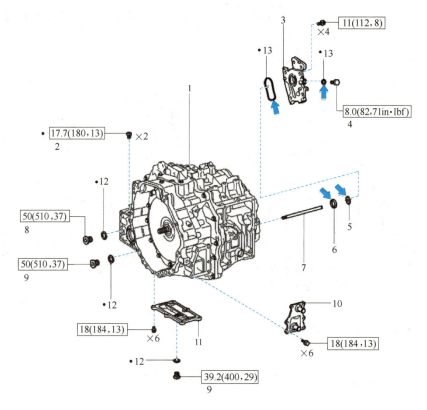

图 5-49 变速器总成的零部件分解 2

1—混合动力车辆变速器总成；2—带头直螺纹塞；3—变速器油泵盖总成；4—油泵盖螺塞；5—变速器油泵主动转子；6—变速器油泵从动转子；7—机油泵驱动轴；8—注油螺塞；9—放油螺塞；10—1 号电动机水套盖总成；11—2 号电动机水套盖总成；12—衬垫；13—O 形圈；

☐—规定扭矩；•—不可重复零件；➡—ATFWS（变速器润滑油）

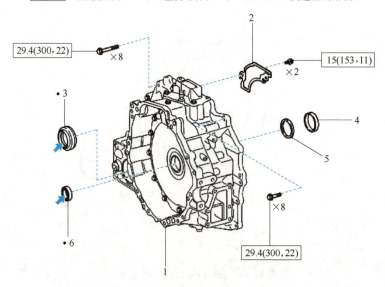

图 5-50 变速器总成的零部件分解 3

1—混合动力车辆发电机总成；2—变速器外壳油分离器；3—前桥右半轴油封；4—滚锥轴承（右侧外座圈）；5—差速器壳右侧垫片；6—输入轴 T 形油封；

☐—规定扭矩；•—不可重复零件；➡—通用润滑脂

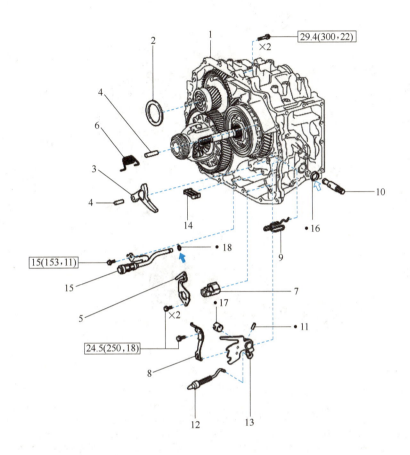

图 5-51 变速器总成的零部件分解 4

1—混合动力车辆电动机总成；2—中间轴从动齿轮垫片；3—驻车锁爪；4—驻车锁爪轴；
5—锁爪挡片；6—扭力弹簧；7—驻车锁套；8—手动锁止弹簧分总成；9—止动弹簧；
10—1 号驻车锁止轴；11—开槽弹簧销；12—驻车锁杆分总成；
13—1 号驻车锁止杠杆分总成；14—变速器 1 号磁铁；15—变速器滤油网；
16—换挡控制执行器密封；17—隔垫；18—O 形圈
☐—规定扭矩；●—不可重复零件；➡—ATFWS；
▷—通用润滑脂

2. 混合动力汽车变速器的拆解

拆解注意事项：

① 要使用会产生绒毛或灰尘的手套、棉布或纸巾；

② 塑料袋包住拆下的零件以防异物进入；

③ 请勿拆下发电机和电动机电缆端子、变速器壳盖、后变速器壳盖总成或角度传感器调节器螺栓，其零件位置如图 5-53 所示。

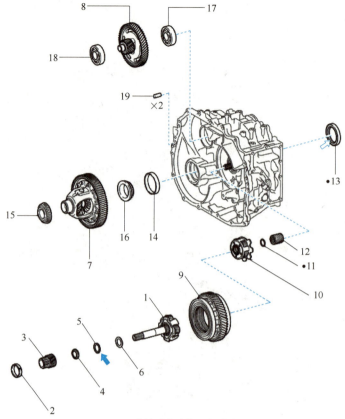

图 5-52　变速器总成的零部件分解 5

1—输入轴总成；2—行星太阳齿轮卡环；3—行星太阳齿轮；4—止推轴承座圈；5—止推滚针轴承；6—1 号止推轴承座圈；7—差速器壳总成；8—中间轴从动齿轮分总成；9—中间轴主动齿轮总成；10—1 号后行星齿轮总成；11—后行星太阳齿轮轴卡环；12—后行星太阳齿轮；13—前桥左半轴油封；14—滚锥轴承（左侧外座圈）；15—滚锥轴承（右侧内座圈）；16—滚锥轴承（左侧内座圈）；17—径向滚珠轴承（左侧）；18—径向滚珠轴承（右侧）；19—直销

●—不可重复零件；➡—ATFWS；⇨—通用润滑脂

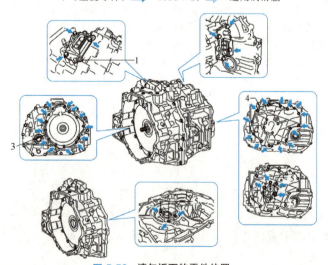

图 5-53　请勿拆下的零件位置

1—发电机电缆端子；2—电动机电缆端子；3—变速器外壳盖；4—后变速器壳盖总成；5—角度传感器调节器螺栓

(1) 拆卸换挡控制执行器总成

如图 5-54 所示,从混合动力车辆变速器总成上拆下 3 个换挡控制执行器总成,换挡控制执行器为高精度零件,安装期间不要用橡胶锤或类似工具敲击。

(2) 拆卸变速器通气塞

如图 5-55 所示,从混合动力车辆变速器总成上拆下变速器通气塞,小心不要损坏通气塞。

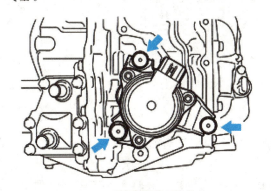

图 5-54　拆卸换挡执行器总成

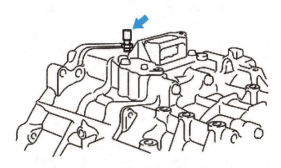

图 5-55　拆卸变速器通气塞

(3) 拆卸带头直螺纹塞

如图 5-56 所示,用 6mm 六角套筒扳手,从混合动力车辆变速器总成上拆下 2 个带头直螺纹塞。

(4) 拆卸变速器油泵盖总成

如图 5-57 所示,从变速器油泵盖总成上拆下油泵盖螺塞和 O 形圈。

图 5-56　拆卸带头直螺纹塞

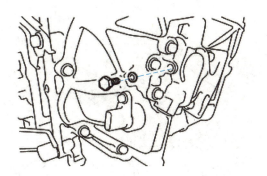

图 5-57　拆下油泵盖螺塞和 O 形圈

如图 5-58 所示,从混合动力车辆变速器总成上拆下 4 个螺栓和变速器油泵盖总成,不要掉落变速器油泵主动转子或变速器油泵从动转子。

如图 5-59 所示,从混合动力车辆变速器总成上拆下变速器油泵主动转子和变速器油泵从动转子。

如图 5-60 所示,从混合动力车辆变速器上拆下 O 形圈。

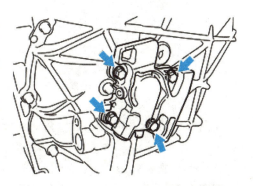

图 5-58　拆下 4 个螺栓和变速器油泵盖总成

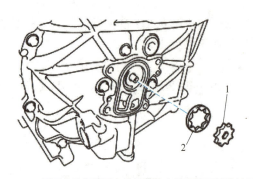
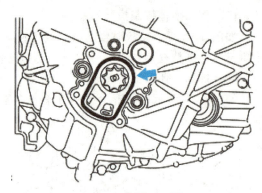

图 5-59 拆下变速器油泵主动转子和变速器油泵从动转子

1—变速器油泵主动转子；2—变速器油泵从动转子

图 5-60 拆下 O 形圈

（5）拆卸油泵驱动轴

如图 5-61 所示，从混合动力车辆变速器总成上拆下油泵驱动轴。

（6）固定混合动力车辆变速器总成

如图 5-62 所示，在混合动力车辆变速器总成下放置木块，不要将木块置于变速器油泵盖总成安装部位或角度传感器连接器下。

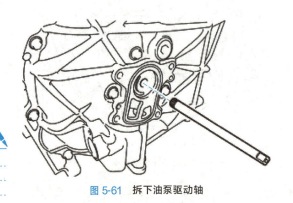
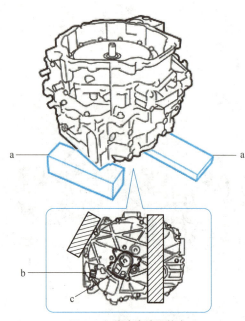

图 5-61 拆下油泵驱动轴

图 5-62 固定变速器总成

a—木块；b—角度传感器连接器；c—变速器油泵盖总成安装部位；▨—木块放置位置

（7）拆卸注油螺塞

如图 5-63 所示，用 10mm 六角套筒扳手，从混合动力车辆变速器总成上拆下注油螺塞和衬垫。

（8）拆卸放油螺塞

如图 5-64 所示，用 10mm 六角套筒扳手，从混合动力车辆变速器总成上拆下放油螺塞和衬垫。

(9) 拆卸 2 号电动机水套盖总成

如图 5-65 所示,用 10mm 六角套筒扳手,从 2 号电动机水套盖总成上拆下放油螺塞和衬垫。

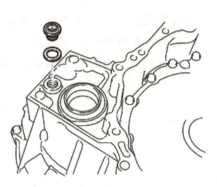

图 5-63　拆卸注油螺塞

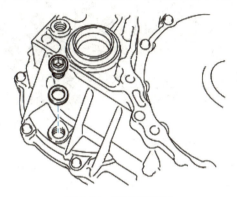

图 5-64　拆卸放油螺塞

如图 5-66 所示,从 2 号电动机水套盖总成上拆下 6 个螺栓。

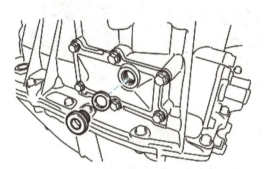

图 5-65　拆卸 2 号电动机水套盖总成的放油螺塞和衬垫

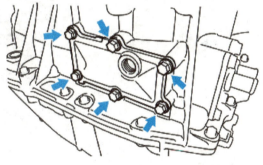

图 5-66　拆下 6 个螺栓

如图 5-67 所示,使用螺丝刀,从混合动力车辆变速器总成上拆下 2 号电动机水套盖总成,不要损坏混合动力车辆变速器总成。使用螺丝刀之前,请在螺丝刀头部缠上胶带(a)。

(10) 拆卸 1 号电动机水套盖总成

如图 5-68 所示,从 1 号电动机水套盖总成上拆下 6 个螺栓。

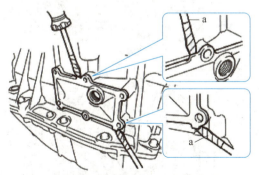

图 5-67　拆下 2 号电动机水套盖总成

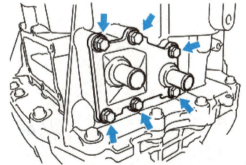

图 5-68　拆下 6 个螺栓

如图 5-69 所示,使用螺丝刀,从混合动力车辆变速器总成上拆下 1 号电动机水套盖总成,不要损坏混合动力车辆变速器总成。使用螺丝刀之前,请在螺丝刀头部缠上胶带(a)。

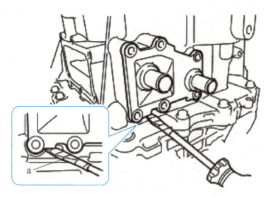

图 5-69 拆下 1 号电动机水套盖总成

（11）拆卸混合动力车辆发电机总成

如图 5-70 所示，用 2 个螺栓和垫圈安装发动机 1 号吊架和发动机 2 号吊架，扭矩 43N·m。安装发动机 1 号吊架时，使用合适厚度的垫圈使其不会与混合动力车辆发电机总成的安装表面相互干扰。

如图 5-71 所示，从混合动力车辆发电机总成上拆下 8 个螺栓。

如图 5-72 所示，从混合动力车辆发电机总成上拆下 8 个螺栓，从混合动力车辆电动机总成上拆下 2 个螺栓。

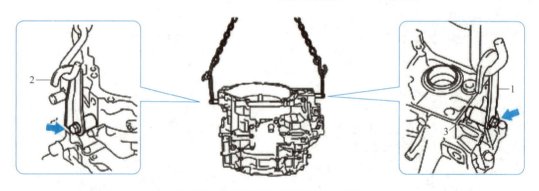

图 5-70 安装发动机 1 号吊架和 2 号吊架

1—发动机 1 号吊架；2—发动机 2 号吊架；3—螺栓

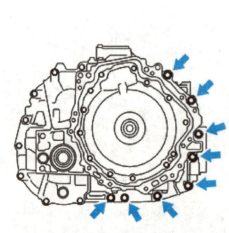

图 5-71 拆下 8 个螺栓

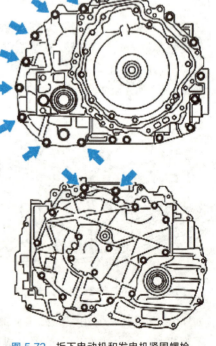

图 5-72 拆下电动机和发电机紧固螺栓

如图 5-73 所示，用链条升高混合动力车辆发电机总成时，用塑料锤敲击图示部位，并从混合动力车辆电动机总成上分离混合动力车辆发电机总成。

要垂直向上提升混合动力车辆发电机总成，如果混合动力车辆发电机总成倾斜，则拆下前使其回到原来的位置。

从混合动力车辆发电机总成上拆下 2 个螺栓、垫圈、发动机 1 号吊架和发动机 2 号吊架。

（12）拆卸变速器外壳油分离器

如图 5-74 所示，从混合动力车辆发电机总成上拆下 2 个螺栓和变速器外壳油分离器。

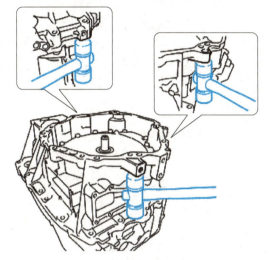

图 5-73 拆下混合动力车辆发电机总成

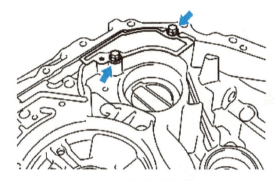

图 5-74 拆下变速器外壳油分离器

（13）拆卸前桥右半轴油封

如图 5-75 所示，使用 SST（专用工具）和锤子，从混合动力车辆发电机总成上拆下前桥右半轴油封。

（14）拆卸滚锥轴承（右侧外座圈）

如图 5-76 所示，使用铜棒和锤子，从混合动力车辆发电机总成上拆下滚锥轴承（右侧外座圈）和差速器壳右侧垫片。不要损坏混合动力车辆发电机总成。

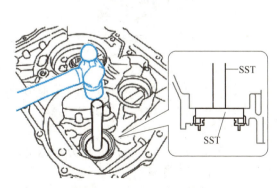

图 5-75 拆下前桥右半轴油封

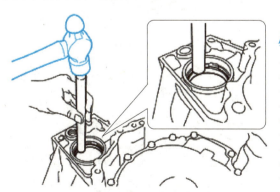

图 5-76 拆卸滚锥轴承（右侧外座圈）

（15）拆卸输入轴 T 形油封

如图 5-77 所示，使用 SST（专用工具），从混合动力车辆发电机总成上拆下输入轴 T 形油封。不要损坏混合动力车辆发电机总成。拆下混合动力车辆发电机总成时，确保更换输入轴 T 形油封。

（16）拆卸中间轴从动齿轮垫片

如图 5-78 所示，从中间轴从动齿轮总成上拆下中间轴从动齿轮垫片。

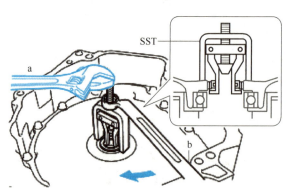

图 5-77　拆卸输入轴 T 形油封
a—固定；b—转动

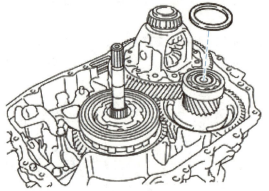

图 5-78　拆卸中间轴从动齿轮垫片

（17）拆卸驻车锁爪

如图 5-79 所示，从混合动力车辆电动机总成上拆下驻车锁爪和驻车锁爪轴。

（18）拆卸锁爪挡片

如图 5-80 所示，从混合动力车辆电动机总成上拆下 2 个螺栓和锁爪挡片。

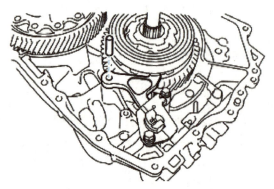

图 5-79　拆卸驻车锁爪

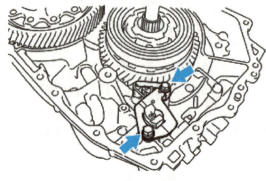

图 5-80　拆卸锁爪挡片

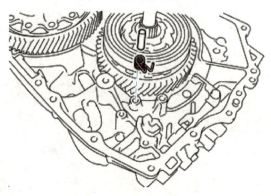

图 5-81　拆卸扭力弹簧

（19）拆卸扭力弹簧

如图 5-81 所示，从混合动力车辆电动机总成上拆下驻车锁爪轴和扭力弹簧。

（20）拆卸驻车锁套

如图 5-82 所示，从混合动力车辆电动机总成上拆下驻车锁套。

（21）拆卸手动锁止弹簧总成

如图 5-83 所示，从混合动力车辆电动机总成上拆下螺栓和手动锁止弹簧总成。

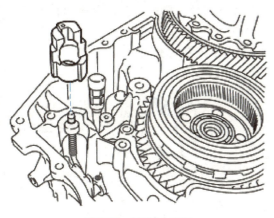

图 5-82 拆卸驻车锁套

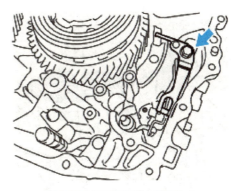

图 5-83 拆卸手动锁止弹簧总成

(22) 拆卸止动弹簧

如图 5-84 所示,从混合动力车辆电动机总成和 1 号驻车锁止轴上拆下止动弹簧。

(23) 拆卸 1 号驻车锁止轴

如图 5-85 所示,使用锤子和螺丝刀,切开隔垫并从 1 号驻车锁止轴上将其拆下。

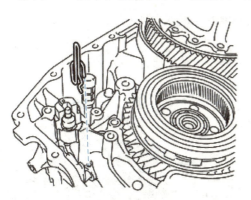

图 5-84 拆卸止动弹簧

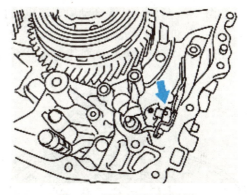

图 5-85 拆卸 1 号驻车锁止轴

如图 5-86 所示,使用 5mm 尖冲头和锤子,从 1 号驻车锁止轴上敲出开槽弹簧销。
如图 5-87 所示,从混合动力车辆电动机总成上拆下 1 号驻车锁止轴。

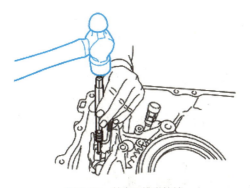

图 5-86 敲出开槽弹簧销

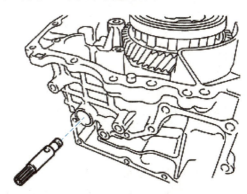

图 5-87 拆下 1 号驻车锁止轴

(24) 拆卸驻车锁杆总成

如图 5-88 所示，从混合动力车辆电动机总成上拆下 1 号驻车锁止杠杆总成和驻车杠杆总成。

如图 5-89 所示，从 1 号驻车锁止杠杆分总成上拆下驻车锁杆分总成。

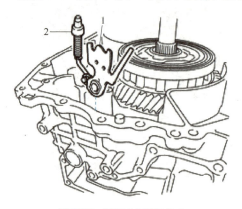

图 5-88 拆卸驻车锁杆总成

1—1 号驻车锁止杠杆总成；2—驻车杠杆总成

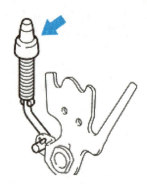

图 5-89 拆下驻车锁杆分总成

（25）拆卸变速器 1 号磁铁

如图 5-90 所示，从混合动力车辆电动机总成上拆下变速器 1 号磁铁。

（26）拆卸输入轴总成

如图 5-91 所示，从中间轴主动齿轮分总成上拆下输入轴总成。

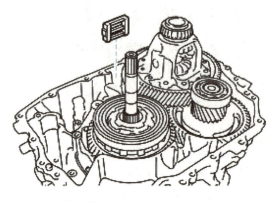

图 5-90 拆卸变速器 1 号磁铁

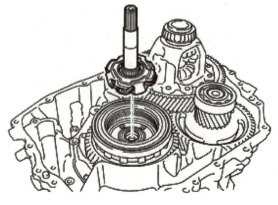

图 5-91 拆卸输入轴总成

（27）拆卸行星太阳齿轮

如图 5-92 所示，从输入轴总成上拆下行星太阳齿轮卡环和行星太阳齿轮。

（28）拆卸止推滚针轴承

如图 5-93 所示，从输入轴总成上拆下止推轴承座圈、止推滚针轴承、1 号止推轴承座圈。

（29）拆卸差速器壳总成

如图 5-94 所示，从混合动力车辆电动机总成上拆下差速器壳总成。

（30）拆卸中间轴从动齿轮分总成

如图 5-95 所示，从混合动力车辆电动机总成上拆下中间轴从动齿轮分总成。

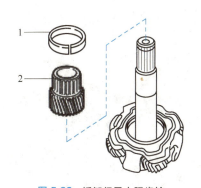

图 5-92 拆卸行星太阳齿轮

1—行星太阳齿轮卡环；2—行星太阳齿轮

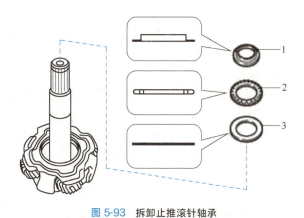

图 5-93 拆卸止推滚针轴承

1—止推轴承座圈；2—止推滚针轴承；3—1 号止推轴承座圈

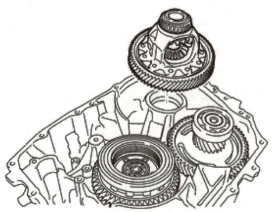

图 5-94 拆卸差速器壳总成

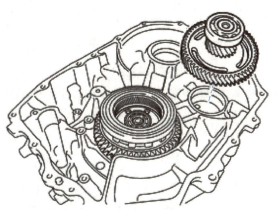

图 5-95 拆卸中间轴从动齿轮分总成

（31）拆卸中间轴主动齿轮总成

如图 5-96 所示，从 1 号后行星齿轮总成上拆下中间轴主动齿轮总成。

（32）拆卸 1 号后行星齿轮总成

如图 5-97 所示，从 1 号后行星齿轮总成上拆下中间轴主动齿轮总成。

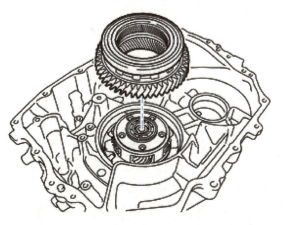

图 5-96 拆卸中间轴主动齿轮总成

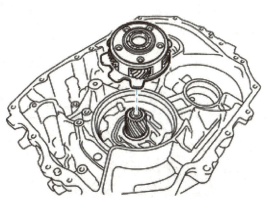

图 5-97 拆卸中间轴主动齿轮总成

（33）拆卸后行星太阳齿轮

如图 5-98 所示，使用卡环扩张器，从混合动力车辆电动机总成上拆下后行星太阳齿轮轴卡环。

如图 5-99 所示，从混合动力车辆电动车总成上拆下后行星太阳轮。

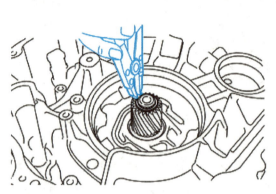

图 5-98　拆下后行星太阳齿轮轴卡环

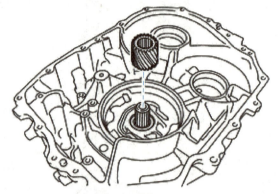

图 5-99　拆下后行星太阳轮

（34）拆卸变速器滤油网

如图 5-100 所示，从混合动力车辆电动机总成上拆下螺栓和变速器滤油网。

如图 5-101 所示，从变速器滤油网上拆下 O 形圈。

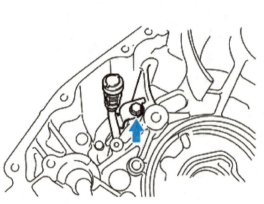

图 5-100　拆下螺栓和变速器滤油网

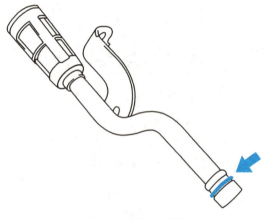

图 5-101　拆下 O 形圈

（35）拆卸前桥左半轴油封

如图 5-102 所示，使用 SST（专用工具）和锤子，从混合动力车辆电动机总成上拆下前桥左半轴油封。

（36）拆卸滚锥轴承（左侧外座圈）

如图 5-103 所示，使用铜棒和锤子，从混合动力车辆电动机总成上拆下滚锥轴承（左侧外座圈）。不要损坏混合动力车辆电动机总成。

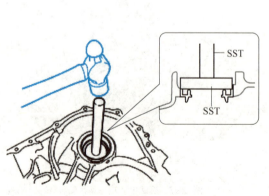

图 5-102　拆卸前桥左半轴油封

（37）拆卸换挡控制执行器密封

如图 5-104 所示，使用螺丝刀，从混合动力车辆电动机总成上拆下换挡控制执行器密封。使用螺丝刀之前，请在螺丝刀头部缠上胶带（a），不要损坏混合动力车辆电动机总成。

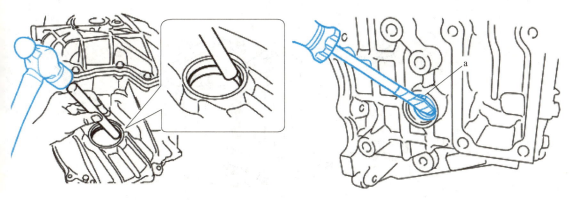

图 5-103　拆卸滚锥轴承（左侧外座圈）　　　图 5-104　拆卸换挡控制执行器密封

（38）拆卸滚锥轴承（右侧内座圈）

如图 5-105 所示，使用 SST（专用工具），从差速器壳分总成上拆下滚锥轴承（右侧内座圈）。

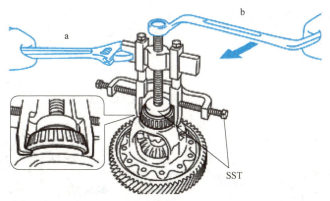

图 5-105　拆卸滚锥轴承（右侧内座圈）
a—固定；b—转动

（39）拆卸滚锥轴承（左侧内座圈）

如图 5-106 所示，使用 SST（专用工具），从差速器壳分总成上拆下滚锥轴承（左侧内座圈）。

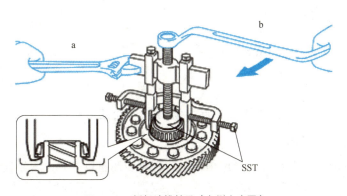

图 5-106　拆卸滚锥轴承（左侧内座圈）
a—固定；b—转动

(40) 拆卸径向滚珠轴承（左侧）

如图5-107所示，使用SST（专用工具），从中间轴从动齿轮分总成上拆下径向滚珠轴承（左侧）。

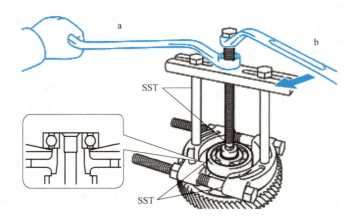

图 5-107 拆卸径向滚珠轴承（左侧）

a—固定；b—转动

(41) 拆卸径向滚珠轴承（右侧）

如图5-108所示，使用SST（专用工具），从中间轴从动齿轮分总成上拆下径向滚珠轴承（右侧）。

(42) 拆卸直销

如图5-109所示，从混合动力车辆电动机总成上拆下2个直销。

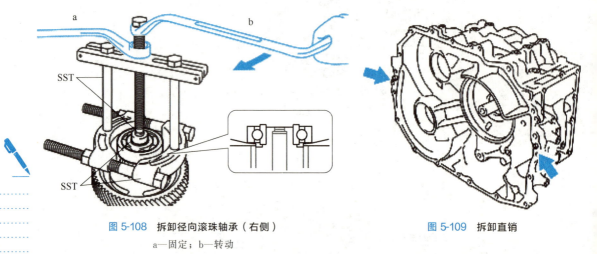

图 5-108 拆卸径向滚珠轴承（右侧）
a—固定；b—转动

图 5-109 拆卸直销

项目实施五　混合动力汽车变速器检测

(1) 检查输入轴轴向间隙

如图5-110所示，使用SST（专用工具）和百分表测量输入轴总成轴向间隙，其标准轴向间隙为0.1~0.2mm，如果测量值不符合规定，则用任一正确厚度的行星太阳齿轮卡环更换。

(2) 检查1号后行星齿轮总成与小齿轮之间的间隙

如图5-111所示，使用塞尺，测量1号后行星齿轮总成和小齿轮之间的间隙，其标准间隙为0.11～0.91mm，如果值不符合规定，则更换1号后行星齿轮总成。

图5-110 检查输入轴轴向间隙

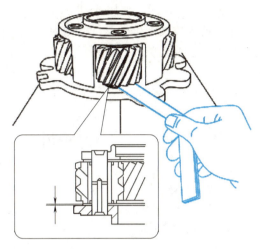

图5-111 检查1号后行星齿轮总成与小齿轮间隙

项目实施六　混合动力汽车变速器安装

(1) 安装直销

如图5-112所示，使用塑料锤，将2个直销敲入混合动力车辆电动机总成，标准凸出部分高度：7.0～8.5mm。

(2) 安装径向滚珠轴承（左侧）

如图5-113所示，使用SST和压力机，将径向滚珠轴承（左侧）安装到中间轴从动齿轮分总成上。确保安装径向滚珠轴承（左侧）到位，以使径向滚珠轴承（左侧）和中间轴从动齿轮分总成之间没有间隙。

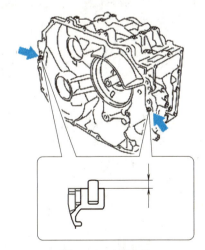

图5-112 安装直销

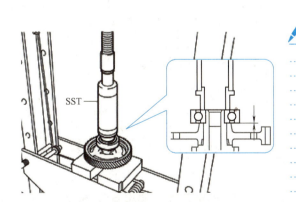

图5-113 安装径向滚珠轴承（左侧）

(3) 安装径向滚珠轴承（右侧）

如图5-114所示，使用SST和压力机，将径向滚珠轴承（右侧）安装到中间轴从动齿轮分总成上。确保安装径向滚珠轴承（右侧）到位，以使径向滚珠轴承（右侧）和差速器主动小齿轮之间没有间隙。

（4）安装滚锥轴承（左侧内座圈）

如图 5-115 所示，使用 SST 和压力机，将滚锥轴承（左侧内座圈）安装到差速器壳分总成上。确保安装滚锥轴承（左侧内座圈）到位，以使滚锥轴承（左侧内座圈）和差速器壳分总成之间没有间隙。

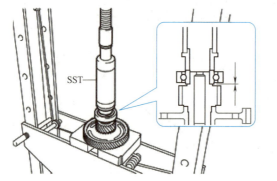

图 5-114　安装径向滚珠轴承（右侧）　　　　图 5-115　安装滚锥轴承（左侧内座圈）

（5）安装滚锥轴承（右侧内座圈）

如图 5-116 所示，使用 SST 和压力机，将滚锥轴承（右侧内座圈）安装到差速器壳分总成上。确保安装滚锥轴承（右侧内座圈）到位，以使滚锥轴承（右侧内座圈）和差速器壳分总成之间没有间隙。

（6）安装滚锥轴承（左侧外座圈）

如图 5-117 所示，使用 SST 和锤子，将滚锥轴承（左侧外座圈）安装到混合动力车辆电动机总成上。如果滚锥轴承（左侧外座圈）变形或损坏，则用新的更换，确保安装滚锥轴承（左侧外座圈）到位，以使滚锥轴承（左侧外座圈）和混合动力车辆电动机总成之间没有间隙。

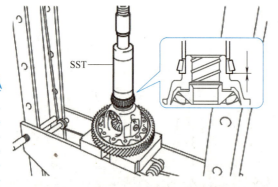 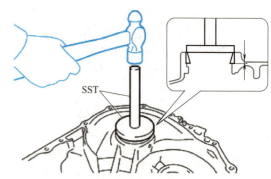

图 5-116　安装滚锥轴承（右侧内座圈）　　　　图 5-117　安装滚锥轴承（左侧外座圈）

（7）安装滚锥轴承（右侧外座圈）

如图 5-118 所示，使用 SST 和锤子，将滚锥轴承（右侧外座圈）和差速器壳右侧垫片安装到混合动力车辆发电机总成上。如果差速器壳右侧垫片或滚锥轴承（右侧外座圈）变形或损坏，则用新的更换。确保安装滚锥轴承（右侧外座圈）到位，以使滚锥轴承（右侧外座圈）和混合动力车辆发电机总成之间没有间隙。

（8）调节预紧力

① 如图 5-119 所示，将差速器壳分总成安装到混合动力车辆电动机总成上。

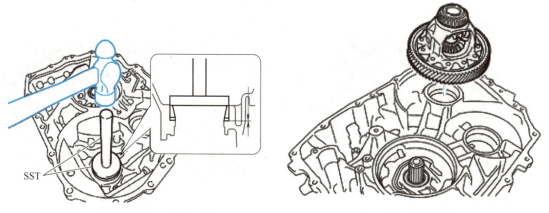

图 5-118　安装滚锥轴承（右侧外座圈）　　　图 5-119　安装差速器壳

② 如图 5-120 所示，用 2 个螺栓和垫圈安装发动机 1 号吊架和发动机 2 号吊架。

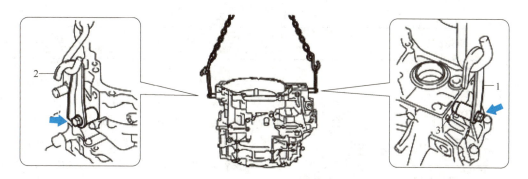

图 5-120　安装发动机 1 号吊架和发动机 2 号吊架

1—发动机 1 号吊架；2—发动机 2 号吊架；3—螺栓

安装发动机 1 号吊架时，使用合适厚度的垫圈使其不会与混合动力车辆发电机总成的安装表面相互干扰，扭矩：43N·m。

③ 使用吊链装置和起重机，将混合动力车辆发电机总成安装到混合动力车辆电动机总成上。

④ 如图 5-121 所示，将 8 个螺栓安装到混合动力车辆发电机总成上，扭矩：29.4N·m。

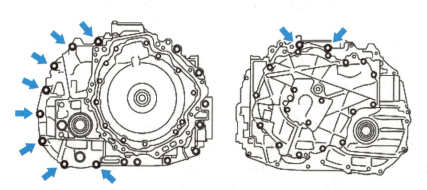

图 5-121　安装混合动力车辆发电机总成

⑤ 如图 5-121 所示,将 2 个螺栓安装到混合动力车辆电动机总成上,扭矩:29.4N·m。

⑥ 如图 5-122 所示,将 8 个螺栓安装到混合动力车辆发电机总成上,扭矩:29.4N·m。

⑦ 如图 5-123 所示,使用 SST 和扭矩扳手测量差速器壳分总成的起动扭矩。

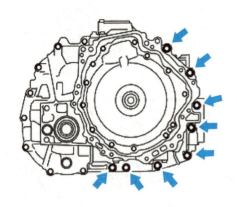

图 5-122 安装 8 个螺栓

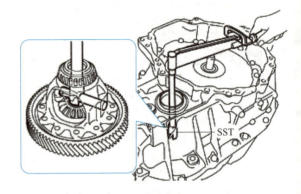

图 5-123 测量差速器壳分总成的起动扭矩

标准预紧力如表 5-6 所示。

表 5-6 标准预紧力

起动扭矩	新滚锥轴承	1.3~2.9N·m
	重复使用的滚锥轴承	0.9~2.3N·m

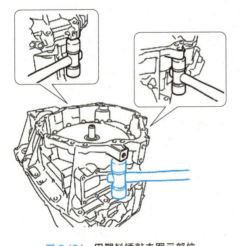

图 5-124 用塑料锤敲击图示部位

测量前,来回转动差速器行星齿轮轴以使轴承入座。如果差速器壳右侧垫片或滚锥轴承(右侧外座圈)变形或损坏,则用新的更换。

⑧ 如图 5-124 所示,从混合动力车辆电动机总成和混合动力车辆发电机总成上拆下 18 个螺栓。用链条升高混合动力车辆发电机总成时,用塑料锤敲击图示部位,并从混合动力车辆电动机总成上分离混合动力车辆发电机总成。

⑨ 用链条升高混合动力车辆发电机总成时,将其从混合动力车辆电动机总成上拆下。垂直向上提升混合动力车辆发电机总成。如果混合动力车辆发电机总成倾斜,则拆下前使其回到原来的位置。

⑩ 从混合动力车辆电动机总成上拆下差速器壳分总成。

⑪ 从混合动力车辆发电机总成上拆下 2 个螺栓、垫圈、发动机 1 号吊架和发动机 2 号吊架。

(9) 安装换挡控制执行器密封

① 在换挡控制执行器密封唇口上涂抹少量通用润滑脂。

② 如图 5-125 所示,使用 SST 和锤子,将新换挡控制执行器密封安装到混合动力车辆电动机总成上。标准深度:8.5~9.8mm。

(10) 安装前桥左半轴油封

① 如图 5-126 所示，使用 SST 和锤子，将新的前桥左半轴油封安装到混合动力车辆电动机总成上，标准深度：-0.5~0.5mm。不要使异物黏附在前桥左半轴油封唇口，不要倾斜安装前桥左半轴油封。

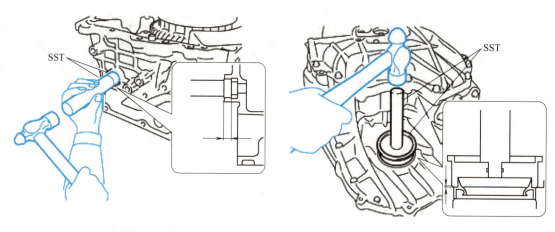

图 5-125　安装换挡控制执行器密封　　　图 5-126　安装前桥左半轴油封

② 在前桥左半轴油封唇口上涂抹少量通用润滑脂。

(11) 安装变速器滤油网

① 如图 5-127 所示，在新 O 形圈上涂抹 ATF，并将其安装到变速器滤油网上。

② 如图 5-128 所示，用螺栓将变速器滤油网安装到混合动力车辆电动机总成上，扭矩：15N·m。将变速器滤油网的棘爪对准肋片。

图 5-127　O 形圈

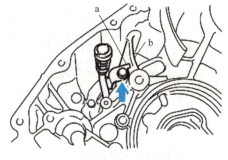

图 5-128　安装变速器滤油网
a—棘爪；b—肋片

(12) 安装后行星太阳齿轮

① 如图 5-129 所示，将后行星太阳齿轮安装到混合动力车辆电动机总成上。

② 如图 5-130，使用卡环扩张器，将新的后行星太阳齿轮轴卡环安装到混合动力车辆电动机总成上。不要过度扩张后行星太阳齿轮轴卡环。将驱动桥壳转至一侧，拉出转子轴并安装后行星太阳齿轮轴卡环。

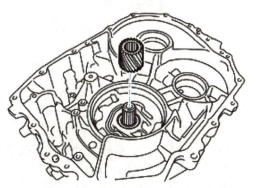

图 5-129　安装后行星太阳齿轮

③ 如图 5-131 所示，转动后行星太阳齿轮轴卡环，检查并确认其未松动。

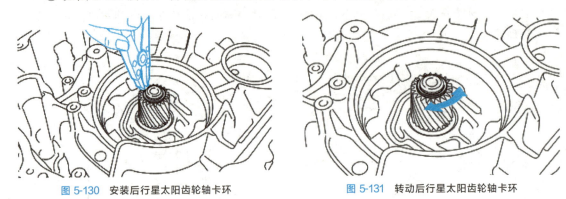

图 5-130　安装后行星太阳齿轮轴卡环　　　　图 5-131　转动后行星太阳齿轮轴卡环

（13）安装 1 号后行星齿轮总成

如图 5-132 所示，将 1 号后行星齿轮总成安装到后行星太阳齿轮上。

（14）安装中间轴主动齿轮分总成

如图 5-133 所示，将中间轴主动齿轮分总成安装到 1 号后行星齿轮总成上。

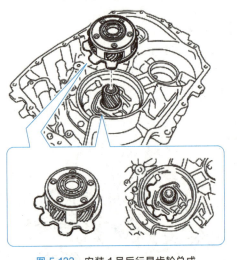
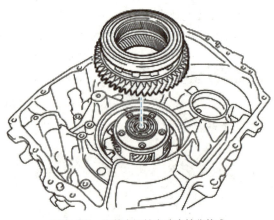

图 5-132　安装 1 号后行星齿轮总成　　　　图 5-133　安装中间轴主动齿轮分总成

（15）安装中间轴从动齿轮分总成

如图 5-134 所示，将中间轴从动齿轮分总成安装到混合动力车辆电动机总成上。

（16）安装差速器壳分总成

如图 5-135 所示，将差速器壳分总成安装到混合动力车辆电动机总成上。

（17）安装止推滚针轴承

① 在止推滚针轴承的接触面上涂抹 ATF。

② 如图 5-136 所示，将 1 号止推轴承座圈、止推滚针轴承和止推轴承座圈安装到输入轴总成上。

（18）安装输入轴总成

如图 5-137 所示，将输入轴总成安装到中间轴主动齿轮分总成上。

（19）安装行星太阳齿轮

① 如图 5-138 所示，将行星太阳齿轮安装到输入轴总成上。

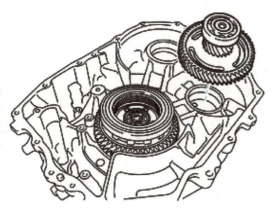

图 5-134　安装中间轴从动齿轮分总成

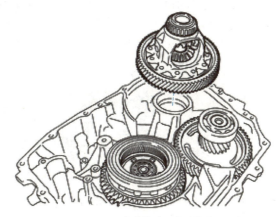

图 5-135　安装差速器壳分总成

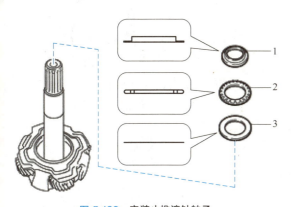

图 5-136　安装止推滚针轴承

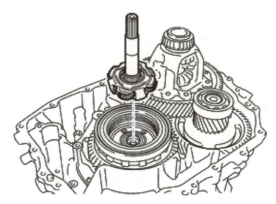

图 5-137　安装输入轴总成

1—止推轴承座圈；2—止推滚针轴承；3—1 号止推轴承座圈

② 选择行星太阳齿轮卡环。

使用直尺和游标卡尺，测量图 5-139 中所示的尺寸（A），尺寸（A）：测量值－直尺厚度。

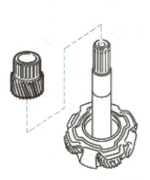

图 5-138　安装行星太阳齿轮

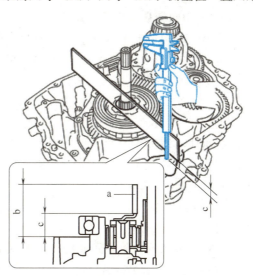

图 5-139　测量尺寸 A

a—直尺；b—测量区域；c—尺寸（A）

使用直尺和游标卡尺，测量图 5-140 中所示的尺寸（B），尺寸（B）：测量值－直尺厚度，在未安装行星太阳齿轮卡环的情况下测量尺寸。

如图 5-141 所示，计算尺寸（C），尺寸（C）：尺寸（A）－尺寸（B）。

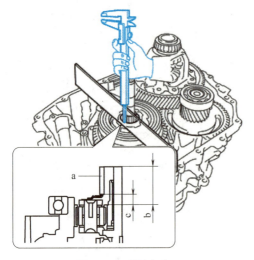

图 5-140　测量尺寸 B
a—直尺；b—测量区域；c—尺寸（B）

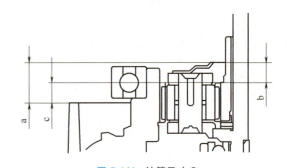

图 5-141　计算尺寸 C
a—尺寸（A）；b—尺寸（B）；c—尺寸（C）

使用直尺和游标卡尺，测量图 5-142 中所示的尺寸（D），尺寸（D）：测量值－直尺厚度。

选择行星太阳齿轮卡环，标准值：行星太阳齿轮卡环厚度＝尺寸（D）－尺寸（C）－（0.1～0.2mm）。输入轴总成应有 0.1～0.2mm 的间隙。因此，选择行星太阳齿轮卡环时可使用上述公式。

③ 如图 5-143 所示，将行星太阳齿轮卡环安装到输入轴总成上。

(20) 安装中间轴从动齿轮垫片

① 选择中间轴从动齿轮垫片。使用直尺和游标卡尺，测量图 5-144 中所示的尺寸（A），尺寸（A）：测量值－直尺厚度。

使用直尺和游标卡尺，测量图 5-145 中所示的尺寸（B），尺寸（B）：测量值－直尺厚度。

选择中间轴从动齿轮垫片，标准值：中间轴从动齿轮垫片厚度＝尺寸（A）－尺寸（B）－（0～0.2mm）。中间轴从动齿轮分总成应有 0～0.2mm 的间隙。因此，在选择中间轴从动齿轮垫片时使用上述公式。

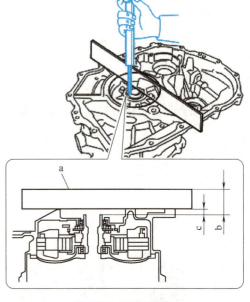

图 5-142　测量尺寸 D
a—直尺；b—测量区域；c—尺寸（D）

② 如图 5-146 所示，将中间轴从动齿轮垫片安装到中间轴从动齿轮总成上。

(21) 安装变速器 1 号磁铁

如图 5-147 所示，将变速器 1 号磁铁安装到混合动力车辆电动机总成上。

（22）安装驻车锁杆分总成

如图 5-148 所示,将槽与 1 号驻车锁止杠杆分总成上的凸出部分对准,并安装驻车锁杆分总成。

（23）安装 1 号驻车锁止轴

① 如图 5-149 所示,将新隔垫安装到 1 号驻车锁止杠杆总成上。

② 如图 5-150 所示,将 1 号驻车锁止杠杆总成和驻车锁杆总成安装到混合动力车辆电动机总成上。

③ 如图 5-151 所示,将 1 号驻车锁止轴安装到混合动力车辆电动机总成上。

④ 如图 5-152 所示,使用 5mm 尖冲头和锤子,将新开槽弹簧销敲入 1 号驻车锁止轴。

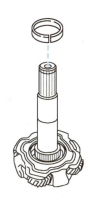

图 5-143　安装行星太阳齿轮卡环

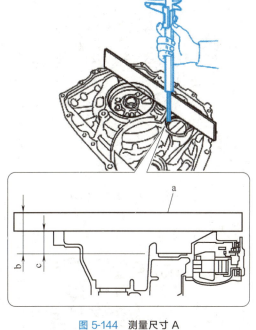

图 5-144　测量尺寸 A

a—直尺；b—测量区域；c—尺寸（A）

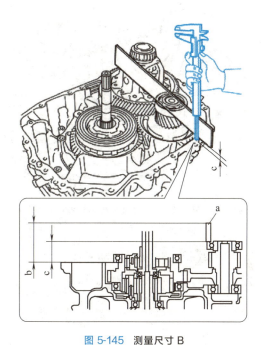

图 5-145　测量尺寸 B

a—直尺；b—测量区域；c—尺寸（B）

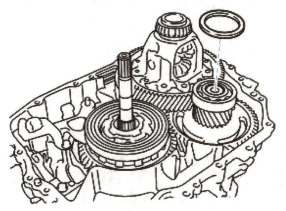

图 5-146　安装中间轴从动齿轮垫片

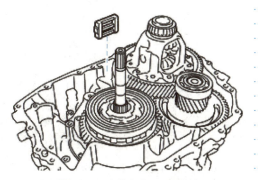

图 5-147　安装变速器 1 号磁铁

图 5-148 安装驻车锁杆分总成

图 5-149 安装隔垫

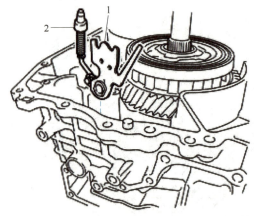
图 5-150 安装 1 号驻车锁止杠杆总成和驻车锁杆总成
1—1 号驻车锁止杠杆总成；2—驻车锁杆总成

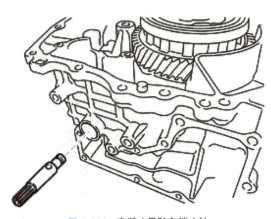
图 5-151 安装 1 号驻车锁止轴

⑤ 如图 5-153 所示转动隔垫。

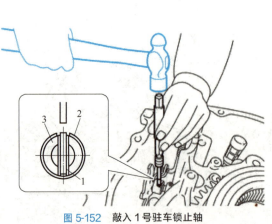
图 5-152 敲入 1 号驻车锁止轴
1—开槽弹簧销；2—隔垫；3—1 号驻车锁止轴

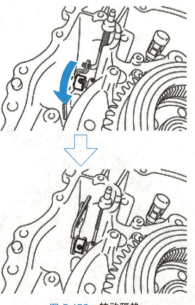
图 5-153 转动隔垫

⑥ 如图5-154所示，使用3mm尖冲头和锤子，锁紧隔垫，锁紧隔垫后，确保其牢固固定（a）。

（24）安装止动弹簧

如图5-155所示，将止动弹簧安装到混合动力车辆电动机总成和1号驻车锁止轴上。检查并确认止动弹簧牢固安装到1号驻车锁止轴的凹槽内。

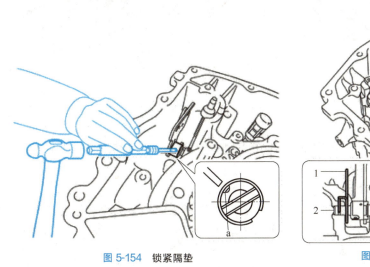
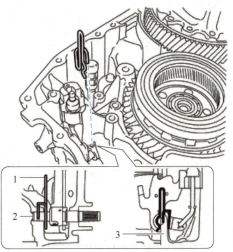

图5-154 锁紧隔垫

图5-155 安装止动弹簧

1—止动弹簧；2—1号驻车锁止轴；
3—混合动力车辆电动机总成

（25）安装手动锁止弹簧分总成

如图5-156所示，用螺栓将手动锁止弹簧总成安装到混合动力车辆电动机总成上，扭矩：24.5N·m。

（26）安装驻车锁套

如图5-157所示，将驻车锁套安装到混合动力车辆电动机总成上。

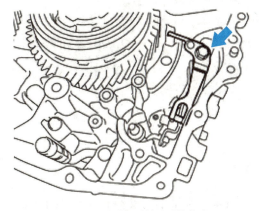
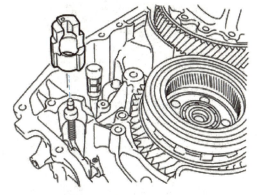

图5-156 安装手动锁止弹簧总成

图5-157 安装驻车锁套

（27）安装扭力弹簧

如图5-158所示，将驻车锁爪轴和扭力弹簧安装到混合动力车辆电动机总成上。

（28）安装锁爪挡片

如图5-159所示，用2个螺栓将锁爪挡片安装到混合动力车辆电动机总成上，扭矩：24.5N·m。

图 5-158　安装扭力弹簧　　　　　　图 5-159　安装锁爪挡片

（29）安装驻车锁爪

如图 5-160 所示，用驻车锁爪轴将驻车锁爪安装到混合动力车辆电动机总成上，确保扭力弹簧安装在驻车锁爪和锁爪挡片上。

（30）安装输入轴 T 形油封

① 如图 5-161 所示，使用 SST 和锤子，将新输入轴 T 形油封安装到混合动力车辆发电机总成上，其标准深度：1.0～1.8mm。不要使异物黏附在输入轴 T 形油封唇口，不要倾斜安装输入轴 T 形油封。

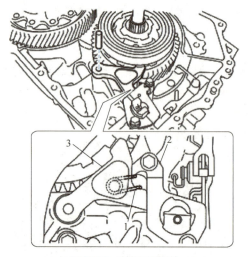 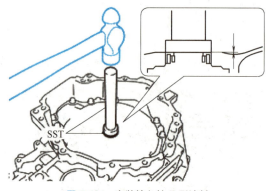

图 5-160　安装驻车锁爪　　　　　　图 5-161　安装输入轴 T 形油封

1—扭力弹簧；2—锁爪挡片；3—驻车锁爪

② 在输入轴 T 形油封唇口上涂抹少量通用润滑脂。

（31）安装前桥右半轴油封

① 如图 5-162 所示，使用 SST 和锤子，将新的前桥右半轴油封安装到混合动力车辆发电机总成上，其标准深度：-0.5～0.5mm。不要使异物黏附在前桥右半轴油封唇口，不要倾斜安装前桥右半轴油封。

② 在前桥右半轴油封唇口上涂抹少量通用润滑脂。

（32）安装变速器外壳油分离器

如图 5-163 所示，用 2 个螺栓将变速器外壳油分离器安装到混合动力车辆发电机总成上，扭矩：15N·m。

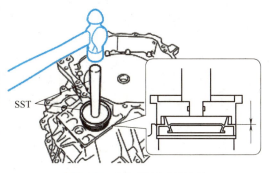

图 5-162 安装前桥右半轴油封

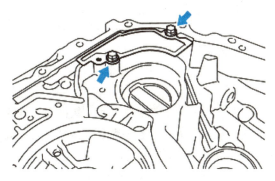

图 5-163 安装变速器外壳油分离器

(33) 安装混合动力车辆发电机总成

① 清洁混合动力车辆发电机总成的安装表面，不要使任何残留的密封胶进入混合动力车辆发电机总成，不要损坏安装表面。

② 清洁混合动力车辆电动机总成的安装表面，不要使任何残留的密封胶进入混合动力车辆电动机总成，不要损坏安装表面。

③ 如图 5-164 所示，在混合动力车辆电动机总成上涂抹密封胶，标准密封直径：1.5mm。

清洁安装表面，检查并清洁螺栓或螺栓

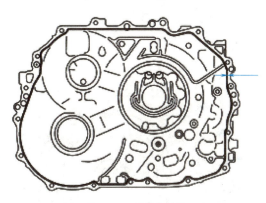

图 5-164 涂抹密封胶

孔。涂抹密封胶后 3min 内安装混合动力车辆发电机总成，并在 10min 内紧固螺栓。确保重叠密封胶的起点和终点。安装混合动力车辆发电机总成后至少 2h 内不要加注油液。安装混合动力车辆发电机总成后至少 2h 内不要启动发动机。

④ 如图 5-165 所示，用 2 个螺栓和垫圈安装发动机 1 号吊架和发动机 2 号吊架。

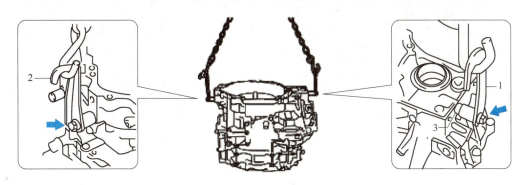

图 5-165 安装吊架

1—发动机 1 号吊架；2—发动机 2 号吊架；3—螺栓

安装发动机 1 号吊架时，使用合适厚度的垫圈使其不会与混合动力车辆发电机总成的安装表面相互干扰，扭矩：43N·m。

⑤ 使用吊链装置和起重机，将混合动力车辆发电机总成安装到混合动力车辆电动机总成上。

垂直向上提升混合动力车辆发电机总成，不要损坏输入轴 T 形油封和输入轴总成。如果难以安装混合动力车辆发电机总成，则左右转动输入轴总成并接合齿轮。转动时，不要用工具直接固定输入轴总成的花键。

⑥ 从混合动力车辆发电机总成上拆下 2 个螺栓、垫圈、发动机 1 号吊架和发动机 2 号吊架。

⑦ 如图 5-166 所示，将 8 个螺栓安装到混合动力车辆发电机总成上，扭矩：29.4N·m。

⑧ 如图 5-166 所示，将 2 个螺栓安装到混合动力车辆电动机总成上，扭矩：29.4N·m。

⑨ 如图 5-167 所示，将 8 个螺栓安装到混合动力车辆发电机总成上，扭矩：29.4N·m。

(34) 安装 1 号电动机水套盖总成

① 清洁混合动力车辆变速器总成的 1 号电动机水套盖总成安装表面，不要使任何残留的密封胶进入冷却液管路。

② 如图 5-168 所示，在 1 号电动机水套盖总成上涂抹密封胶。标准密封直径：1.5mm。

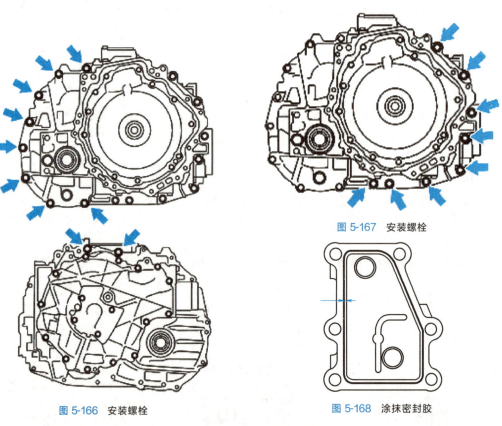

图 5-166 安装螺栓　　图 5-167 安装螺栓　　图 5-168 涂抹密封胶

清洁并去除安装面的油脂。清洁并去除螺栓和螺栓孔的油污。在涂抹密封胶后 3 分钟内安装 1 号电动机水套盖总成，并在 10 分钟内紧固螺栓。确保重叠密封胶的起点和终点。安装 2 号电动机水套盖总成后，至少 1 小时不要加注冷却液。安装 1 号电动机水套盖总成后至少 2 小时内不要将电源开关置于 ON（READY）位置，以防发动机启动。

③ 如图 5-169 所示，用 6 个螺栓将 1 号电动机水套盖总成安装到混合动力车辆变速器总成上，扭矩：18N·m。

(35) 安装 2 号电动机水套盖总成

① 清洁混合动力车辆变速器总成的 2 号电动机水套盖总成安装表面，不要使任何残留

的密封胶进入冷却液管路。

② 如图 5-170 所示，在 2 号电动机水套盖总成上涂抹密封胶。

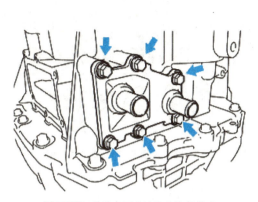

图 5-169　安装 1 号电动机水套盖总成

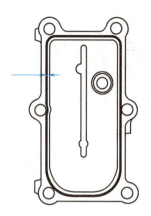

图 5-170　涂抹密封胶

清洁并去除安装面的油脂。清洁并去除螺栓和螺栓孔的油污。在涂抹密封胶后 3 分钟内安装 2 号电动机水套盖总成，并在 10 分钟内紧固螺栓。确保重叠密封胶的起点和终点。安装 2 号电动机水套盖总成后，至少 2 小时不要加注冷却液。安装 2 号电动机水套盖总成后，至少 2 小时不要将电源开关置于 ON（READY）位置。

③ 如图 5-171 所示，用 6 个螺栓将 2 号电动机水套盖总成安装到混合动力车辆变速器总成上，扭矩：18N·m。

④ 如图 5-172 所示，用 10mm 六角套筒扳手，将放油螺塞和新衬垫安装到 2 号电动机水套盖总成上，扭矩：39.2N·m。

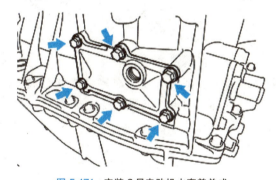

图 5-171　安装 2 号电动机水套盖总成

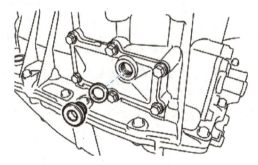

图 5-172　安装放油螺塞

（36）安装放油螺塞

如图 5-173 所示，用 10mm 六角套筒扳手，将放油螺塞和新衬垫安装到混合动力车辆变速器总成上，扭矩：50N·m。

（37）安装注油螺塞

如图 5-174 所示，用 10mm 六角套筒扳手，将注油螺塞和新衬垫安装到混合动力车辆变速器总成上，扭矩：50N·m。

（38）安装油泵驱动轴

如图 5-175 所示，将油泵驱动轴安装到混合动力车辆变速器总成上。

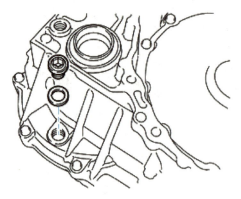

图 5-173 安装放油螺塞

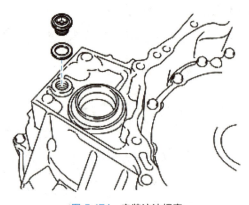

图 5-174 安装注油螺塞

(39) 安装变速器油泵盖总成

① 在一个新 O 形圈上涂抹 ATF，并将其安装到混合动力车辆变速器总成上，如图 5-176 所示。小心不要损坏 O 形圈。

② 在变速器油泵主动转子和变速器油泵从动转子上涂抹 ATF。

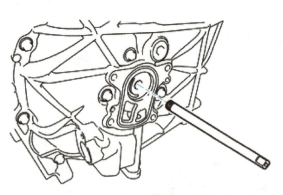

图 5-175 安装油泵驱动轴

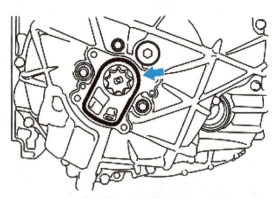

图 5-176 涂抹 ATF

③ 将变速器油泵主动转子和变速器油泵从动转子安装到混合动力车辆变速器总成上。将变速器油泵主动转子和变速器油泵从动转子上的装配标记对准。如果已更换变速器油泵主动转子或变速器油泵从动转子，则检查变速器油泵盖分总成的液压，如图 5-177 所示。

④ 如图 5-178 所示，用 4 个螺栓将变速器油泵盖分总成安装到混合动力车辆变速器总成上，扭矩：11N·m。确保安装过程中不会切割或挤压 O 形圈。

⑤ 在新 O 形圈上涂抹 ATF，并将其安装到油泵盖螺塞上。

⑥ 如图 5-179 所示，将油泵盖螺塞安装到变速器油泵盖分总成上，扭矩：8.0N·m。

(40) 安装带头直螺纹塞

① 清洁并去除螺栓孔的油污。

图 5-177 安装变速器油泵主动转子和从动转子

1—变速器油泵主动转子；2—变速器油泵从动转子；a—装配标记

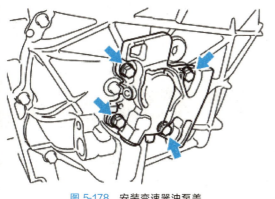

图 5-178 安装变速器油泵盖　　　　图 5-179 安装油泵盖螺塞

② 如图 5-180 所示，用 6mm 六角套筒扳手，将 2 个新带头直螺纹塞安装到混合动力车辆变速器总成上，扭矩：17.7N·m。

(41) 安装变速器通气塞

如图 5-181 所示，使用 14mm 连接螺母扳手（a），将变速器通气塞安装到混合动力车辆变速器总成上，规定紧固扭矩：11.3N·m。小心不要损坏变速器通气塞。

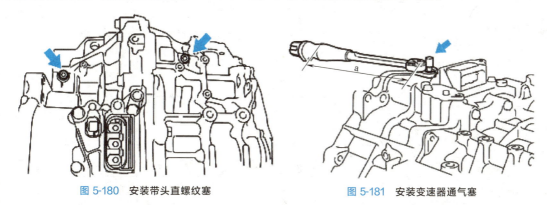

图 5-180 安装带头直螺纹塞　　　　图 5-181 安装变速器通气塞

(42) 安装换挡控制执行器总成

① 如图 5-182 所示，用 3 个新换挡控制执行器螺栓将换挡控制执行器总成安装到混合动力车辆变速器总成上，扭矩：9.5N·m。安装换挡控制执行器总成时，不要用塑料锤或类似工具敲击。

② 如图 5-183 所示，将 3 个新换挡控制执行器螺母安装到换挡控制执行器螺栓上。牢固各换挡控制执行器螺母，直到换挡控制执行器螺母的卡爪与换挡控制执行器螺栓接合。

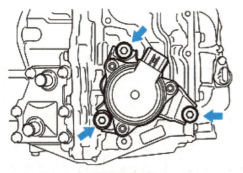 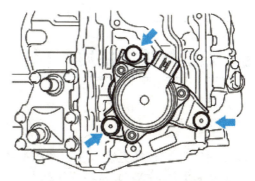

图 5-182 安装换挡控制执行器总成　　　　图 5-183 安装换挡控制执行器螺母

(43) 检查驻车锁止

① 将电源开关置于 ON（IG）位置。

② 踩下制动踏板并解除驻车制动。

③ 检查并确认选择驻车挡（P）。

④ 用手向前推动车辆，检查并确认微移动并停止。

⑤ 将换挡杆换至空挡。

⑥ 用手向前推动车辆，检查并确认其移动。

⑦ 按下 P 位置开关，检查并确认其稍微移动并停止。

⑧ 用手向前推动车辆，检查并确认其稍微移动并停止。

⑨ 再次进行步骤③～⑧，此时向后推动车辆。

学生项目实施评价表

你是否在教师的帮助下成功地完成项目任务？	是	否
知识目标		
你是否掌握混合动力汽车变速器的功能和分类？	☐	☐
你是否熟知混合动力汽车变速器的结构？	☐	☐
你是否理解混合动力汽车变速器的工作原理？	☐	☐
能力目标		
你是否会检查混合动力汽车变速器油压？	☐	☐
你是否会检查混合动力汽车变速器油的油量？	☐	☐
你是否会更换混合动力汽车变速器油？	☐	☐
你是否会更换混合动力汽车变速器或者其某个零部件？	☐	☐
你是否会对混合动力汽车变速器零部件进行测量？	☐	☐
素质目标		
你是否认识到混合动力汽车维修的高压危险？	☐	☐
你是否具备了混合动力汽车维修的安全意识？	☐	☐
你是否能在混合动力汽车变速器维修中做到认真负责、一丝不苟？	☐	☐
完成情况 　　所有上述表格必须是肯定回答。如果不是,应咨询教师是否需要增加学习活动,以达到要求的技能。 教师评语： 教师签字： 学生签字： 完成时间和日期：		

四、知识与技能拓展

电子无级变速器 ECVT 解析

1. ECVT 和普通无级变速器结构上的区别

无级变速器（CVT）是钢带与滑轮的组合，如图 5-184 所示。ECVT 结构的核心就是一套行星齿轮组和多个电机，如图 5-185 所示，ECVT 里面的电机有的负责发电，而有的负责驱动调节车速，与普通 CVT 相比，ECVT 要更为简单。ECVT 的关键就是通过行星排上的行星齿轮和调速电机来实现变速，这个过程完全是无缝衔接，所以叫它无级变速器，加上采用电控和电驱动，所以被称为 ECVT。

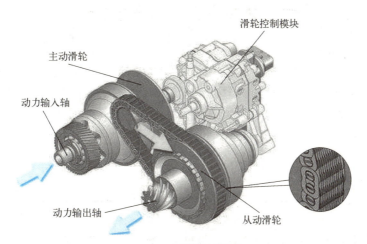

图 5-184　无级变速器结构

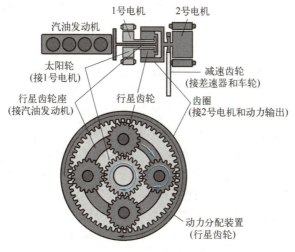

图 5-185　ECVT 的结构

2. ECVT 的特点

ECVT 传动效率高，可以直接承受大扭矩，但控制软件更为复杂。与普通 CVT 相比，ECVT 的结构甚至更简单，与前者类似的是都有行星齿轮结构，但没有液力变矩器、钢带等结构，从这点来看也远比普通 AT 变速器简单，结构简单的好处就是变速器可以做得更紧凑，这对于本身尺寸较小的车型来说非常重要。同时由于没有钢带等因素制约，ECVT 可以直接承受大扭矩，比如凯雷德的最大扭矩接近 500N·m。

由于没了液力变矩器等动力耦合部件，ECVT 的传动效率也非常高。普锐斯等混动车型之所以节油，一方面是发动机处于阿特金森（或类似阿特金森）循环状态，工况非常经济，另外一方面变速器较高的传动效率也功不可没。

ECVT 不但具有物理挡位，同时对于多个电机、发动机等的协作提出了非常高的要求，因此控制软件也比普通CVT复杂得多（实际上CVT的控制逻辑在自动变速器里面几乎是最简单的），这不但需要进行非常多的试验，同时也需要厂商在这方面的长期市场反馈积累，这一点对于丰田等混动系统开发经验丰富的厂商来说更具优势。

另外，ECVT对于控制电机的可靠性、功率与运行精度要求也非常高，普通自动变速器如果个别电磁阀失效还能勉强行驶，ECVT上的电机一旦失效，变速器就会完全停摆，这也是ECVT潜在的风险之一。

3. ECVT的应用车型

ECVT主要集中应用在凯迪拉克、雪佛兰、丰田、雷克萨斯等品牌的混动车型。

ECVT目前主要搭载在混动车型上，大家常见的横置发动机车型，如沃蓝达、普锐斯、凯美瑞，纵置发动机车型，如雷克萨斯GS、LS等都采用了不同设计方案但是原理类似的ECVT，而这些车型往往在动力和经济性方面表现得非常均衡。

五、项目小结

本项目主要针对混合动力汽车变速器的功能、分类、结构和工作原理进行了讲解，通过混合动力汽车变速器的油压检查、变速器油的检查与更换、油封更换和变速器拆装等六个实训项目的展开，读者应该掌握混合动力汽车变速器的知识，具备混合动力汽车变速器的维修能力。

思考与练习

1. 混合动力汽车的变速器和常规内燃机汽车变速器在功用上和结构上有什么不同？
2. 混合动力汽车的变速器一般由哪几部分组成？
3. 混合动力汽车的变速器的行星齿轮和传统AT的行星齿轮在作用上有什么不一样？
4. 混合动力汽车的变速器是怎么实现发动机和电机动力之间分配的？
5. ECVT和传统CVT有什么区别？
6. 为什么混合动力汽车在检查变速器油的时候发动机要置于检查模式？
7. 请查阅资料，简述一款混合动力汽车的结构和工作原理。
8. 为什么混合动力汽车发动机的起动机取消了？那发动机如何启动？
9. 请简述发动机和电动机之间的动力是怎么分配的？
10. 混合动力汽车的变速器是怎么实现倒车功能的？

项目六
控制系统结构原理与维修

思维导图:

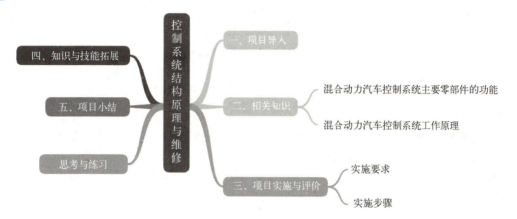

一、项目导入

故障案例:卡罗拉双擎 CVT 精英版车辆无法进入 EV 驱动模式,经维修技师检查,模式选择开关 EV 模式电路存在故障。

混合动力车辆使用 2 种动力源(如发动机和 HV 蓄电池),以利用各动力源提供的优势并弥补各自的劣势,从而实现高效运行。混合动力汽车一般都具有以下特征。

- 怠速停止

自动停止发动机的怠速运转(怠速停止)以减少能量损失。

- EV 行驶(高效行驶控制)

发动机效率低时,可以仅由电动机驱动车辆。此外,发动机效率高时可发电。执行控制以使车辆的总效率达到最高。

- EV 行驶模式

如果驾驶员操作开关且满足工作条件,车辆即可仅依靠电动机行驶。

- 电动机辅助

加速时,电动机补充发动机动力。

- 再生制动(能量再生)

减速期间和踩下制动踏板时,收集以热量形式损失的部分能量并作为电能重新使用,如用作电动机动力。

上述故障案例就是在驾驶员选择 EV 行驶模式时，车辆无法进入 EV 行驶模式。混合动力控制系统除了 EV 行驶模式控制之外还有很多控制内容，总的来说，混合动力控制系统包括车辆动力控制、SOC 控制、发动机控制、电机控制、逆变器控制、增压转换器控制、DC-DC 控制、系统主继电器控制、逆变器冷却系统控制、HV 蓄电池冷却系统控制、TRC（循迹防滑牵引力控制系统）/VSC（车身稳定性控制系统）协同控制、碰撞时 HV 蓄电池安全控制、换挡控制、EV 行驶模式控制、动力模式控制、环保模式控制、制动优先控制、发动机停机控制。

本项目通过对混合动力控制系统的主要零部件功能和控制原理进行讲解，同时，对混合动力汽车控制系统的故障诊断与排除流程进行讲解，使读者掌握相关知识和故障诊断与排除方法的同时具备混合动力控制系统的维修能力。

知识目标：
① 掌握混合动力汽车控制系统主要零部件组成；
② 掌握混合动力汽车控制系统主要零部件的功能；
③ 理解混合动力汽车各个子控制系统的工作原理；
④ 掌握故障诊断仪的使用方法；
⑤ 掌握混合动力汽车控制系统故障诊断与排除流程和方法。

能力目标：
① 具备查阅维修手册和电路图识读能力；
② 会使用故障诊断仪进行故障排除；
③ 能按照混合动力控制车辆控制系统故障诊断与排除流程和方法进行故障排除；
④ 具备高压电安全操作的能力。

素质目标：
① 培养信息收集与分析能力；
② 培养逻辑推理能力；
③ 培养良好的沟通、协调能力和表达能力。

二、相关知识

（一）混合动力汽车控制系统主要零部件的功能

混合动力汽车控制系统主要零部件和各个零部件功能如表 6-1 所示。

表 6-1 混合动力汽车控制系统主要零部件和功能

零 部 件	功 能
混合动力车辆 ECU 总成	1. 对混合动力系统进行综合控制； 2. 接收来自各种传感器和 ECU（ECM、MGECU、蓄电池智能单元和防滑控制 ECU）的信息，并据此计算所需扭矩及输出功率，混合动力车辆控制 ECU 总成将计算结果传输至 ECM、MGECU 和防滑控制 ECU； 3. 监视动力电池的 SOC； 4. 控制 DC-DC 转换器； 5. 控制逆变器水泵总成； 6. 控制蓄电池冷却鼓风机总成

续表

零部件		功能
混合动力车辆变速器总成	1号电动机发电机(MG1)	由发动机驱动的MG1产生高压电,以驱动MG2并为动力电池充电。同时,它还可作为起动机以启动发动机
	2号电动机发电机(MG2)	1. MG2由MG1和动力电池的电能驱动,产生驱动轮原动力; 2. 制动期间或未踩下加速踏板时,产生高压电为动力电池充电
	发电机角度传感器(MG1)	检测MG1的转子位置、转速和旋转方向
	电动机角度传感器(MG2)	检测MG2的转子位置、转速和旋转方向
	发电机温度传感器(MG1)	检测MG1的温度
	电动机温度传感器(MG2)	检测MG2的温度
	复合齿轮装置 动力分配行星齿轮机构	合理分配发动机原动力以直接驱动车辆及MG1
	复合齿轮装置 电动机减速行星齿轮	根据行星齿轮的特点降低MG2的转速,以增大扭矩
逆变器总成	逆变器	将增压转换器的直流转换为用于MG1和MG2的交流,反之亦然(从交流至直流)
	增压转换器	将动力电池的电压值增高,反之亦然
	DC-DC转换器	将动力电池电压逐步降至约直流14V,为电气部件供电,并为辅助蓄电池充电
	MGECU	根据混合动力车辆控制ECU总成发出的信号控制逆变器和增压转换器从而将MG1和MG2作为发电机或电动机运行
	大气压力传感器	检测大气压力
	逆变器总成的温度传感器	检测逆变器总成零件内的温度及冷却液温度
	逆变器电流传感器	检测MG1和MG2的电流
动力电池总成	动力电池	1. 根据车辆行驶状态,向MG1和MG2供电; 2. 根据SOC和车辆行驶状态,由MG1和MG2对其再充电
	电池温度传感器	检测动力电池零件内的温度
	电池进气温度传感器	检测动力电池冷却鼓风机总成的进气温度
动力电池接线盒总成	系统主继电器	利用混合动力车辆控制ECU总成的信号,连接和断开动力电池和逆变器总成之间的高压电路
	电池电流传感器	检测动力电池的输入和输出电流
蓄电池智能单元		1. 监视动力电池的状态(如电压、电流和温度)并将该信息传输至混合动力车辆控制ECU总成; 2. 监视高压系统的绝缘故障
维修塞把手		拆下维修塞把手进行车辆检查或保养时,切断动力电池的高压电路
互锁开关(维修塞把手/电源电缆连接器)		确认已安装维修塞把手和逆变器电源电缆连接器
电源电缆(线束组)		连接动力电池、带转换器的逆变器总成、混合动力车辆变速器总成和带电动机的压缩机总成
逆变器水泵总成		在混合动力车辆控制ECU总成的控制下运行,冷却带转换器的逆变器总成、MG1和MG2
蓄电池冷却鼓风机总成		在混合动力车辆控制ECU总成的控制下运行,冷却动力电池
辅助蓄电池		为电气部件供电
辅助蓄电池温度传感器		检测辅助蓄电池的温度
电源开关		启动和停止混合动力系统
加速踏板传感器总成		将加速踏板位置转化为电信号并将其发送至混合动力车辆控制ECU总成
换挡锁止控制单元总成	换挡杆位置传感器	将换挡杆位置(横向移动和纵向移动)转换为电信号,并将其发送至混合动力车辆控制ECU总成
P位置开关(变速器换挡主开关)		驾驶员操作P位置开关时,将P位置开关信号输出至混合动力车辆控制ECU总成
刹车灯开关		检测踩下制动踏板

续表

零部件		功　　能
组合开关总成	EV 行驶模式开关	驾驶员操作 EV 行驶模式开关时,将 EV 行驶模式开关信号发送至混合动力车辆控制 ECU 总成
	动力模式开关	驾驶员操作动力模式开关时,通过 ECM 将动力模式开关信号发送至混合动力车辆控制 ECU 总成
	环保模式开关	驾驶员操作环保模式开关时,将环保模式开关信号发送至混合动力车辆控制 ECU 总成
ECM		1. 根据接收自混合动力车辆控制 ECU 总成的目标发动机转速和所需发动机原动力对发动机进行控制； 2. 将各种发动机工作状态信号传输至混合动力车辆控制 ECU 总成
防滑控制 ECU		1. 制动期间,其计算所需再生制动力并将其传输至混合动力车辆控制 ECU 总成； 2. TRC 或 VSC 运行期间,将请求传输至混合动力车辆控制 ECU 总成以限制发动机原动力
空调放大器总成		将各种空调状态信号传输至混合动力车辆控制 ECU 总成
空气囊传感器总成		碰撞过程中,将空气囊展开信号传输至混合动力车辆控制 ECU 总成
组合仪表总成	混合动力系统指示仪	显示混合动力系统的系统动力输出和再生充电
	READY 指示灯	告示驾驶员车辆可以行驶
	主警告灯	根据多信息显示屏上显示的信息点亮或闪烁,蜂鸣器可能鸣响
	EV 行驶指示灯	EV 行驶期间点亮
	EV 模式指示灯	告知驾驶员已选择 EV 行驶模式
	动力模式指示灯	告知驾驶员已选择动力模式
	环保模式指示灯	告知驾驶员已选环保模式
	故障指示灯（MIL）	混合动力控制系统和发动机控制系统出现故障时点亮

（二）混合动力汽车控制系统工作原理

混合动力汽车控制系统工作原理图如图 6-1 和图 6-2 所示。

1. 混合动力车辆控制 ECU

混合动力车辆控制 ECU 利用来自加速踏板传感器总成的信号检测加速踏板踩下角度,并检测换挡位置信号,通过 MGECU 接收来自 MG1 和 MG2 角度传感器的转速信号。混合动力车辆控制 ECU 总成根据此信息确定车辆行驶状态,并对 MG1、MG2 和发动机原动力进行优化控制。此外,混合动力车辆控制 ECU 总成监视动力电池的 SOC 及动力电池、MG1 和 MG2 的温度,对 MG1、MG2 和发动机输出功率和扭矩进行最佳控制,以实现更低的燃油消耗和更清洁的废气排放。

图 6-3 为混合动力车辆控制 ECU 原理图,如该图所示,混合动力车辆控制 ECU 总成根据挡位传感器、加速踏板踩下的角度和车速计算目标原动力,并结合动力电池的 SOC 和温度计算发动机原动力。从目标原动力中减去发动机原动力所得的值即为 MG2 原动力。ECM 根据接收自混合动力车辆控制 ECU 总成的目标发动机转速和所需发动机原动力对发动机进行控制。此外,混合动力车辆控制 ECU 总成合理运行 MG1 和 MG2,以提供所需的 MG1 发电力和 MG2 原动力。

2. SOC 控制

图 6-4 为 SOC 控制原理图,如该图所示,混合动力车辆控制 ECU 总成通过估算动力电池的充电和放电安培数计算 SOC,根据计算出的 SOC 持续进行充电/放电控制,以将 SOC

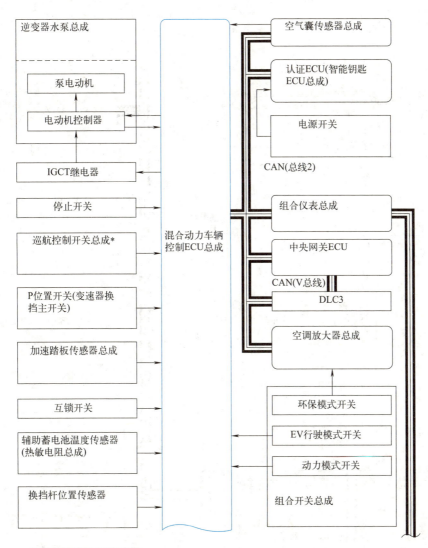

*：带巡航控制系统的车型

图6-1 混合动力汽车控制系统工作原理图

保持在目标范围内。车辆行驶过程中，动力电池经过反复的充电/放电循环，其在加速过程中由 MG2 放电，在减速过程中由再生制动充电。SOC 过低时，混合动力车辆控制 ECU 提高发动机的输出功率来操作 MG1 对动力电池充电。蓄电池智能单元将动力电池的相关信号（电压、电流和温度）转换为数字信号，并通过串行通信将其传输至混合动力车辆控制 ECU 总成，混合动力车辆控制 ECU 总成计算确定 SOC 时需要这些信号。

3. 发动机控制

图 6-5 为混合动力车辆的发动机控制原理图，如该图所示，ECM 接收混合动力车辆控制 ECU 总成发出的目标发动机转速和所需的发动机原动力，并控制 ETCS-i（智能电子节气门控制系统）、燃油喷射、点火正时、VVT-i 和 EGR 等发动机电控系统，同时，ECM 将发动机工作状态传输至混合动力车辆控制 ECU 总成。如果接收到混合动力车辆控制 ECU 总成发出的发动机停止信号后，ECM 停止发动机。

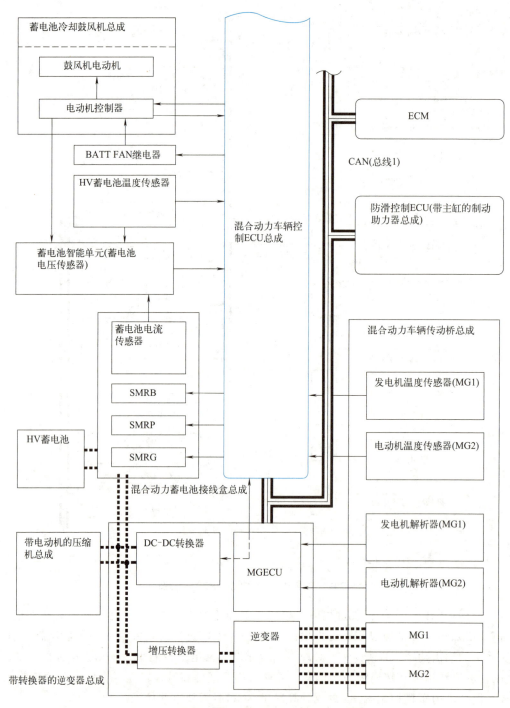

图 6-2 混合动力汽车控制系统工作原理图（续上）

4. 电机控制

由发动机驱动的 MG1 产生高压电，以驱动 MG2 并为动力电池充电。同时，它还可作为起动机以启动发动机。MG2 由 MG1 和动力电池的电能驱动，产生驱动轮原动力。制动期间（再生制动协同控制）或未踩下加速踏板时（能量再生），MG2 产生高压电为动力电池充电。选择空挡（N）时，MG1 和 MG2 基本关闭。如果要停止提供原动力，则需要停止驱动

MG1 和 MG2，因为 MG1 和 MG2 与驱动轮是机械连接的。

原动力计算流程：　　(目标原动力)-(发动机原动力)=(MG2原动力)

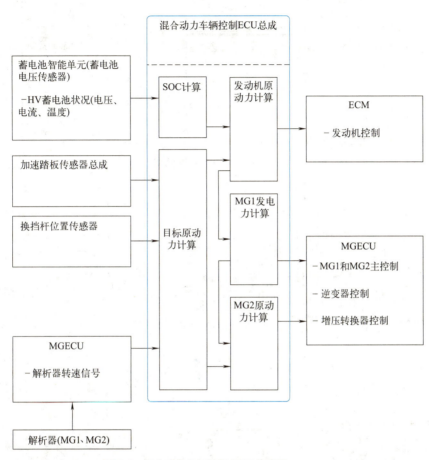

图 6-3　混合动力车辆控制 ECU 原理图

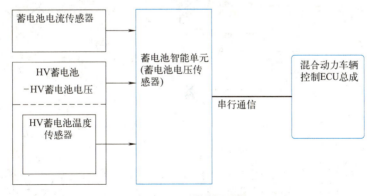

图 6-4　SOC 控制原理图

MGECU 根据混合动力车辆控制 ECU 总成的信号控制智能动力模块（IPM）内的绝缘栅双极晶体管（IGBT）。IGBT 用于切换各电动机发电机的 U、V 和 W 相，根据电动机发电机作为电动机或发电机进行的操作，6 个 IGBT 在 ON 和 OFF 间切换，控制各电机。

图 6-6 描述了电动机发电机用作电动机时的基本控制。IPM 内的 IGBT 在 ON 和 OFF

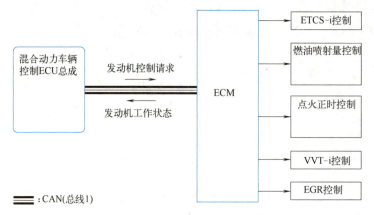

图 6-5　发动机控制原理图

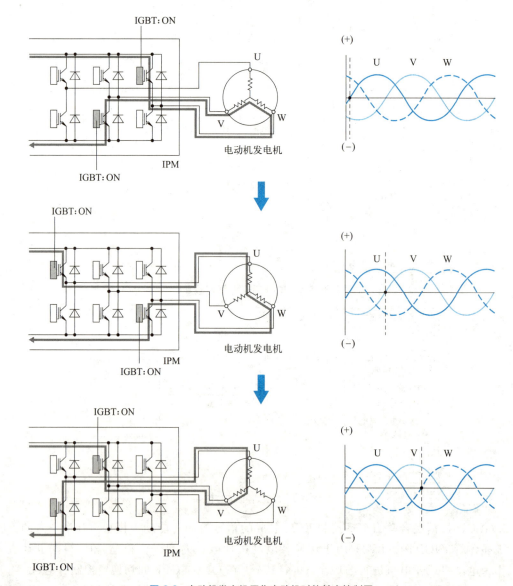

图 6-6　电动机发电机用作电动机时的基本控制图

间切换，为电动机发电机提供三相交流。为了产生由混合动力车辆控制ECU总成计算的所需电动机发电机的原动力，MGECU使IGBT在ON和OFF间切换以控制电动机发电机的转速。

图6-7描述了电动机发电机用作发电机时的基本控制。由车轮驱动的电动机发电机的3个相依次产生的电流用于对动力电池充电或驱动另一电动机发电机。

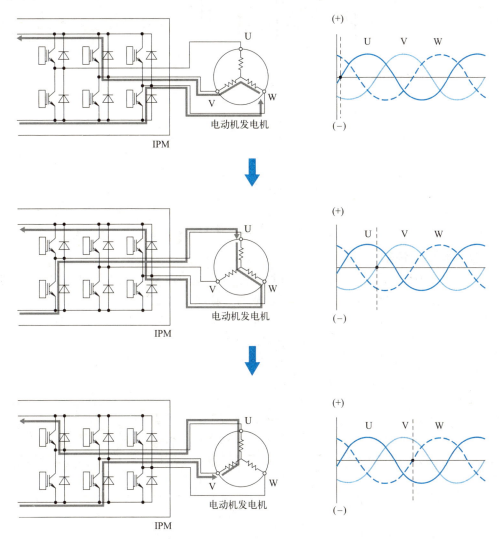

图6-7 电动机发电机用作发电机时的基本控制图

5. 逆变器控制

图6-8为逆变器控制原理图，如该图所示，根据混合动力车辆控制ECU总成通过MGECU提供的信号，逆变器将HV蓄电池的直流电转换为用于MG1和MG2的交流电，反之亦然。此外，逆变器用于将电能从MG1传输至MG2，此时，MG1产生的电流在逆变器内转换为直流后，再被逆变器转换回交流电供MG2使用，这是必要的，因为MG1输出的交流频率不适合控制MG2。

MGECU根据接收自混合动力车辆控制ECU总成的信号控制IPM以切换MG1和MG2的三相交流。混合动力车辆控制ECU总成接收到来自MGECU的过热、过电流或电压故障信号时，将切断控制信号传输至MGECU以断开IPM。

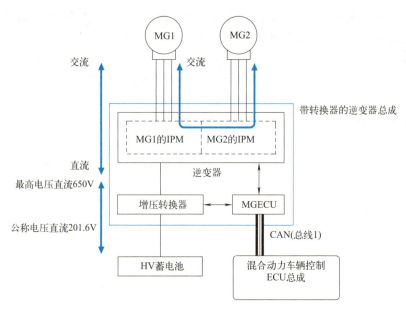

图 6-8 逆变器控制原理图

6. 增压转换器控制

图 6-9 为增压转换器的原理图，如该图所示，根据混合动力车辆控制 ECU 总成通过 MGECU 提供的信号，增压转换器将动力电池的公称电压升至适配电动机的电压。逆变器将 MG1 或 MG2 产生的交流电转换为直流，根据混合动力车辆控制 ECU 和 MGECU 提供的信号，增压转换器将产生的电压逐步降至公称电压。

增压转换器包括带内置 IGBT（执行切换控制）的增压 IPM、存储电能并产生电动势的电抗器和将增压的高压电进行充电和放电的电容器。

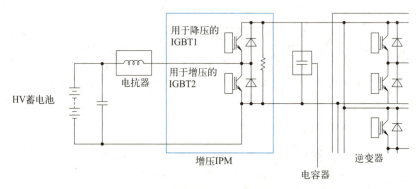

图 6-9 增压转换器的原理图

增压转换器增压的流程如下所述：

① 如图 6-10 所示，IGBT2 接通使动力电池为电抗器充电，从而使电抗器储存电能。

② 如图 6-11 所示，IGBT2 断开使电抗器产生电动势（电流持续从电抗器流出）。该电动势使电压升至适配电动机的高电压。在电抗器产生的电动势的作用下，电抗器中流出的电流以增压后的电压流入逆变器和电容器。

③ 如图 6-12 所示，IGBT2 再次接通，使动力电池的电压为电抗器充电。与此同时，通过释放电容器中存储的电能，继续向逆变器提供电能。

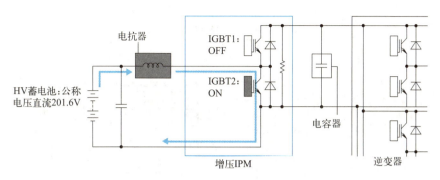

图 6-10　IGBT2 接通时电抗器充电原理图

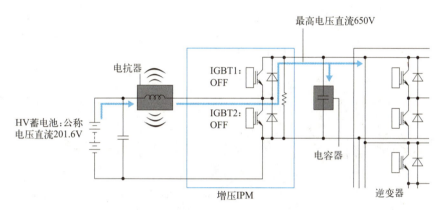

图 6-11　IGBT2 断开时电抗器产生电动势原理图

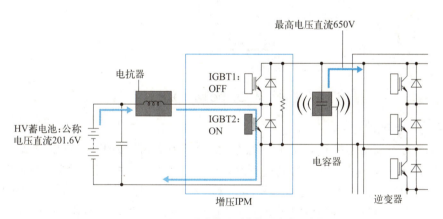

图 6-12　IGBT2 再次接通时电抗器充电原理图

　　MG1 或 MG2 产生的用于为动力电池充电的交流被逆变器转换为直流。然后，使用增压转换器将电压逐步降至约直流公称电压。这个操作是利用占空比控制使 IGBT1 在 ON 和 OFF 之间切换，间歇地中断逆变器对电抗器的供电完成的，其原理图如图 6-13 所示。

7. DC-DC 转换控制

　　图 6-14 为 DC-DC 控制原理图，如该图所示，DC-DC 转换器将动力电池的公称电压逐步降至约直流 14V，以为电气部件供电，并为辅助蓄电池充电。为调节 DC-DC 转换器的输出电压，混合动力车辆控制 ECU 总成根据辅助蓄电池温度传感器信号将输出电压请求信号输至 DC-DC 转换器。

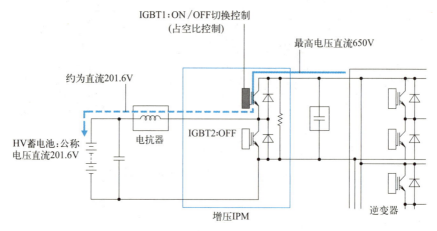

图 6-13 占空比控制原理图

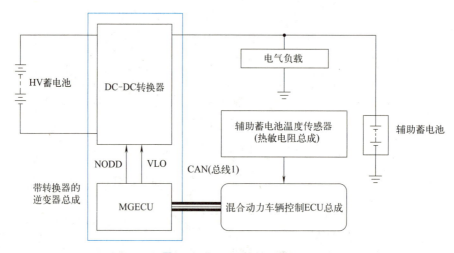

图 6-14 DC-DC 控制原理图

8. 系统主继电器控制

为确保能够可靠地连接和断开高压电路,混合动力车辆控制 ECU 总成控制 3 个系统主继电器连接和断开来自动力电池的高压电路,图 6-15 为系统主继电器控制原理图。如该图所示,混合动力车辆控制 ECU 总成还利用 3 个系统主继电器的工作,随时监视继电器触点的工作情况。系统主继电器共采用 3 个继电器以确保正常工作,1 个用于正极侧(SMRB),2 个用于负极侧(SMRP、SMRG)。

如图 6-16 所示,混合动力系统切换至 READY-on 状态时,混合动力车辆控制 ECU 总成依次接通 SMRB 和 SMRP,并通过预充电电阻器施加电流,随后,接通 SMRG 并绕过预充电电阻器施加电流,然后,断开 SMRP。由于受控电流以这种方式首先经过预充电电阻器,所以保护了电路中的触点,避免其因涌流而受损。

如图 6-17 所示,混合动力系统切换至 READY-on 状态以外的状态时,混合动力车辆控制 ECU 总成首先断开 SMRG,接下来,在确定 SMRG 是否正常工作后,断开 SMRB,然后,在确定 SMRB 是否正常工作后,接通 SMRP,然后断开。这样,混合动力车辆控制 ECU 总成便可确认相关继电器已正确断开。

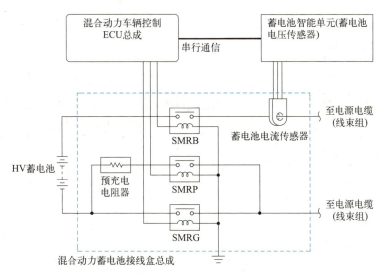

图 6-15 系统主继电器控制原理图

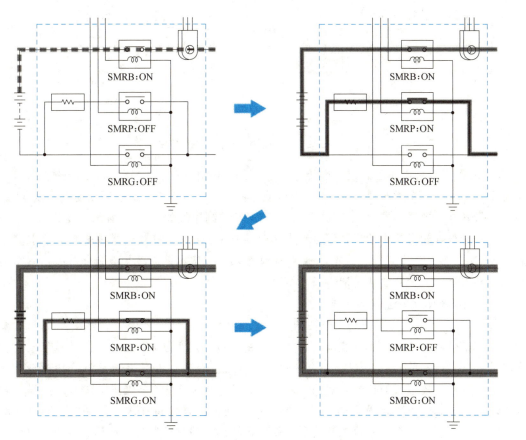

图 6-16 READY-on 状态时系统主继电器控制图

9. 逆变器总成的冷却系统控制

为了冷却带转换器的逆变器总成、MG1 和 MG2，MGECU 将温度传感器信号转换成数字信号，并通过 CAN 通信将其传输至混合动力车辆控制 ECU 总成。混合动力车辆控制

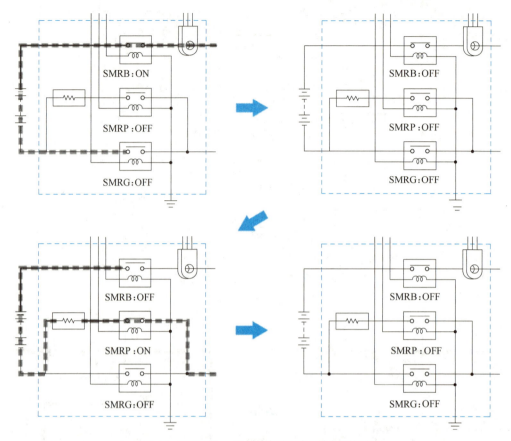

图 6-17 READY-on 以外状态时系统主继电器控制图

ECU 总成根据来自逆变器总成温度传感器、MG1 温度传感器和 MG2 温度传感器的信号调节水泵总成。混合动力车辆控制 ECU 总成使用占空比控制以 5 个级别驱动逆变器水泵总成，以冷却带转换器的逆变器总成、MG1 和 MG2。其控制原理如图 6-18 所示。

冷却液温度超过特定值后，混合动力车辆控制 ECU 总成将散热器风扇驱动请求信号传输至 ECM。作为对此信号的响应，ECM 驱动散热器风扇以抑制冷却液温度升高，从而确保冷却带转换器的逆变器总成、MG1 和 MG2。

10. HV 蓄电池冷却系统控制

如图 6-19 所示，为了使动力电池的温度保持在最佳水平，蓄电池智能单元将 HV 蓄电池的相关信号（电压、电流和温度）转换为数字信号，并通过串行通信将其传输至混合动力车辆控制 ECU 总成。混合动力车辆控制 ECU 总成接收来自 HV 蓄电池温度传感器和 HV 蓄电池进气温度传感器的信号，然后，混合动力车辆控制 ECU 总成使用占空比控制对蓄电池冷却鼓风机总成进行无级驱动，以使 HV 蓄电池的温度保持在规定范围内，同时，蓄电池智能单元检测执行冷却系统控制所需的鼓风机转速反馈频率并将其传输至混合动力车辆控制 ECU 总成。

11. 再生制动协同控制

如图 6-20 所示，驾驶员踩下制动踏板时，防滑控制 ECU 根据制动调节器压力和制动踏板行程计算所需总制动力。计算所需总制动力后，防滑控制 ECU 将再生制动力请求发送至

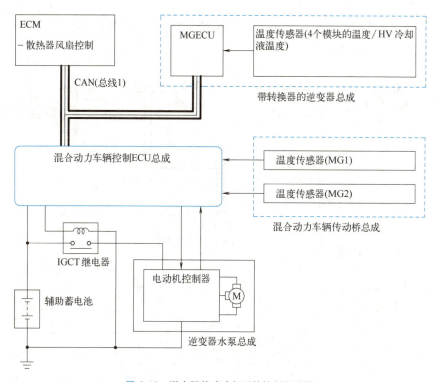

图 6-18　逆变器总成冷却系统控制原理图

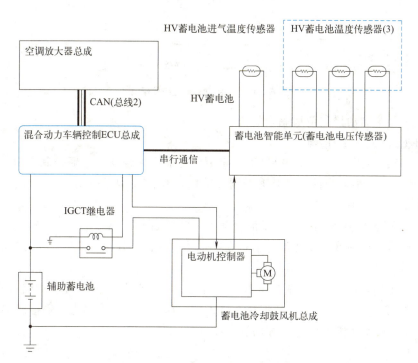

图 6-19　HV 蓄电池冷却系统控制原理图

混合动力车辆控制 ECU 总成。混合动力车辆控制 ECU 总成回复实际再生制动量（再生制动控制值）。混合动力车辆控制 ECU 总成使用 MG2 产生负扭矩（减速力），从而执行再生制动。防滑控制 ECU 控制制动执行器电磁阀并产生轮缸压力，产生的压力是从所需总制动

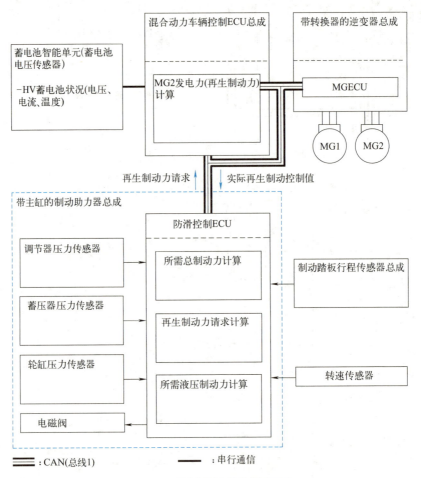

图 6-20 再生制动协同控制原理图

力中减去实际再生制动控制值后剩余的值。

12. TRC/VSC 协同控制

TRC 或 VSC 工作时，防滑控制 ECU 将请求传输至混合动力车辆控制 ECU，混合动力车辆控制 ECU 总成根据当前行驶状态控制发动机和 MG2 以限制原动力。

13. 碰撞时的控制

如图 6-21 所示，碰撞期间，如果混合动力车辆控制 ECU 总成接收到来自空气囊传感器总成的展开信号，将断开系统主继电器以切断动力电池的高压。

14. 换挡控制

混合动力车辆控制 ECU 总成根据换挡位置传感器和 P 位置开关提供的信号检测驾驶员所需挡位（P、R、N、D 或 S）。根据这些输入和工作状态，混合动力车辆控制 ECU 总成控制 MG1、MG2 和发动机以符合所选挡位。

15. EV 行驶模式控制

驾驶员操作 EV 行驶模式开关（组合开关总成）时，如果满足工作条件，则混合动力车辆控制 ECU 总成将仅使用 MG2 来驱动车辆，此时，EV 行驶模式指示灯将点亮。如果未满足工作条件而按下 EV 行驶模式开关，EV 行驶模式指示灯闪烁 3 次且蜂鸣器鸣响以告知驾驶员 EV 行驶模式开关操作被拒绝，无法进入 EV 行驶模式。如果车辆在 EV 行驶模式下行

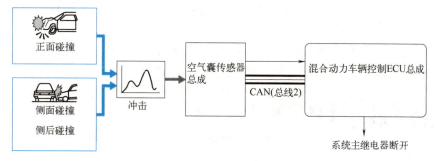

图 6-21 碰撞时电池安全控制原理图

驶过程中不再满足工作条件，EV 行驶模式指示灯将闪烁 3 次且蜂鸣器鸣响以告知驾驶员 EV 行驶模式即将取消。

纯 EV 工作条件（满足所有）：

① 混合动力系统温度不高（外界空气温度高或车辆上坡行驶或以高速行驶后，混合动力系统温度将会比较高）。

② 混合动力系统温度不低（外界空气温度低，车辆停止运行很长时间后混合动力系统温度会比较低）。

③ 发动机冷却液温度约为 0℃ 或更高。

④ SOC 约为 50% 或更高。

⑤ 车速约为 30km/h 或更低（发动机冷机条件）。

⑥ 车速约为 45km/h 或更低（发动机暖机条件）。

⑦ 加速踏板踩下量为特定值或者更低。

⑧ 除霜器关闭。

⑨ 巡航控制系统未工作。

16. 动力模式控制

驾驶员操作动力模式开关（组合开关总成）时，混合动力车辆控制 ECU 控制加速踏板的响应以优化加速。

17. 环保模式控制

驾驶员操作环保模式开关（组合开关总成）时，混合动力车辆控制 ECU 控制加速踏板的响应以支持环保驾驶，图 6-22 为不同模式下的原动力输出曲线图。

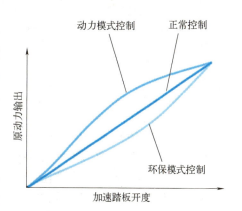

图 6-22 不同模式下的原动力输出曲线图

18. 制动优先系统

同时踩下加速踏板和制动踏板时，驱动限制。

19. 发动机停机系统

踩下制动踏板时，通过按下电源开关启动混合动力系统。此时，READY 指示灯一直闪烁直至完成系统检查。READY 指示灯点亮时，混合动力系统启动且车辆可以行驶。此时，即使驾驶员将电源开关置于 ON（READY）位置，混合动力车辆控制 ECU 总成也无法启动发动机。发动机仅在发动机冷却液温度、SOC、HV 蓄电池电气负载需要启动发动机等条件下启动。

驾驶员停止车辆并打开 P 位置开关时，混合动力车辆控制 ECU 总成使发动机继续运转。发动机将在 SOC、HV 蓄电池温度和电气负载状态达到规定值后停止。

驾驶过程中不得不停止混合动力控制系统时，按住电源开关 2 秒或更长的时间或连续按下电源开关 3 次或更多次可以强制停止该系统。此时，电源切换至 ON（READY）。

三、项目实施与评价

（一）实施要求

所需工具有举升机、混合动力汽车整车或者混合动力汽车实训台架、绝缘工具组件、万用表、绝缘手套和胶带等，如表 6-2 所示。

表 6-2　项目实施工具表

名称	图示	名称	图示
绝缘工具组件		绝缘工具箱	
绝缘套筒		绝缘棘轮扳手	
绝缘扭力扳手		绝缘手套	

（二）实施步骤

项目实施　混合动力汽车控制系统检修

1. 混合动力控制系统的零件位置

混合动力汽车控制系统的各零件位置如图 6-23～图 6-26 所示。

2. 混合动力控制系统电路图

混合动力汽车控制系统的电路图如图 6-27～图 6-33 所示。

3. 混合动力汽车控制系统检修

（1）检修流程

涉及混合动力汽车控制系统的故障都可以采用以下检修流程处理，流程图如图 6-34 所示。

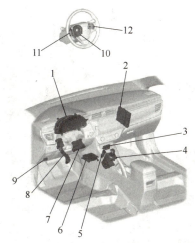

图 6-23 混合动力汽车控制系统零件位置图 1

1—组合仪表总成；2—混合动力车辆控制 ECU；3—组合开关总成（电源模式开关；EV 驱动模式开关；环保模式开关）；4—变速器地板式换挡总成；5—P 位置开关（变速器换挡总开关）；6—空气囊 ECU 总成；7—空调放大器总成；8—加速踏板传感器总成；9—DLC3；10—螺旋电缆分总成；11—左侧换挡拨板装置（变速器换挡开关总成）；12—右侧换挡拨板装置

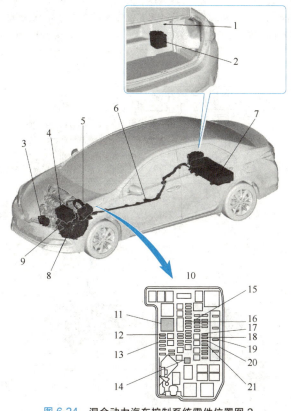

图 6-24 混合动力汽车控制系统零件位置图 2

1—热敏电阻总成；2—辅助蓄电池；3—带电动机的压缩机总成；4—带转换器的逆变器总成；5—ECM；6—HV 地板底部线束；7—HV 蓄电池；8—混合动力变速器总成；9—逆变器水泵总成；10—发动机室 1 号继电器盒和 1 号接线盒总成；11—IGCT 继电器；12—BATT-FAN 保险丝；13—1 号 ECU-IG2 保险丝；14—DC/DC 保险丝；15—IGCT-MAIN 保险丝；16—2 号 ECU-B 保险丝；17—2 号 IGCT 保险丝；18—INVW/PMP 保险丝；19—IG2 保险丝；20—PCU 保险丝；21—PM-IGCT 保险丝

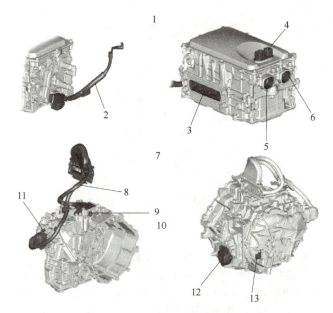

图 6-25 混合动力汽车控制系统零件位置图 3

1—带转换器的逆变器总成；2—发动机室 2 号线束；3—电动机电缆连接；4—低压连接器；5—高压输入；6—空调线束连接；7—混合动力车辆驱动桥总成；8—电动机电缆；9—发电机角度传感器；10—发电机温度传感器；11—电动机温度传感器；12—换挡控制执行器总成；13—电动机角度传感器

图 6-26 混合动力汽车控制系统零件位置图 4

1—维修塞把手；2—HV 蓄电池接线盒总成；3—系统主电阻器；4—SMRG；5—SMRP；6—SMRB；7—电流传感器；8—蓄电池鼓风机总成；9—混合动力蓄电池端子盒；10—蓄电池传感器

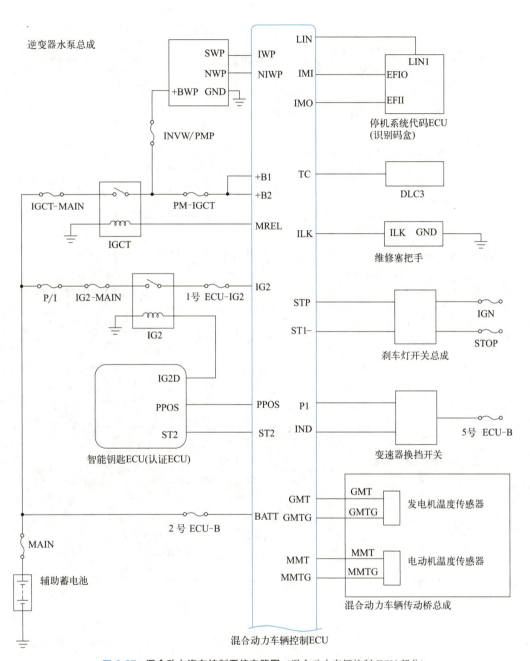

图 6-27 混合动力汽车控制系统电路图（混合动力车辆控制 ECU 部分）

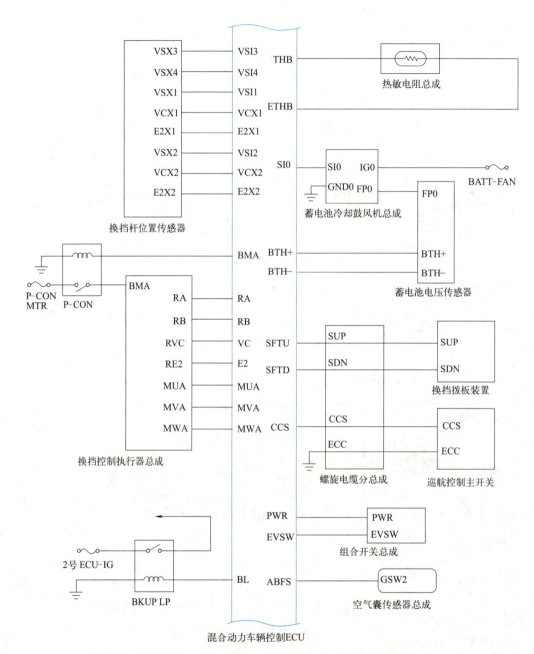

图 6-28 混合动力汽车控制系统电路图（混合动力车辆控制 ECU 部分，续上）

项目六 控制系统结构原理与维修

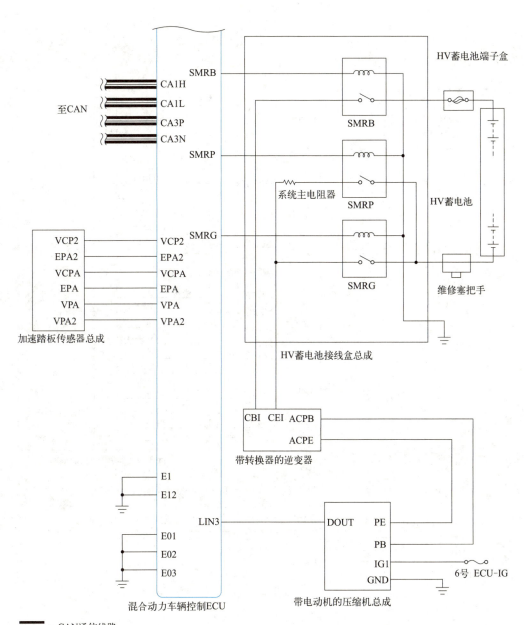

图 6-29 混合动力汽车控制系统电路图（混合动力车辆控制 ECU 部分，续上）

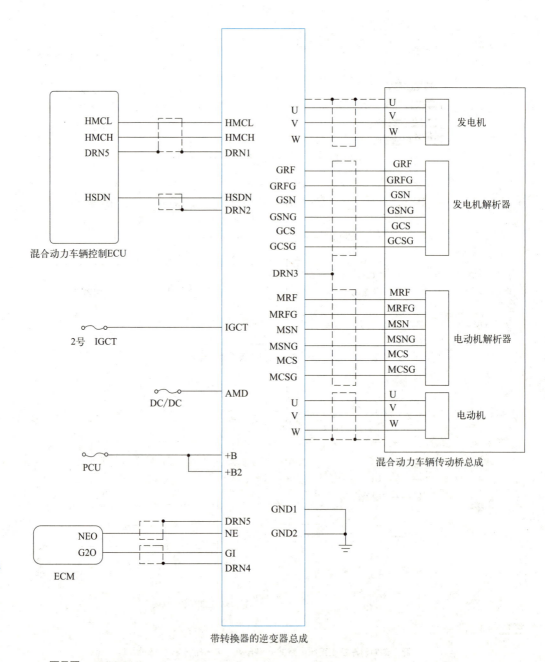

图 6-30 混合动力汽车控制系统电路图（逆变器部分）

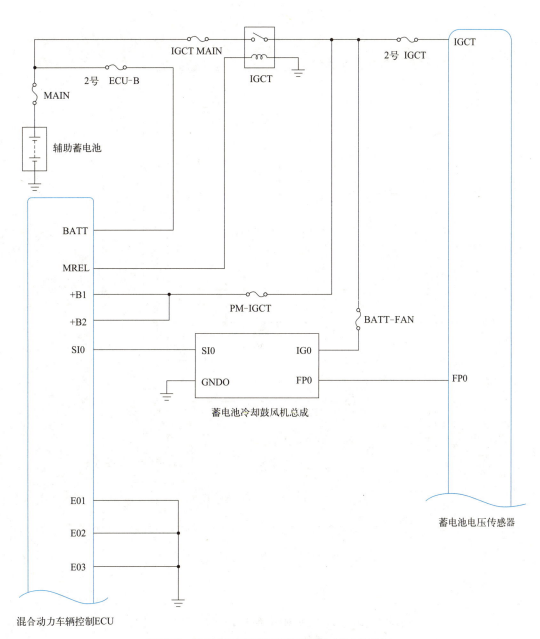

图 6-31 混合动力汽车控制系统电路图（蓄电池部分）

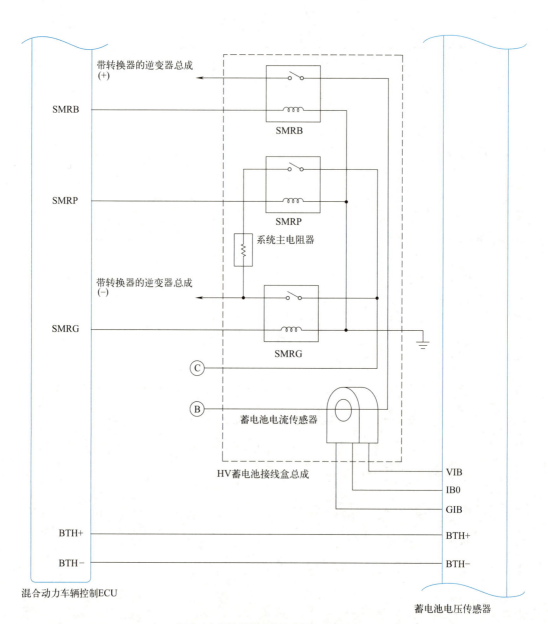

图 6-32 混合动力汽车控制系统电路图（蓄电池部分，续上）

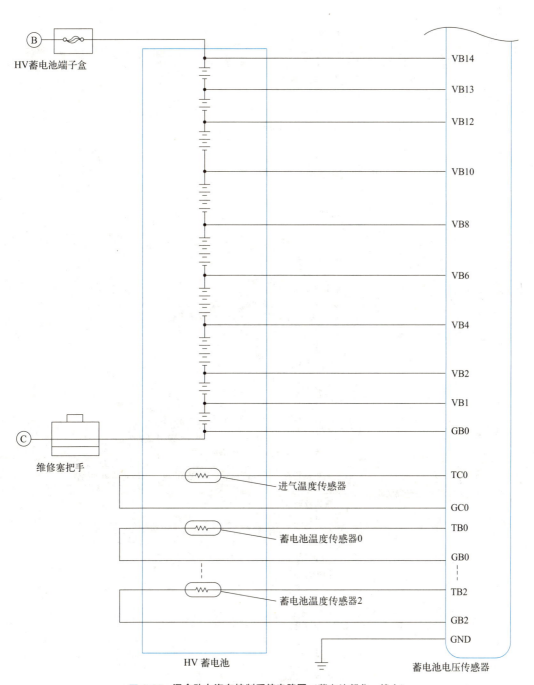

图 6-33 混合动力汽车控制系统电路图（蓄电池部分，续上）

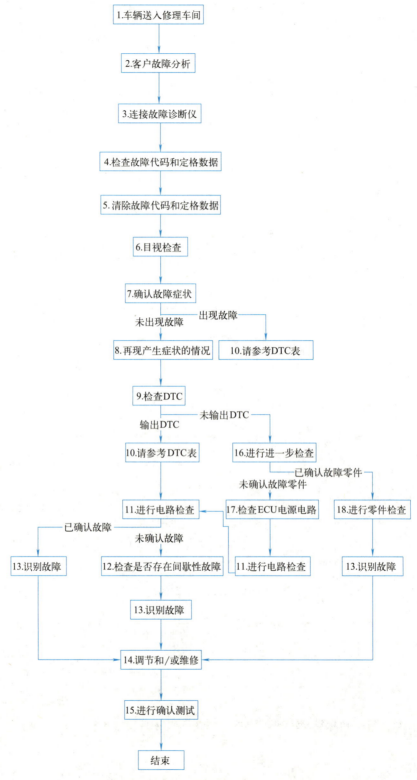

图 6-34 混合动力汽车控制系统故障诊断与排除流程图

(2）客户故障分析

进行故障排除时，应确认故障症状已准确判明。为了查明故障症状，向顾客询问故障发生时的症状和条件非常重要。收集尽可能多的信息以供参考。在某些情况下，过去看似无关的故障可能也会有帮助。以下五项是分析的重点，如表 6-3 所示。

表 6-3 客户故障分析重点表

1	何物	车型、系统名称
2	何时	日期、时间、发生频率
3	何地	路况
4	在什么条件下	工作条件和天气条件
5	如何发生	故障症状

(3) 丰田故障诊断仪 GTS 简介

对于早期以机械为主的汽车进行诊断，主要是依靠有一定检修经验的修理工，通过观察、触摸发动机、变速箱等部件的方式来判断症状所在。此类诊断方式准确度低，经验要求高，学习周期长，难以上手。当然这种诊断方式也会接触某些电子仪器，如万用表等等，但对于整体故障的排查和检修无法形成一个精确且完整的诊断体系。

ECU 与车载总线的加入使现代汽车的各方面性能大大提高，使得通过传统的检测方法对其进行诊断检修更加困难。从 1980 年前后，欧美国家各大汽车制造商开始对其生产的汽车安装 OBD 系统，当汽车某系统发生故障时，OBD 系统将故障信息存入 ECU 存储器，再通过诊断设备可以将故障信息从 ECU 中读出。根据读取的故障信息，检修人员能迅速准确地掌握当前汽车的故障所在。随着汽车智能化的进一步发展，1988 年，美国汽车工程师协会推出改进版的 OBD 系统——OBD-Ⅱ，同时要求各汽车制造企业按照 OBD-Ⅱ 的标准提供统一的诊断模式。

20 世纪 90 年代至今，计算机技术的快速发展使得大量数据处理成为可能，同时人工智能技术的发展使得专家诊断系统逐步建立，因此在此基础上汽车故障诊断向着智能诊断专家系统方向发展。汽车故障诊断仪又称汽车解码器，用来读取存储在汽车 ECU 中的故障信息、版本信息和汽车运行过程中的实时数据，是现代智能汽车检测技术的产物。其问世之后，任何一个检修人员只需学习简单的仪器操作即可完成大多数的汽车诊断工作，汽车诊断的效率和准确性大大提高。

丰田"Global Tech stream"是丰田汽车 2011 年开始在全球范围内提供的新一代的专用汽车诊断仪。与上一代传统的丰田汽车专用的"Intelligent TesterⅡ"不同，"Global Tech stream"是一款由 TMC 提供的基于电脑平台的专用汽车诊断仪。

"Global Tech stream"包含 2 部分：Global Tech stream 软件（GTS 软件）和 VIM 车辆连接模块。GTS 软件是 Global Tech stream 的核心，VIM 是用于连接汽车行车电脑和 Global Tech stream 软件的通信模块。检修技师可以使用 Global Tech stream 对车辆进行故障诊断和重新编程。

(4) 检查 DTC 与清除

① 检查 DTC（故障代码）。

a. 将 GTS 连接到 DLC3。

b. 将电源开关置于 ON（IG）位置，打开 GTS。

c. 进入以下菜单：Powertrain/HybridControl/TroubleCodes（动力系统/混合动力控制

系统/故障代码)。

d. 检查 DTC，如有必要将其记录下来，表 6-4 为不同 DTC 显示时的描述。

表 6-4 DTC 显示描述

显示项目	描述
确认(当前 DTC)	指示故障的 DTC
待定(待定 DTC)	• 指示暂时的故障 DTC • 尚未确认存在的故障,但有存在故障的可能

e. 检查 DTC 的详情。

如图 6-35 所示，有些 DTC 是双程检测逻辑，当故障只在一个工作行程被检测出时，储存待定码，如果在第二工作行程也被检查出，保持待定码显示的同时设置当前码和历史码。

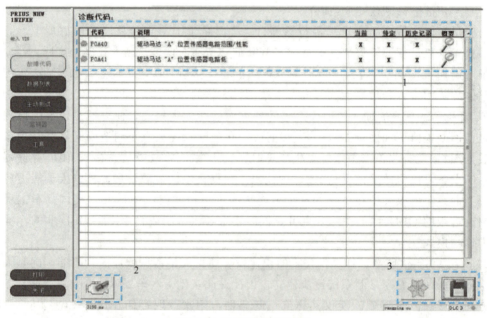

图 6-35 DTC 详情显示界面

混合动力汽车的故障代码如表 6-5 所示，依据此表可以快速地找到检查项目，进行故障排除。

表 6-5 混合动力汽车故障代码表

DTC 编号	检测项目	MIL (故障指示灯)	警告指示
P006962	歧管绝对压力、大气压力信号对比故障	不亮	主警告灯:点亮
P051511	辅助蓄电池温度传感器电路对搭铁短路(低电位)	不亮	主警告灯:不亮
P051515	辅助蓄电池温度传感器电路对蓄电池短路或断路(高电位)	不亮	主警告灯:不亮
P056014	系统电压电路对搭铁短路或断路	点亮	主警告灯:点亮
P060647	混合动力/EV 控制模块处理器微型计算机故障	点亮	主警告灯:点亮
P060687	混合动力/EV 控制模块处理器至副 CPU 丢失信息	点亮	主警告灯:点亮
P060694	控制模块处理器意外工作	点亮	主警告灯:点亮
P060A29	混合动力/EV 控制模块监视处理器信号无效	点亮	主警告灯:点亮
P060A44	混合动力/EV 控制模块监视处理器数据存储故障	点亮	主警告灯:点亮
P060A45	混合动力/EV 控制模块监视处理器程序存储故障	点亮	主警告灯:点亮
P060A47	混合动力/EV 控制模块监视处理器微型计算机故障	点亮	主警告灯:点亮

续表

DTC 编号	检测项目	MIL（故障指示灯）	警告指示
P060A49	混合动力/EV 控制模块监视处理器内部电子故障	点亮	主警告灯:点亮
P060A87	混合动力/EV 控制模块监视处理器至主 CPU 丢失信息	点亮	主警告灯:点亮
P060A94	内部控制模块监视处理器性能意外工作	点亮	主警告灯:点亮
P060B1C	混合动力/EV 控制模块 A/D 处理电路电压超出范围	点亮	主警告灯:点亮
P060B49	混合动力/EV 控制模块 A/D 处理器内部电子故障	点亮	主警告灯:点亮
P060B71	混合动力/EV 控制模块 A/D 处理器执行器卡滞	点亮	主警告灯:点亮
P062F46	发电机控制模块(EEPROM 学习值)校准/参数存储故障	点亮	主警告灯:点亮
P06881F	ECM/PCM 电源继电器感应电路间歇	不亮	主警告灯:点亮
P082112	换挡杆 X 位置传感器 1 对辅助蓄电池短路(高电位)	不亮	主警告灯:点亮
P082114	换挡杆 X 位置传感器 1 对搭铁短路或断路(低电位)	不亮	主警告灯:点亮
P082211	换挡杆 Y 位置传感器 1 对搭铁短路(低电位)	不亮	主警告灯:点亮
P082215	换挡杆 Y 位置传感器 1 对蓄电池短路或断路(高电位)	不亮	主警告灯:点亮
P085011	驻车挡/空挡开关电路对搭铁短路	不亮	主警告灯:点亮
P085015	驻车挡/空挡开关电路对蓄电池短路或断路	不亮	主警告灯:点亮
P0A0A13	高压系统互锁电路断路	不亮	主警告灯:点亮
P0A0A92	高压系统互锁性能或错误操作	不亮	主警告灯:点亮
P0A1B49	驱动电动机"A"控制模块内部电子故障	点亮	主警告灯:点亮
P0A1B94	驱动电动机"A"控制模块意外工作	点亮	主警告灯:点亮
P0A2A11	驱动电动机"A"温度传感器电路对搭铁短路	不亮	主警告灯:点亮
P0A2A15	驱动电动机"A"温度传感器电路对蓄电池短路或断路	不亮	主警告灯:点亮
P0A2A1C	驱动电动机"A"温度传感器电路电压超出范围	不亮	主警告灯:点亮
P0A2A1F	驱动电动机"A"温度传感器电路间歇	不亮	主警告灯:点亮
P0A3611	发电机温度传感器电路对搭铁短路(低电位)	不亮	主警告灯:点亮
P0A3615	发电机温度传感器电路对辅助蓄电池短路或断路(高电位)	不亮	主警告灯:点亮
P0A361C	发电机温度传感器电路电压超出范围	不亮	主警告灯:点亮
P0A361F	发电机温度传感器电路间歇	不亮	主警告灯:点亮
P0A8111	混合动力/EV 蓄电池冷却风扇 1 电路对搭铁短路	不亮	主警告灯:点亮
P0A8115	混合动力/EV 蓄电池冷却风扇 1 电路对辅助蓄电池短路或断路	不亮	主警告灯:点亮
P0A8196	混合动力/EV 蓄电池冷却风扇 1 零部件内部故障	不亮	主警告灯:点亮
P0A9300	逆变器"A"冷却系统	点亮	主警告灯:点亮
P0A9563	高压保险丝累计负载记录	不亮	主警告灯:不亮
P0A9B11	混合动力/EV 蓄电池温度传感器"A"电路对搭铁短路	点亮	主警告灯:点亮
P0A9B15	混合动力/EV 蓄电池温度传感器"A"电路对辅助蓄电池短路或断路	点亮	主警告灯:点亮
P0A9B1C	混合动力/EV 蓄电池温度传感器"A"电压超出范围	点亮	主警告灯:点亮
P0A9B2A	混合动力/EV 蓄电池温度传感器"A"信号区间卡滞	点亮	主警告灯:点亮
P0AA000	混合动力/EV 蓄电池正极触点	不亮	主警告灯:点亮
P0AA073	混合动力/EV 蓄电池正极触点执行器卡在关闭位置	不亮	主警告灯:点亮
P0AA373	混合动力/EV 蓄电池负极触点	不亮	主警告灯:点亮
P0AA649	混合动力/EV 蓄电池电压系统绝缘电阻减小	不亮	主警告灯:点亮
P0AA749	混合动力/EV 蓄电池绝缘传感器电路绝缘电阻减小	不亮	主警告灯:点亮
P0AAC11	混合动力/EV 蓄电池空气温度传感器"A"电路对搭铁短路	不亮	主警告灯:点亮
P0AAC15	混合动力/EV 蓄电池空气温度传感器"A"电路对辅助蓄电池短路或断路	不亮	主警告灯:点亮
P0ABF00	混合动力/EV 蓄电池电流传感器"A"电路范围/性能	点亮	主警告灯:点亮
P0ABF11	混合动力/EV 蓄电池电流传感器"A"电路对搭铁短路	点亮	主警告灯:点亮
P0ABF15	混合动力/EV 蓄电池电流传感器"A"电路对辅助蓄电池短路或断路	点亮	主警告灯:点亮
P0ABF28	混合动力/EV 蓄电池电流传感器"A"信号偏差水平超出范围/零点调整故障	点亮	主警告灯:点亮
P0ABF2A	混合动力/EV 蓄电池电流传感器"A"信号区间卡滞	点亮	主警告灯:点亮
P0AC511	混合动力/EV 蓄电池温度传感器"B"电路对搭铁短路	点亮	主警告灯:点亮
P0AC515	混合动力/EV 蓄电池温度传感器"B"电路对辅助蓄电池短路或断路	点亮	主警告灯:点亮

续表

DTC 编号	检测项目	MIL（故障指示灯）	警告指示
P0AC51C	混合动力/EV 蓄电池温度传感器"B"电路电压超出范围	点亮	主警告灯:点亮
P0AC52A	混合动力/EV 蓄电池温度传感器"B"信号区间卡滞	点亮	主警告灯:点亮
P0ACA11	混合动力/EV 蓄电池温度传感器"C"电路对搭铁短路	点亮	主警告灯:点亮
P0ACA15	混合动力/EV 蓄电池温度传感器"C"电路对辅助蓄电池短路或断路	点亮	主警告灯:点亮
P0ACA1C	混合动力/EV 蓄电池温度传感器"C"电压超出范围	点亮	主警告灯:点亮
P0ACA2A	混合动力/EV 蓄电池温度传感器"C"信号区间卡滞	点亮	主警告灯:点亮
P0AD911	混合动力/EV 蓄电池正极触点电路对搭铁短路	不亮	主警告灯:点亮
P0AD915	混合动力/EV 蓄电池正极触点电路对蓄电池短路或断路	不亮	主警告灯:点亮
P0ADD11	混合动力/EV 蓄电池负极触点电路对搭铁短路	不亮	主警告灯:点亮
P0ADD15	混合动力/EV 蓄电池负极触点电路对蓄电池短路或断路	不亮	主警告灯:点亮
P0AE173	混合动力/EV 蓄电池预充电触电	不亮	主警告灯:点亮
P0AE411	混合动力/EV 蓄电池预充电触点电路对搭铁短路	不亮	主警告灯:点亮
P0AE415	混合动力/EV 蓄电池预充电触点电路对蓄电池短路或断路	不亮	主警告灯:点亮
P0AFC00	混合动力/EV 蓄电池传感器模块	点亮	主警告灯:点亮
P0AFC16	混合动力/EV 蓄电池传感器模块电路电压低于阈值	点亮	主警告灯:点亮
P0AFC49	混合动力/EV 蓄电池传感器模块内部电子故障	点亮	主警告灯:点亮
P0AFC62	混合动力/EV 蓄电池传感器	点亮	主警告灯:点亮
P0AFC96	混合动力/EV 蓄电池传感器模块零部件内部故障	点亮	主警告灯:点亮
P0B231C	混合动力/EV 蓄电池"A"电压传感器电路电压超出范围	点亮	主警告灯:点亮
P0B3B14	混合动力/EV 蓄电池电压传感器"A"电路对搭铁短路或断路(低电位)	点亮	主警告灯:点亮
P0B4014	混合动力/EV 蓄电池电压传感器"B"电路对搭铁短路或断路(低电位)	点亮	主警告灯:点亮
P0B4514	混合动力/EV 蓄电池电压传感器"C"电路对搭铁短路或断路(低电位)	点亮	主警告灯:点亮
P0B4A14	混合动力/EV 蓄电池电压传感器"D"电路对搭铁短路或断路(低电位)	点亮	主警告灯:点亮
P0B4F14	混合动力/EV 蓄电池电压传感器"E"电路对搭铁短路或断路(低电位)	点亮	主警告灯:点亮
P0B5414	混合动力/EV 蓄电池电压传感器对搭铁短路或断路(低电位)	点亮	主警告灯:点亮
P0B5914	混合动力/EV 蓄电池电压传感器"G"电路对搭铁短路或断路(低电位)	点亮	主警告灯:点亮
P0B5E14	混合动力/EV 蓄电池电压传感器"H"电路对搭铁短路或断路(低电位)	点亮	主警告灯:点亮
P0B6314	混合动力/EV 蓄电池电压传感器"I"电路对搭铁短路或断路(低电位)	点亮	主警告灯:点亮
P0B6814	混合动力/EV 蓄电池电压传感器"J"电路对搭铁短路或断路(低电位)	点亮	主警告灯:点亮
P0C3000	混合动力/EV 蓄电池高电荷状态	不亮	主警告灯:点亮
P0C7396	电动机电子器件冷却液泵"A"零部件内部故障	点亮	主警告灯:点亮
P0C7600	混合动力/EV 蓄电池系统放电时间过长	不亮	主警告灯:点亮
P0D2D1C	增压后驱动电动机"A"逆变器传感器电路电压超出范围	点亮	主警告灯:点亮
P0E311C	增压前驱动电动机"A"逆变器传感器电路电压超出范围	点亮	主警告灯:点亮
P160600	检测到碰撞或碰撞传感器连接(断路)	不亮	主警告灯:点亮
P160604	检测到碰撞或碰撞传感器连接(断路)系统内部故障	不亮	主警告灯:点亮
P181B62	换挡传感器信号比较故障	不亮	主警告灯:点亮
P182112	换挡杆 X 位置传感器 2 对辅助蓄电池短路(高电位)	不亮	主警告灯:点亮
P182114	换挡杆 X 位置传感器 2 对搭铁短路或断路(低电位)	不亮	主警告灯:点亮
P182211	换挡杆 Y 位置传感器 2 对搭铁短路(低电位)	不亮	主警告灯:点亮
P182215	换挡杆 Y 位置传感器 2 对蓄电池短路或断路(高电位)	不亮	主警告灯:点亮
P1A8000	混合动力/EV 蓄电池组 1Delta SOC 高	点亮	主警告灯:点亮
P1AC000	混合动力/EV 蓄电池单格低压	点亮	主警告灯:点亮
P1AD01B	混合动力/EV 蓄电池单元内部电阻高	点亮	主警告灯:点亮
P1C2D62	增压前,驱动电动机"A"逆变器传感器信号对比故障	点亮	主警告灯:点亮
P1C6C9F	发电机切断卡在 OFF 位置	不亮	主警告灯:点亮
P1C7779	发动机无法启动,机械联动故障	不亮	主警告灯:点亮
P1C7C49	混合动力/EV 蓄电池电压系统(空调部位)绝缘电阻减小	不亮	主警告灯:点亮
P1C7D49	混合动力/EV 蓄电池电压系统(混合动力/EV 蓄电池部位)绝缘电阻减小	不亮	主警告灯:点亮

续表

DTC 编号	检测项目	MIL（故障指示灯）	警告指示
P1C7E49	混合动力/EV 蓄电池电压系统(变速器部位)绝缘电阻减小	不亮	主警告灯:点亮
P1C7F49	混合动力/EV 蓄电池电压系统(直流部位)绝缘电阻减小	不亮	主警告灯:点亮
P1C8149	高压电源电路功耗电路短路	不亮	主警告灯:点亮
P1C8249	高压电源电路过载	不亮	主警告灯:点亮
P1C8349	增压后高压电源电路电压传感器故障	不亮	主警告灯:点亮
P1C8449	ON(READY)期间高压电源电路短路	不亮	主警告灯:点亮
P1C8549	高压电源内部电子故障	不亮	主警告灯:点亮
P1C8679	变速器(输入)无法启动,机械联动故障	不亮	主警告灯:点亮
P1C8779	发电机无法启动,机械联动故障	不亮	主警告灯:点亮
P1C8879	行星齿轮无法启动,机械联动故障	不亮	主警告灯:点亮
P1C9E9F	混合动力/EV 系统重置卡在 OFF 位置	点亮	主警告灯:点亮
P1C9F11	混合动力/EV 蓄电池电流传感器行驶控制电路对搭铁短路	点亮	主警告灯:点亮
P1C9F15	混合动力/EV 蓄电池电流传感器行驶控制电路对辅助蓄电池短路或断路	点亮	主警告灯:点亮
P1C9F1C	混合动力/EV 蓄电池电流传感器行驶控制电压超出范围	点亮	主警告灯:点亮
P1CBB12	混合动力/EV 蓄电池电流传感器电源电路对辅助蓄电池短路	点亮	主警告灯:点亮
P1CBB14	混合动力/EV 蓄电池电流传感器电源电路对搭铁短路或断路	点亮	主警告灯:点亮
P1CBE1E	混合动力/EV 蓄电池单元 1(电压差异)电路电阻超出范围	点亮	主警告灯:点亮
P1CBF1E	混合动力/EV 蓄电池单元 2(电压差异)电路电阻超出范围	点亮	主警告灯:点亮
P1CC01E	混合动力/EV 蓄电池单元 3(电压差异)电路电阻超出范围	点亮	主警告灯:点亮
P1CC11E	混合动力/EV 蓄电池单元 4(电压差异)电路电阻超出范围	点亮	主警告灯:点亮
P1CC21E	混合动力/EV 蓄电池单元 5(电压差异)电路电阻超出范围	点亮	主警告灯:点亮
P1CC31E	混合动力/EV 蓄电池单元 6(电压差异)电路电阻超出范围	点亮	主警告灯:点亮
P1CC41E	混合动力/EV 蓄电池单元 7(电压差异)电路电阻超出范围	点亮	主警告灯:点亮
P1CC51E	混合动力/EV 蓄电池单元 8(电压差异)电路电阻超出范围	点亮	主警告灯:点亮
P1CC61E	混合动力/EV 蓄电池单元 9(电压差异)电路电阻超出范围	点亮	主警告灯:点亮
P1CE213	混合动力/EV 蓄电池系统互锁电路断路	不亮	主警告灯:点亮
P1CE292	混合动力/EV 蓄电池系统互锁性能或错误操作	不亮	主警告灯:点亮
P1CE31C	混合动力/EV 控制模块监视处理器 A/D 处理电路电压超出范围	点亮	主警告灯:点亮
P1CE349	混合动力/EV 控制模块监视处理器 A/D 处理内部电子故障	点亮	主警告灯:点亮
P1CE371	混合动力/EV 控制模块监视处理器 A/D 处理执行器卡滞	点亮	主警告灯:点亮
P212012	节气门/踏板位置传感器/开关"D"电路对辅助蓄电池短路(高电位)	不亮	主警告灯:点亮
P212014	节气门/踏板位置传感器/开关"D"电路对搭铁短路或断路(低电位)	不亮	主警告灯:点亮
P21201C	节气门/踏板位置传感器/开关"D"电路电压超出范围	不亮	主警告灯:点亮
P21201F	节气门/踏板位置传感器/开关"D"电路间歇性	不亮	主警告灯:点亮
P212512	节气门/踏板位置传感器/开关"E"电路对辅助蓄电池短路(高电位)	不亮	主警告灯:点亮
P212514	节气门/踏板位置传感器/开关"E"电路对搭铁短路或断路(低电位)	不亮	主警告灯:点亮
P21251C	节气门/踏板位置传感器/开关"E"电路电压超出范围	不亮	主警告灯:点亮
P21251F	节气门/踏板位置传感器/开关"E"电路间歇性断路	不亮	主警告灯:点亮
P213800	节气门/踏板位置传感器/开关"D"/"E"信号交叉耦合(大)	不亮	主警告灯:点亮
P21382B	节气门/踏板位置传感器/开关"D"/"E"信号交叉耦合(小)	不亮	主警告灯:点亮
P253012	IG2 信号电路对辅助蓄电池短路(高电位)	不亮	主警告灯:点亮
P272C81	接收到驻车锁止电动机无效串行数据	不亮	主警告灯:点亮
P300000	混合动力/EV 蓄电池放电控制故障	不亮	主警告灯:不亮
P300016	混合动力/EV 蓄电池控制系统电路电压低于阈值	不亮	主警告灯:点亮
P30004B	混合动力/EV 蓄电池控制系统过热	不亮	主警告灯:点亮
P300449	高压电源电路停止预充电	不亮	主警告灯:点亮
P301100	混合动力/EV 蓄电池单元 1(内部电阻差异)电路电阻超出范围(过度)	点亮	主警告灯:点亮
P30111E	混合动力/EV 蓄电池单元 1(内部电阻不同)电路电阻超出范围	点亮	主警告灯:点亮
P301200	混合动力/EV 蓄电池单元 2(内部电阻差异)电路电阻超出范围(过度)	点亮	主警告灯:点亮

续表

DTC编号	检测项目	MIL（故障指示灯）	警告指示
P30121E	混合动力/EV蓄电池单元2(内部电阻不同)电路电阻超出范围	点亮	主警告灯:点亮
P301300	混合动力/EV蓄电池单元3(内部电阻差异)电路电阻超出范围(过度)	点亮	主警告灯:点亮
P30131E	混合动力/EV蓄电池单元3(内部电阻不同)电路电阻超出范围	点亮	主警告灯:点亮
P301400	混合动力/EV蓄电池单元4(内部电阻差异)电路电阻超出范围(过度)	点亮	主警告灯:点亮
P30141E	混合动力/EV蓄电池单元4(内部电阻不同)电路电阻超出范围	点亮	主警告灯:点亮
P301500	混合动力/EV蓄电池单元5(内部电阻差异)电路电阻超出范围(过度)	点亮	主警告灯:点亮
P30151E	混合动力/EV蓄电池单元5(内部电阻不同)电路电阻超出范围	点亮	主警告灯:点亮
P301600	混合动力/EV蓄电池单元6(内部电阻差异)电路电阻超出范围(过度)	点亮	主警告灯:点亮
P30161E	混合动力/EV蓄电池单元6(内部电阻不同)电路电阻超出范围	点亮	主警告灯:点亮
P301700	混合动力/EV蓄电池单元7(内部电阻差异)电路电阻超出范围(过度)	点亮	主警告灯:点亮
P30171E	混合动力/EV蓄电池单元7(内部电阻不同)电路电阻超出范围	点亮	主警告灯:点亮
P301800	混合动力/EV蓄电池单元8(内部电阻差异)电路电阻超出范围(过度)	点亮	主警告灯:点亮
P30181E	混合动力/EV蓄电池单元8(内部电阻不同)电路电阻超出范围	点亮	主警告灯:点亮
P301900	混合动力/EV蓄电池单元9(内部电阻差异)电路电阻超出范围(过度)	点亮	主警告灯:点亮
P30191E	混合动力/EV蓄电池单元9(内部电阻不同)电路电阻超出范围	点亮	主警告灯:点亮
P306562	混合动力/EV蓄电池温度传感器"A"信号比较故障	点亮	主警告灯:点亮
P308A12	混合动力/EV蓄电池电压传感器所有电路对辅助蓄电池短路(高电位)	点亮	主警告灯:点亮
P308A13	混合动力/EV蓄电池电压传感器所有电路断路	点亮	主警告灯:点亮
P310711	与空气囊系统控制模块电路对搭铁短路(低电位)失去通信	不亮	主警告灯:点亮
P310715	与空气囊系统控制模块电路(对辅助蓄电池短路或断路(高电位)失去通信	不亮	主警告灯:点亮
P310764	与空气囊系统控制模块信号不合理故障失去通信	不亮	主警告灯:点亮
P312387	失去通信且丢失信息	不亮	主警告灯:点亮
P314779	变速器(轴)机械联动故障	不亮	主警告灯:点亮
P314A31	电动机电子器件冷却液泵"A"无信号	不亮	主警告灯:点亮
P321E9F	电动机/发电机切断信号卡滞	不亮	主警告灯:点亮
P33B99F	电动机/发电机切断信号(混合动力/EV侧)卡滞	不亮	主警告灯:点亮
P33BF9F	电动机/发电机切断信号(MG侧)卡滞	不亮	主警告灯:点亮
U010087	与ECM/PCM"A"失去通信且丢失信息	点亮	主警告灯:点亮
U011087	与驱动电动机控制模块"A"失去通信(丢失信息)	不亮	主警告灯:点亮
U012987	与制动系统控制模块失去通信(丢失信息)	不亮	主警告灯:点亮
U014000	与车身控制模块(副)失去通信	不亮	主警告灯:不亮
U014087	与车身控制模块失去通信(丢失信息)	不亮	主警告灯:点亮
U015187	与约束系统控制模块失去通信(丢失信息)	不亮	主警告灯:点亮
U016487	与HVAC控制模块失去通信(丢失信息)	不亮	主警告灯:点亮
U029A87	与混合动力/EV蓄电池传感器模块失去通信(丢失信息)	点亮	主警告灯:点亮
U042481	接收到HVAC控制模块至混合动力传动系控制模块的无效串行数据	不亮	主警告灯:不亮
U110787	与动力管理模块失去通信(丢失信息)	不亮	主警告灯:点亮
U117087	与制动系统控制模块(次级CAN线路)失去通信(丢失信息)	不亮	主警告灯:点亮

② 定格数据。储存DTC时，混合动力车辆ECU将车辆和驾驶条件信息记录为定格数据，其主要用于估测或再现发生故障时车辆出现的状况，只需选择相关DTC即可显示定格数据。定格数据如表6-6所示。

表6-6 混合动力系统定格数据表

测量项目	范围	正常状态	诊断备注
车速/(km/h)	最低:0 最高:255	车辆静止 0 定速行驶时:无明显波动	

续表

测量项目	范围	正常状态	诊断备注
混合动力车辆控制ECU至ECM所需发动机功率/W	最小:0 最大:655350	发动机运转的情况下行驶时:根据车辆工作状态而变化	• 混合动力车辆控制ECU • MGECU • ECM • 发动机
执行发动机功率/W	最小:0 最大:655350		
混合动力车辆控制ECU至ECM发出目标发动机转速请求		发动机运转的情况下行驶时:根据车辆工作状态而变化	
发动机转速			
发动机负载/%	最小:0 最大:100		• 节气门状态 • 空气滤清器状态
发动机冷却液温度/℃	最低:-40 最高:215	冷启动至完全暖机:逐渐升高 暖机后:75~100	
起动机ON/OFF信号	ON或OFF	起动机打开:ON	
发动机急速请求	ON或OFF	请求急速:ON	• ECM • 混合动力车辆控制ECU
空调放大器总成发出发动机急速请求	ON或OFF	空调放大器总成发出发动机急速请求是:ON	空调放大器总成
发动机暖机急速请求	ON或OFF	请求发动机暖机时:ON 发动机暖机后:OFF	• ECM • 混合动力车辆控制ECU
HV蓄电池充电的发动机急速请求	ON或OFF	请求HV蓄电池充电时:ON	• 蓄电池电压传感器 • HV蓄电池
发动机状态	Stop/StopProcess/StartupProcess/Running		
启动发动机后经过的时间/s	最短:0 最长:65535		自发动机启动至电源开关置于OFF位置经过的时间
发动机停机请求	ON或OFF	请求发动机停机时:ON	• ECM • 混合动力车辆控制ECU
发动机燃油切断状态	ON或OFF	发动机燃油切断时:ON	• ECM • 混合动力车辆控制ECU
燃油不足	ON或OFF		燃油表检测燃油不足
加速踏板踩下角度	最小:0% 最大:100%	踩下加速踏板:随加速踏板位置而变化	加速踏板传感器总成
加速踏板1号传感器(传感器电压倍乘20并显示为百分比)		踩下加速踏板:随加速踏板位置而变化	加速踏板传感器总成
加速踏板2号传感器(传感器电压倍乘20并显示为百分比)		踩下加速踏板:随加速踏板位置而变化	
节气门位置传感器	最小:0% 最大:100%		节气门状态
主缸制动液液压控制转矩=液压制动控制转矩+再生制动转矩		踩下制动踏板:随制动踏板压力而变化	主缸压力传感器
制动取消开关			

续表

测量项目	范围	正常状态	诊断备注
换挡杆位置控制	P/R/N/D/S	与当前选择的挡位相匹配:P、R、N、D或S	换挡杆位置传感器
仪表显示屏的挡位	P/R/N/D/S	与当前选择的挡位相匹配:P、R、N、D或S	·换挡杆位置传感器 ·组合仪表总成
换挡杆位置传感器	ON 或 OFF	挡位 P 或 N:ON 除 P 或 N 外的挡位:OFF	换挡杆位置传感器
换挡传感器(VSI1)电压/V	最低:0.00 最高:4.99	换挡杆置于 D:1.63~2.40 换挡杆置于 N:0.68~1.62 换挡杆置于 R:0.40~0.67 换挡杆置于 S:2.75~3.52 换挡杆置于原始位置:3.53~4.47	
换挡传感器(VSI2)电压/V	最低:0.00 最高:4.99	换挡杆置于 D:2.70~3.52 换挡杆置于 N:1.63~2.70 换挡杆置于 R:0.98~1.62 换挡杆置于 S:1.63~2.45 换挡杆置于原始位置:2.45~3.52	
换挡传感器(VSI3)电压/V	最低:0.00 最高:4.99	换挡杆置于 D:3.53~4.17 换挡杆置于 N:2.45~3.52 换挡杆置于 R:1.63~2.45 换挡杆置于 S:0.98~1.63 换挡杆置于原始位置:1.63~2.70	
换挡传感器(VSI4)电压/V	最低:0.00 最高:4.99	换挡杆置于 D:4.47~4.75 换挡杆置于 N:3.53~4.47 换挡杆置于 R:2.75~3.52 换挡杆置于 S:0.40~0.67 换挡杆置于原始位置:0.68~1.62	
运动挡位置	最少:0 最多:8	换挡杆置于 S(1):1 换挡杆置于 S(2):2 换挡杆置于 S(3):3 换挡杆置于 S(4):4 换挡杆置于 S(5):5 换挡杆置于 S(6):6 换挡杆置于除 S 外的任何位置:0	
运动挡加挡信号	ON 或 OFF	右侧换挡拨板装置工作:ON 右侧换挡拨板装置不工作:OFF	·混合动力车辆控制 ECU ·换挡拨板装置电路
运动挡减挡信号	ON 或 OFF	左侧换挡拨板装置工作:ON 左侧换挡拨板装置不工作:OFF	·混合动力车辆控制 ECU ·换挡拨板装置电路
右前车轮转速/(km/h)	最低:0 最高:327.67	车辆停止:0	
左前车轮转速/(km/h)	最低:0 最高 327.67	车辆停止:0	
右后车轮转速/(km/h)	最低:0 最高:327.67	车辆停止:0	
左后车轮转速/(km/h)	最低:0 最高:327.67	车辆停止:0	
大气压力		常态:大气压力	
发动机进气压力/kPa	最低:0 最高:65535		

续表

测量项目	范围	正常状态	诊断备注
发动机进气歧管压力		电源开关 ON 或发动机停机:大气压力	发动机运转时指示的值低于大气压力
环境空气温度/℃	最低:-40 最高:215	电源开关 ON;与环境温度相同	环境温度传感器
发动机进气温度/℃	最低:-40 最高:215	常态:与环境温度几乎相同	
辅助蓄电池电压/V	最低:0.00 最高:16.00	11.00~15.00	辅助蓄电池 DC-DC 转换器
辅助蓄电池电压的滤波值/V	最低:0.00 最高:16.00	11.00~15.00	·辅助蓄电池 ·DC-DC 转换器
清除 DTC 后发动机暖机的次数	最少:0 最多:255	MIL 熄灭,发动机冷却液温度从启动发动机前的低于 22℃ 升高到启动发动机后的高于 70℃:升高一次	
清除 DTC 后的行驶距离/km	最短:0 最长:65535		
清除 DTC 后经过的时间/min	最短:0 最长:65535		清除 DTC 后经过的时间(未计电源开关置于 OFF 位置后的时间)
MIL 点亮后的行驶时间/min	最短:0 最长:65535		
总行驶距离/km	最短:0 最长:16777215		
自 MIL 点亮后的行驶距离/km	最短:0 最长:65535		
电源开关状态(CAN)	ON 或 OFF	按住电源开关;ON	
电源开关状态(LIN)	ON 或 OFF	按住电源开关;ON	
IGB 信号状态	ON 或 OFF		
IG2 信号状态	ON 或 OFF		
ACC 信号状态	ON 或 OFF		
READY 信号状态	ON 或 OFF	电源开关 ON(READY);ON	
混合动力车辆控制系统电源模式状态	Normal/RemoteClimate/Remote		
电动机发电机控制系统状态	ON 或 OFF		
DSS(行驶辅助系统)控制状态	Not Control/Available/Unavailable/Disable		
自 DSS(行驶辅助系统)产生的驱动扭矩请求			
DSS(行驶辅助系统)的驱动力和加速踏板操作请求的驱动力之间的调节结果	Accelerator/DSS		
SMRG 的工作状态(初级电路监视器)	ON 或 OFF	电源开关 ON(READY);ON	·HV 蓄电池接线盒总成 ·线束
SMRG 的指令状态	ON 或 OFF	电源开关 ON(READY);ON	·HV 蓄电池接线盒总成 ·线束
SMRB 的工作状态(初级电路监视器)	ON 或 OFF	电源开关 ON(READY);ON	·HV 蓄电池接线盒总成 ·线束
SMRB 的指令状态	ON 或 OFF	电源开关 ON(READY);ON	·HV 蓄电池接线盒总成 ·线束

续表

测量项目	范围	正常状态	诊断备注
SMRP 的工作状态（初级电路监视器）	ON 或 OFF	电源开关置于 ON(ST-ON)位置后不久：ON 以上时间过后：OFF	使用 GTS 无法确认。使用示波器。 ・HV 蓄电池接线盒总成 ・线束
SMRP 的指令状态	ON 或 OFF	电源开关置于 ON(ST-ON)位置后不久：ON 以上时间过后：OFF	使用 GTS 无法确认。使用示波器。 ・HV 蓄电池接线盒总成 ・线束
从蓄电池电压传感器发送到混合动力车辆控制 ECU 的充电控制瓦数/kW	最小：−64.0 最大：63.5	−25.0 或更大	
从蓄电池电压传感器发送到混合动力车辆控制 ECU 的放电控制瓦数/kW	最小：−64.0 最大：63.5	21.0 或更小	
空调功耗/W		空调系统工作时：0～5000	・空调系统
EV 模式转换可用性	ON 或 OFF	EV 模式下：ON	・组合仪表总成 ・混合动力车辆控制 ECU
EV 驱动模式开关（组合开关总成）状态	ON 或 OFF	按住 EV 驱动模式开关（组合开关总成）：ON	
动力模式开关（组合开关总成）状态	ON 或 OFF	按住动力模式开关（组合开关总成）：ON	
互锁开关状态	ON 或 OFF	电源开关置于 ON(IG)位置，维修塞把手未安装：ON	
互锁开关状态	ON 或 OFF	电源开关置于 ON(IG)位置，逆变器盖未安装：ON	
刹车灯开关总成状态	ON 或 OFF	踩下制动踏板：ON	
倒车灯开关状态	ON 或 OFF	换挡杆置于 R：ON	
VSC 状态	ON 或 OFF		
空气囊 ECU 总成碰撞检测	ON 或 OFF	空气囊 ECU 总成的碰撞检测：ON	
空气囊 ECU 总成碰撞检测（CAN）	ON 或 OFF	空气囊 ECU 总成的碰撞检测：ON	
空气囊 ECU 总成的安全状态	ON 或 OFF	空气囊 ECU 总成处于安全状态时：ON	
空气囊 ECU 总成控制状态	ON 或 OFF	空气囊 ECU 总成正常工作时：ON	
曲轴位置/(°)	最小：−128 最大：127		
TC 端子状态	ON 或 OFF	TC 端子连接	
发电机（MG1）转速 设定发电机转速以获取所需目标发动机转速		充电或放电期间：根据车辆工作状态而变化	・混合动力车辆变速器总成 ・带转换器的逆变器总成
发电机（MG1）扭矩请求值		充电或放电期间：根据车辆工作状态而变化	・混合动力车辆控制 ECU ・混合动力车辆变速器总成 ・带转换器的逆变器总成

续表

测量项目	范围	正常状态	诊断备注
发电机(MG1)扭矩执行值		挡位置于P位置的情况下发动机自动启动后1秒[发动机启动前的状态:电源开关置于ON(READY)位置、发动机停机、空调风扇高速旋转且前照灯点亮]:目标发电机(MG1)扭矩在±20%以内	• 混合动力车辆控制ECU • 混合动力车辆变速器总成 • 带转换器的逆变器总成
电动机(MG2)转速电动机转速随车速成比例变化。 电动机(MG2)转速不受加速踏板开度、发动机转速或发电机(MG1)转速的影响		驾驶时:随车速变化	• 混合动力车辆变速器总成 • 带转换器的逆变器总成
电动机(MG2)扭矩请求值		驾驶时:根据车辆工作状态而变化	• 混合动力车辆控制ECU • 混合动力车辆变速器总成 • 带转换器的逆变器总成
电动机(MG2)扭矩执行值		电源开关置于ON(READY)位置且发动机停机的情况下全负载加速后:目标电动机(MG2)扭矩在±20%以内	• 混合动力车辆控制ECU • 混合动力车辆变速器总成 • 带转换器的逆变器总成
电动机(MG2)再生制动请求扭矩		制动时:根据车辆工作状态而变化	• 混合动力车辆控制ECU • 混合动力车辆变速器总成 • 带转换器的逆变器总成
电动机(MG2)再生制动执行扭矩		制动时:根据车辆工作状态而变化	• 混合动力车辆控制ECU • 混合动力车辆变速器总成 • 带转换器的逆变器总成
发电机(MG1)温度/℃	最低:-40 最高:215	在25℃的环境温度下停放车辆1天:25 在25℃的环境温度下行驶时:25~120	GMT端子
发电机(MG1)温度传感器电压/V	最低:0 最高:4.99		
电源开关置于ON(IG)位置不久后的发电机(MG1)温度/℃	最低:-40 最高:215		
当前行程下电源开关置于ON(IG)位置后的发电机(MG1)温度/℃	最低:-40 最高:215		
电动机(MG2)温度/℃	最低:-40 最高:215	在25℃的环境温度下停放车辆1天:25 在25℃的环境温度下行驶时:25~120℃	MMT端子
电动机(MG2)温度传感器电压/V	最低:0 最高:4.99		

续表

测量项目	范围	正常状态	诊断备注
电源开关置于 ON(IG) 位置不久后的电动机 (MG2) 温度/℃	最低:-40 最高:215		
当前行程下电源开关置于 ON(IG) 位置后的电动机(MG2)温度/℃	最低:-40 最高:215		
发电机逆变器温度/℃	最低:-40 最高:215	在25℃的环境温度下停放车辆1天:15~35 在25℃的环境温度下行驶时:25~120	带转换器的逆变器总成
电源开关置于 ON(IG) 位置后不久发电机逆变器温度/℃	最低:-40 最高:215		
当前行程下电源开关置于 ON(IG) 位置后的发电机逆变器温度/℃	最低:-40 最高:215		
电动机逆变器温度/℃	最低:-40 最高:215	在25℃的环境温度下停放车辆1天:15~35 在25℃的环境温度下行驶时:25~120	带转换器的逆变器总成
电源开关置于 ON(IG) 位置后不久电机逆变器温度/℃	最低:-40 最高:215		
当前行程下电源开关置于 ON(IG) 位置后的电动机逆变器温度/℃	最低:-40 最高:215		
增压转换器温度(上)/℃	最低:-40 最高:215	在25℃的环境温度下停放车辆1天:15~35 在25℃的环境温度下行驶时:25~120	带转换器的逆变器总成
增压转换器温度(下)/℃	最低:-40 最高:215	在25℃的环境温度下停放车辆1天:15~35 在25℃的环境温度下行驶时:25~120	带转换器的逆变器总成
电源开关置于 ON(IG) 位置后不久的增压转换器温度/℃	最低:-40 最高:215		
当前行程下电源开关置于 ON(IG) 位置后的增压转换器温度/℃	最低:-40 最高:215		
发电机逆变器工作请求	Shut down/Phase ON/Discharge/Insulation Resistance Measurement/Output Torque/Emergency Shutdown/Shutdown during Insulation ResistanceMeasurement		

续表

测量项目	范围	正常状态	诊断备注
发电机逆变器停止	ON 或 OFF	发电机逆变器停止:ON 正常:OFF	
发电机逆变器切断状态	Awake 或 Shutdown	发电机逆变器切断:Shutdown 正常:Awake	
电动机逆变器工作请求	Shutdown/Phase ON/Discharge/Insulation Resistance Measurement/Output Torque/Emergency Shutdown/Shutdown during Insulation Resistance Measurement		
电动机逆变器停止	ON 或 OFF	电动机逆变器停止:ON 正常:OFF	
电动机逆变器切断状态	Awake 或 Shutdown	电动机逆变器切断:Shutdown 正常:Awake	
增压转换器工作请求	Normal/Boosting Stop/Upper Arm ON/Maximum Boosting/Output Torque/Upper Arm Lowering		
增压转换器停止	ON 或 OFF	增压转换器停止:ON 正常:OFF	
增压转换器切断状态	Awake 或 Shutdown	增压转换器切断:Shutdown 正常:Awake	
发电机载波频率/kHz	0.75/1.25/2.5/3.75/5/10		
发电机(MG1)控制模式	Sine Wave/Overmodulation/Square Wave	PWM:Sine Wave 可变 PWM:Overmodulation 矩形波:Square Wave	
电动机(MG2)载波频率/kHz	0.75/1.25/2.50/3.75/5.00/10.00		
电动机(MG2)控制模式	Sine Wave/Overmodulation/Square Wave	PWM:Sine Wave 可变 PWM:Overmodulation 矩形波:Square Wave	
增压转换器信号载波频率/kHz	9.55/9.13/8.71/8.29/7.87/7.45/4.80		
增压前的高压		电源开关 ON(READY):几乎与 HV 蓄电池电压相同	• HV 蓄电池 • 带转换器的逆变器总成
增压后的高压		挡位置于 P 时发动机转速升高:增压后电压低于约 650V	• 带转换器的逆变器总成
增压转换器增压比	最小:0.0% 最大:100.0%		• 带转换器的逆变器总成
V 相位发电机电流/A	最小:-327.68 最大:327.67		
W 相位发电机电流/A	最小:-327.68 最大:327.67		
V 相位电动机电流/A	最小:-327.68 最大:327.67		
W 相位电动机电流/A	最小:-327.68 最大:327.67		

续表

测量项目	范围	正常状态	诊断备注
逆变器冷却液温度/℃	最低：-40 最高：110	冷启动至完全暖机：逐渐升高 系统工作正常：控制在 65℃或更低	• 带转换器的逆变器总成 • 逆变器水泵总成 • 冷却风扇系统 • 逆变器冷却系统
逆变器水泵电动机驱动器请求占空比	最小：0.00% 最大：100.00%	电源开关 ON（READY）：62.50%～93.75%	混合动力车辆控制 ECU
逆变器水泵总成转速/(r/min)	最低：0 最高：15000	电源开关 ON(READY)：1625～5875 逆变器水泵总成不工作时：低于 625	混合动力车辆控制 ECU
过电压检测至逆变器	ON 或 OFF	过电压检测至逆变器：ON 正常：OFF	
逆变器紧急切断	ON 或 OFF	逆变器紧急切断：ON 正常：OFF	
过电压检测至增压转换器	ON 或 OFF	过电压检测至增压转换器：ON 正常：OFF	
HV 蓄电池充电状态优先计算充电和放电安培	最小：0.0% 最大：100%	常态：0.0%～100.0%	• HV 蓄电池 • 蓄电池电压传感器 • 混合动力车辆控制 ECU
SOC 最大值和最小值之差	最小：0.0% 最大：100%	READY 指示灯点亮，发动机停机且无电气负载：0.0%～60.0%	
电源开关置于 ON(IG) 位置不久后的 HV 蓄电池充电状态	最小：0.0% 最大：100%		
当前行程下电源开关置于 ON(IG) 位置后的最大 SOC	最小：0.0% 最大：100%		
当前行程下电源开关置于 ON(IG) 位置后的最小 SOC	最小：0.0% 最大：100%		
HV 蓄电池电压/V	最低：0.0 最高：510.0	电源开关 ON(READY)：168～280	• HV 蓄电池 • 蓄电池电压传感器 • 混合动力车辆控制 ECU
HV 蓄电池电流/A	最小：-327.68 最大：327.67	电源开关 ON（READY）：-200.00～200.00	• HV 蓄电池 • 电源电缆 • 带转换器的逆变器总成 • 蓄电池电流传感器 • 空调系统
混合动力蓄电池控制的混合动力蓄电池电流/A	最小：-327.68 最大：327.67		
行驶控制的混合动力蓄电池电流/A	最小：-327.68 最大：327.67		
HV 蓄电池控制模式	行驶控制模式/当前传感器偏置校准模式/混合蓄电池外部充电控制模式/ECU 切断模式		

续表

测量项目	范围	正常状态	诊断备注
蓄电池单元电压(1~9)/V	最低:0.00 最高:79.99	SOC60%:12.00~20.00 例如,约16V	・HV蓄电池 ・蓄电池电压传感器
蓄电池模块温度(1~3)/℃	最低:-50.0 最高:205.9	停放车辆1天:与环境温度相同	・蓄电池温度传感器 ・蓄电池电压传感器
混合动力蓄电池冷却鼓风机工作请求	最小:0.0 最大:100.0	0%~100%	・混合动力车辆控ECU ・蓄电池冷却鼓风机总成
蓄电池冷却鼓风机总成操作模式		电源开关置于ON(IG)或ON(READY)位置,且蓄电池冷却鼓风机总成(0号)停止:0 低速至高速:1~6	
蓄电池冷却鼓风机总成频率/Hz	最小:0.0 最大:6553.5	与蓄电池冷却鼓风机总成速度成比例	・蓄电池冷却鼓风机总成 ・蓄电池电压传感器
混合动力蓄电池进气温度/℃	最低:-50.0 最高:205.9		
蓄电池冷却鼓风机总成低速请求	ON或OFF	常态:ON或OFF	空调系统
蓄电池电压传感器电源电压/V	最低:-40.00 最高:39.99	电源开关置于ON(IG)或ON(READY)位置:11.00~15.00	
混合动力蓄电池电流传感器电源电压/V	最低:0 最高:25.5	电源开关置于ON(IG)或ON(READY)位置:11.00~15.00	
蓄电池电压传感器中异常绝缘检测电路的波形电压电平	Not Judge(判定未完成)/Normal/Insulation Lower LV2(中低电平)/Insulation Lower LV3(极低电平)		高压电路
判定变速器区域的绝缘电阻减小	Not Complete/Complete		
判定空调区域的绝缘电阻减小	Not Complete/Complete		
判定混合动力蓄电池区域的绝缘电阻减小	Not Complete/Complete		
可判定电动机/发电机逆变器区域的绝缘电阻减小	No或Yes		
可判定空调区域的绝缘电阻减小	No或Yes		
可判定SMR区域的绝缘电阻减小	No或Yes		
停机系统通信线路状态	ON或OFF	电源开关ON(IG):ON 停机系统通信线路故障:OFF	
停机系统启动允许状态(停机系统至混合动力车辆控制ECU)	No Judgment/OK/NG		
辅助蓄电池温度/℃	最低:-40.0 最高:6513.5	辅助蓄电池温度:20℃	
辅助蓄电池温度传感器电压/V	最低:0 最高:4.99		
主警告显示	ON或OFF	该系统出现故障:ON 该系统未出现故障:OFF	混合动力车辆控制ECU
IG(+B)电压值	最低:0.00 最高:19.00	8.00~16.00V:电源开ON(IG)位置	+B信号电路

③ 检查 DTC 和定格数据的注意事项。

a. 如果混合动力车辆控制 ECU 从正常模式切换至检查模式，则将清除所有存储的 DTC 和定格数据。切换模式前，务必检查并记录所有 DTC 和定格数据。

b. 电源开关置于 ON（READY）位置时，从正常模式切换至检查模式的功能不可用。如果存储 DTC，则检查并记录根据 GTS 显示的 DTC 和定格数据，然后从正常模式切换至检查模式。

c. 混合动力车辆控制 ECU 与其他计算机保持通信，包括电动机发电机控制 ECU、ECM、防滑控制 ECU 总成和动力转向 ECU 总成。因此，如果混合动力车辆控制 ECU 输出警告，则有必要检查并记录所有系统的 DTC。如果存在 DTC，则检查相关系统。

d. CAN 通信系统 DTC 与其他 DTC 一起出现，则首先对 CAN 通信系统进行故障排除并维修任何故障。

④ 清除 DTC。

a. 将 GTS 连接到 DLC3。

b. 将电源开关置于 ON（IG）位置。

c. 打开 GTS。

d. 进入以下菜单：Powertrain/HybridControl/TroubleCodes（动力系统/混合动力控制系统/故障代码）。

e. 清除 DTC 和定格数据。

（5）目视检查

目视检查的目的是通过对内部或外部区域、安装或组件进行目视观察，寻找明显的损伤、故障或不正常的迹象。目视检查是一种看似简单，实则对维修者综合素质要求很高的工作。目视检查不需要专用工具，不需要复杂的分解、组装程序，看似简单，但实际上，由于目视检查所涉及的系统/部件很多、故障损伤形式也多种多样，所以要求维修人员必须对汽车各系统和部件有比较深入的了解，对各类故障损伤形式有深入的认识和丰富的经验，一旦工作者综合素质较低，往往会在检查中无的放矢，泛泛地看一遍，但脑海里却没有收集到有价值的信息。

目视检查的实施方法重点如下：

① 首先根据客户描述、DTC 和定格数据明确检查的区域范围。

② 熟悉目视检查区域范围包含的对象。目视检查的对象可以概括为机体结构、机械、电气和电子部件以及将这些部件连接到一起的管路、钢索、导线和紧固件。由于这些零部件分属于不同的系统，承担着不同的功能，所以，它们的结构、材质、尺寸、性能有差异，允许的损伤程度也不一样。这就需要工作者不仅要熟悉检查的对象类型，还需要熟悉这些对象所属系统的原理、结构和功能。

③ 掌握目视检查对象的常见损伤迹象和形式。一方面，目视检查要求发现一切不正常情况和缺陷，另一方面，零部件的损伤形式多种多样，如果检查者对检查对象的损伤迹象和形式不能做到心中有数，就容易忽略一些缺陷，甚至可能是具有严重影响后果的缺陷。

对于结构件，常见的损伤有凹坑、变形、磨损、腐蚀、裂纹。如果是复合材料，还有鼓泡和脱层等损伤。一般情况下，结构件表面都有漆层，如果漆层发生鼓泡或脱落，则需要将鼓起的漆层除掉，检查基体材料是否有腐蚀等损伤。

对于管路，常见的损伤有凹坑、变形、磨损、腐蚀、破裂。检查管路的时候，除关注管路本身的损伤之外,还应该检查管路的固定支架是否出现松动、变形等损伤。

检查线路时,要检查线路接头、插头和线路外观,常见的损伤形式有接头锈蚀、烧蚀、断裂,插头烧蚀、破损,线路绝缘层磨损、老化、烧蚀等。另外,由于线束捆扎、固定问题导致的线路破损也很常见。所以,在检查时,还应检查捆扎带是否出现破损、缺失,线束是否出现松脱、散股。

紧固件的主要损伤形式是腐蚀、松动、脱落。检查时可以通过观察紧固件周缘漆层、紧固件周围的异物以及紧固件上的标记线来判断紧固件是否松动。如果紧固件有保险,还应该检查保险是否在位,是否松动。

除上述零部件的常见损伤之外,在目视检查中还应关注外来物、油液渗漏、高温区部件因过热导致的变色和烧蚀等异常迹象。

④ 借助必要的辅助检查手段。进行目视检查前,对被检查部件、区域进行必要的清洁,去除表面污染物。检查中充分发挥嗅觉、听觉、触觉的作用,嗅异味、听杂音,用手晃动、触摸来感受部件磨损和松动,做到眼到、手到、心到。另外应借助必要的辅助工具,如电筒、听诊器等。

⑤ 对目视检查发现的问题进行处理。在目视检查中发现问题或疑似问题,都必须借助进一步的鉴定手段对缺陷进行等级判断,这些手段包含精确的检测方法、故障诊断仪、维修工具、维护手册等。

(6) 再现故障症状

故障排除过程中最困难的是不出现故障症状。如果故障排除时不进行故障症状确认,会导致重要的检修信息被忽略,导致检修工作错误或者延误。在此情况下,可以采取模拟法进行全面的故障分析。模拟法就是模拟客户车辆出现故障时的条件和环境,使故障重新出现。故障重新出现后可以参考 DTC 表进行电路检查。

例如,经客户描述发现发动机只有在处于冷机状态或者在不平整路面上行驶才会出现某个故障,如果在发动机暖机或者车辆处于静止状态时进行症状检查,则无法确定这些故障。但有些情况引起的故障很难进行重现,例如振动、高温或者渗水(潮湿),下面的症状模拟测试对于这些情况十分有效。

① 振动法。故障似乎是由振动引起时采用此种方法。如图 6-36 所示用手指轻微振动可能造成故障的零件、传感器、连接器或者线束,检查是否发生故障,注意不能振动继电器,可能会导致继电器断开。

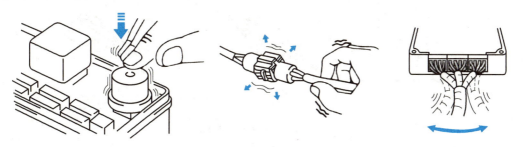

图 6-36 振动法示意图

② 加热法。当故障似乎发生在可疑部位受热时采用此方法。用电吹风或者类似装置加热可疑的零部件,使故障重现。注意:不能直接加热 ECU 中的零件,加热零件不能超过 60℃,否则可能会损坏零部件。

③ 喷水法。故障似乎发生在下雨天或者非常潮湿的条件下时采用此种方法。如图 6-37 所示向车辆喷水，检查故障是否出现。注意：不能直接向发动机室喷水，通过向散热器的前部喷水间接改变温度和湿度，不能直接向电子部件喷水。

④ 高气负载。故障似乎发生在电气负载高时应采取此种方法。如图 6-38 所示，打开加热器鼓风机、前照灯、后窗除雾器及其他电气负载，使故障重现。

图 6-37　喷水法示意图　　　　　　图 6-38　高气负载法示意图

（7）电路检查程序

① 基本检查。

a. 测量电子部件的电阻。除非另有说明，所有电阻的测量值都是在环境温度为 20℃ 时测量的标准值。如果高温时（如车辆刚刚行驶过后）测量，则电阻的测量值可能不准确。测量应在发动机充分冷却后进行。

b. 连接器的处理。断开连接器时，首先将连接器外壳两半配合部分紧压在一起以使其解锁，然后压下锁爪，并分离连接器，不要硬拉线束，直接抓住连接器并将其分离。连接连接器前，应确认端子无变形、损坏、松动或丢失，然后，用力压直至听到连接器"咔嗒"一声而锁止。

如果使用万用表检查连接器，则使用小型测试引线从后侧（线束侧）检查连接器。由于无法从后侧检查防水连接器，所以应通过连接分线束检查。不要移动插入的检测探针，以免损坏端子。如图 6-39 所示，图中 a 为正确实例，b 为错误实例。

图 6-39　连接器的处理方法

c. 检查连接器。连接连接器后的检查：挤压连接器以确认其充分连接并锁止。

断开连接器后的检查：从连接器后部轻拉线束以进行检查，查看端子是否松开、缺失以及压接处是否松动或导线是否断裂。目视检查是否存在腐蚀、金属屑或异物和水，并检查端子是否弯曲、生锈、过热、变脏或变形，如图 6-40 所示。

检查端子的接触压力:准备备用的阳端子,将其插入一阴端子中,检查在插入过程中和完全搭接后的张力是否充足,如图 6-41 所示。

d. 连接器端子的维修方法。如果端子上有异物,则使用压缩空气或布清洁接触点。切勿使用砂纸摩擦触点,这将使镀层脱落。如果接触压力不正常,则更换阴端子。如果阳端子镀金(金色),则使用镀金阴端子;如果阳端子镀银(银色),则使用镀银阴端子。如果端子损坏、变形或腐蚀,则应将其更换。如果端子无法锁止在外壳内,则必须更换该外壳。如图 6-42 所示,图中 a 为正确实例,b 为错误实例。

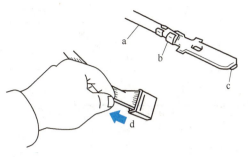

图 6-40 连接器检查方法

a—芯线;b—压接处松动;c—端子变形;d—轻拉

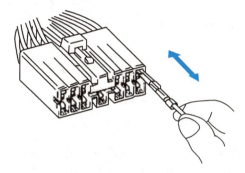

图 6-41 接线端子的检查方法

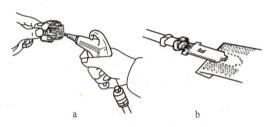

图 6-42 连接器端子维修方法

e. 线束的处理。如果要拆下线束,开始前检查配线和卡夹,以便其重新安装。切勿过度扭曲、拔拉或松开线束。切勿使线束接触到任何高温、旋转、移动、振动或锋利的零件。避免其与面板边缘,与螺钉尖端及其他锋利物体接触。安装零件时,切勿挤压线束。切勿划伤或破坏线束的外皮。如果外皮划伤或破裂,则使用绝缘胶带进行维修或更换线束。如图 6-43 所示,a 为错误实例。

② 检查断路。图 6-44 中线束的断路,按如下所述测量电阻和电压。

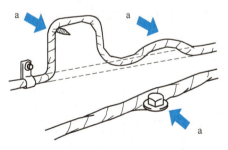

图 6-43 线束的错误处理示例

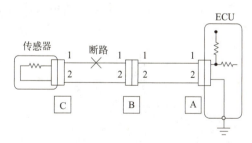

图 6-44 断路示意图

a. 检查电阻。如图 6-45 所示,断开连接器 A 和 C,并测量连接器端子之间的电阻,在垂直和水平方向轻轻地晃动线束时测量电阻。如果结果与表 6-7 规定值一致,则连接器 A 端子 1 和连接器 C 端子 1 之间存在断路。

如图 6-46 所示,断开连接器 B 并测量连接器端子之间的电阻,如果结果与表 6-8 规定值一致,则连接器 B2 端子 1 和连接器 C 端子 1 之间存在断路。

表 6-7 电阻检查标准值 1

检测仪连接	条件	规定状态
连接器 A 端子 1—连接器 C 端子 1	始终	10kΩ 或更大
连接器 A 端子 2—连接器 C 端子 2	始终	小于 1Ω

表 6-8 电阻检查标准值 2

检测仪连接	条件	规定状态
连接器 A 端子 1—连接器 B1 端子 1	始终	小于 1Ω
连接器 B2 端子 1—连接器 C 端子 1	始终	10kΩ 或更大

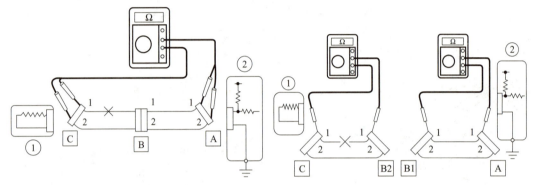

图 6-45 断路电阻检查 1   图 6-46 断路电阻检查 2

b. 检查电压。在向 ECU 连接器端子施加电压的电路中，通过电压检查可以检查断路。各连接器仍然连接时，测量车身搭铁和以下端子之间的电压（以此顺序）：连接器 A 端子 1、连接器 B 端子 1 和连接器 C 端子 1（图 6-47）。

如果结果与表 6-9 规定值一致，则连接器 B 端子 1 和连接器 C 端子 1 之间的线束存在断路。

表 6-9 电压检查标准值

检测仪连接	条件	规定状态
连接器 A 端子 1—车身搭铁	电源开关 ON(IG)	5V
连接器 B 端子 1—车身搭铁	电源开关 ON(IG)	5V
连接器 C 端子 1—车身搭铁	电源开关 ON(IG)	低于 1V

③ 检查短路。如果线束对搭铁短路，如图 6-48 所示，则按如下所述测量电阻，找出短路部分。

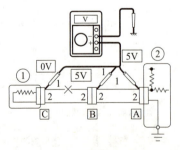

图 6-47 断路电压检查

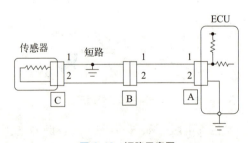

图 6-48 短路示意图

检查至车身搭铁的电阻：断开连接器 A 和 C，在垂直和水平方向轻轻地晃动线束时测量电阻。如果结果与表 6-10 规定值一致，则连接器 A 端子 1 和连接器 C 端子 1 之间存在短路（图 6-49）。

表 6-10 电阻检查标准值 1

检测仪连接	条件	规定状态
连接器 A 端子 1—车身搭铁	始终	小于 1Ω
连接器 A 端子 2—车身搭铁	始终	10kΩ 或更大

断开连接器 B 并测量电阻，如结果与表 6-11 规定值一致，则连接器 B2 端子 1 和连接器 C 端子 1 之间存在短路（图 6-50）。

表 6-11 电阻检查标准值 2

检测仪连接	条件	规定状态
连接器 A 端子 1—车身搭铁	始终	10kΩ 或更大
连接器 B2 端子 1—车身搭铁	始终	小于 1Ω

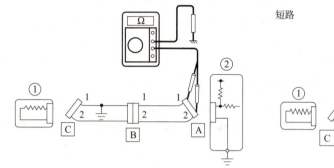

图 6-49 短路电阻检查 1　　　图 6-50 短路电阻检查 2

④ 检查和更换 ECU。先检查 ECU 搭铁电路。如果有故障，则进行维修。如果正常，则 ECU 可能有故障。暂时用确认正常的 ECU 更换，并检查故障症状是否出现。如果故障症状消失，则更换原 ECU。

如图 6-51 所示，测量 ECU 搭铁端子与车身搭铁之间的电阻，标准电阻：小于 1Ω。

断开 ECU 连接器，检查 ECU 侧和线束侧的搭铁端子是否弯曲、腐蚀或存有异物，最后检查阴端子的接触压力，如图 6-52 所示。

注意：不要将连接器从 ECU 上断开；从线束侧连接器的后侧进行检查；在未规定测量条件时，应在发动机停止且电源开关置于 ON（IG）位置的情况下进行检查；检查并确认连接器完全就位，检查线束是否松动、腐蚀和断裂。

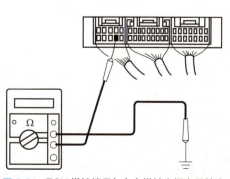

图 6-51 ECU 搭铁端子与车身搭铁之间电阻检查

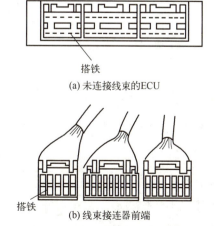

图 6-52 ECU 搭铁端子外观检查

(8) 故障症状表

虽然读取故障码,可以了解故障原因,缩小检查范围,迅速准确地确定故障性质和部位,有针对性地检查有关部件、元件和线路,将故障排除,但是存在故障,不一定有故障代码。

故障码是由控制电脑的自诊断系统定义的,实际上一个控制系统在出厂时,设计人员只能按照设计要求,根据传感器和执行器及控制电脑可能出现的问题以及试制和实验过程中出现的各种故障对故障码进行标定。换句话说,控制电脑对传感器进行检测时,只能接受其设定范围内的传感器非正常信号,从而判别传感器的好坏,记录或不记录故障代码。若因某种原因致使传感器灵敏度下降、反应迟钝、输出特性发生偏移等,则自诊断系统就测不出来,尽管发动机确有明显的故障症状,但自诊断系统却输出正常的无故障码信息,这也正是为什么发动机有故障症状,用故障诊断仪读不出故障码的原因。另一方面,汽车的故障是千变万化的,故障的原因也是多种多样的,设计人员在对故障码进行标定时,没有也不可能包含汽车实际运行中可能出现的所有故障。例如,未被控制系统监测的机械性故障,自诊断系统就无法识别,但发动机却会表现出工作不良的故障症状。举例,节气门漏气导致空气流量计量不准从而引起发动机怠速不稳,火花塞松动导致气缸漏气引起的发动机油耗增大这些虽然是发动机的明显故障症状,也表明确实有故障,但因这些故障信息无传感器监控,ECU当然无故障码输出。

检修混合动力控制系统时有故障症状出现且不能读取故障代码时,可以参考故障症状表(如表6-12所示),进行可疑部位基本检查,提高维修效率。

表 6-12 混合动力汽车故障症状表

症 状	可 疑 部 位
无法进入 EV 驱动模式	CAN 通信系统
	EV 驱动模式开关(组合开关总成)
	模式选择开关 EV 模式电路
	组合仪表总成
EV 模式指示灯不亮	组合仪表总成
	EV 驱动模式开关(组合开关总成)
	模式选择开关 EV 模式电路
EV 模式指示灯不熄灭	组合仪表总成
	EV 驱动模式开关(组合开关总成)
	模式选择开关 EV 模式电路
无法进入动力模式	CAN 通信系统
	动力模式开关(组合开关总成)
	模式选择开关动力模式电路
	组合仪表总成
动力模式指示灯不亮	动力模式开关(组合开关总成)
	模式选择开关动力模式电路
	组合仪表总成
动力模式指示灯不熄灭	动力模式开关(组合开关总成)
	模式选择开关动力模式电路
	组合仪表总成
无法进入环保模式	CAN 通信系统
	环保模式开关(组合开关总成)
	模式选择开关环保模式电路
	组合仪表总成

续表

症　状	可 疑 部 位
环保模式指示灯不亮	环保模式开关(组合开关总成)
	模式选择开关环保模式电路
	组合仪表总成
环保模式指示灯不熄灭	环保模式开关(组合开关总成)
	模式选择开关环保模式电路
	组合仪表总成
喘抖和/或加速不良	制动优先系统
无法换至范围内的挡位或无法切换挡位	换挡拨板装置电路
无法将电源开关置于ON(READY)位置	蓄电池电压传感器(故障总成确认)
	智能上车和启动系统(启动功能)
	ECU电源电路
	混合动力车辆控制ECU总成
	ECM
混合动力车辆变速器发出大的咔咔声	混合动力车辆变速器发出较大的响振声
	变速器输入减振器总成
	混合动力车辆变速器总成
	发动机缺火
多信息显示屏上显示"MAINTENANCE REQUIRED FOR HYBRID BATTERY COOLING PARTS AT YOUR DEALER"(请在经销商处进行混合动力蓄电池冷却零件所需保养)	确保HV蓄电池冷却系统进气口未堵塞
	确保风管连接部位之间无间隙
	清洁混合动力蓄电池1号进气滤清器。检查有无异物进入
	即便未存储DTC,也要清除DTC以重置学习值
后排座椅坐垫侧盖的通风孔内发出异常噪声	确保HV蓄电池冷却系统进气口未堵塞
	确保风管连接部位之间无间隙
	清洁混合动力蓄电池1号进气滤清器。检查有无异物进入

(9) ECU端子图

混合动力车辆控制ECU各个端子的连接线如表6-13所示,其中波形1~8分别如图6-53~图6-60所示。

表6-13　混合动力车辆控制ECU各个端子的连接线

端子编号(符号)	输入/输出	端子描述	条　件	规定状态
A28-4(HMCH)-E23-3(E1)	IN/OUT	CAN通信信号	电源开关ON(READY)	产生脉冲(波形1)
A28-5(MREL)-E23-3(E1)	OUT	主继电器	电源开关ON(IG)	11~14V
A28-6(HSDN)-E23-3(E1)	OUT	MGECU切断信号	电源开关ON(READY)	0~1V
A28-7(STP)-E23-3(E1)	IN	刹车灯开关	踩下制动踏板松开制动踏板	11~14V 0~1.5V
A28-8(LIN3)-E23-3(E1)	IN/OUT	空调通信信号	电源开关ON(READY)	产生脉冲
A28-1(+B1)-E23-3(E1)	IN	电源	电源开关ON(IG)	11~14V
A28-14(HMCL)-E23-3(E1)	IN/OUT	通信信号	电源开关ON(READY)	产生脉冲(波形1)
A28-20(BL)-E23-3(E1)	OUT	倒车灯	电源开关ON(IG)操纵杆置于R	11~14V
A28-24(VCPA)-A28-37(EPA)	OUT	加速踏板传感器总成电源(VPA)	电源开关ON(IG)	4.5~5.5V
A28-26(VCP2)-A28-25(EPA2)	OUT	加速踏板传感器总成电源(VPA2)	电源开关ON(IG)	4.5~5.5V
A28-33(NIWP)-E23-3(El)	IN	逆变器水泵信号	电源开关ON(READY)	产生脉冲(波形2)

续表

端子编号(符号)	输入/输出	端子描述	条　件	规定状态
A28-34(IWP)-E23-3(E1)	OUT	逆变器水泵信号	电源开关 ON(READY)	产生脉冲（波形 2）
A28-36(VPA)-A28-37(EPA)	IN	加速踏板传感器总成(加速踏板位置检测)	电源开关置于 ON(IG)，松开加速踏板	0.4～1.4V
			电源开关置于 ON(IG)位置，发动机停机，挡位置于 P,完全踩下加速踏板	2.6～4.5V
A28-38(VPA2)-A28-25(EPA2)	IN	加速踏板传感器总成(加速踏板位置检测)	电源开关置于 ON(IG)，松开加速踏板	1.0～2.2V
			电源开关置于 ON(IG)位置，发动机停机，挡位置于 P,完全踩下加速踏板	3.4～5.3V
A28-46(MMT)-A28-45(MMTG)	IN	电动机温度传感器	电源开关置于 ON(IG)位置，温度为 25℃	3.6～4.6V
			电源开关置于 ON(IG)位置，温度为 60℃	2.2～3.2V
A28-48(GMT)-A28-47(GMTG)	IN	发电机温度传感器	电源开关置于 ON(IG)位置，温度为 25℃	3.6～4.6V
			电源开关置于 ON(IG)位置，温度为 60℃	2.2～3.2V
E22-5(ILK)-E23-3(E1)	IN	互锁开关	电源开关置于 ON(IG)位置，连接器盖总成,维修塞把手安装正确	0～1.5V
			电源开关置于 ON(IG)位置，未安装维修塞把手	11～14V
E22-7(CA3P)-E23-3(E1)	IN/OUT	CAN 通信信号	电源开关 ON(IG)	产生脉冲（波形 3）
E22-8(CA1L)-E23-3(E1)	IN/OUT	CAN 通信信号	电源开关 ON(IG)	产生脉冲（波形 4）
E22-13(SMRG)-E22-12(E01)	OUT	系统主继电器工作信号	电源开关 ON(IG)-电源开关 ON(READY)	产生脉冲（波形 5）
E22-15(SMRP)-E22-12(E01)	OUT	系统主继电器工作信号	电源开关 ON(IG)-电源开关 ON(READY)	产生脉冲（波形 5）
E22-16(SMRB)-E22-12(E0l)	OUT	系统主继电器工作信号	电源开关 ON(IG)-电源开关 ON(READY)	产生脉冲（波形 5）
E22-20(CA3N)-E23-3(E1)	IN/OUT	CAN 通信信号	电源开关 ON(IG)	产生脉冲（波形 3）
E22-21(CA1H)-E23-3(E1)	IN/OUT	CAN 通信信号	电源开关 ON(IG)	产生脉冲（波形 4）
E22-28(ST1-)1-E23-3(E1)	IN	制动取消开关	电源开关置于 ON(IG)位置，踩下制动踏板	0～1.5V
			电源开关置于 ON(IG)位置，松开制动踏板	11～14V
E22-35(IG2)-E23-3(E1)	IN	电源	电源开关 ON(IG)	11～14V

续表

端子编号(符号)	输入/输出	端子描述	条 件	规定状态
E22-38(SIO)-E23-3(E1)	OUT	蓄电池冷却鼓风机工作信号	冷却风扇工作	产生脉冲（波形6）
			冷却风扇不工作	4.5～5.5V
E22-41(BTH+)-E23-3(E1)	IN	自蓄电池电压传感器至混合动力车辆控制ECU的通信信号	电源开关 ON(IG)	产生脉冲（波形7）
E22-42(BTH-)-E23-3(E1)	IN	自蓄电池电压传感器至混合动力车辆控制ECU的通信信号	电源开关 ON(IG)	产生脉冲（波形7）
E22-48(THB)-E22-47(ETHB)	IN	辅助蓄电池温度	电源开关置于 ON(IG)位置，辅助蓄电池温度为25℃	1.7～2.3V
			电源开关置于 ON(IG)位置，辅助蓄电池温度为60℃	0.6～0.9V
E23-1(+B2)-E23-3(E1)	IN	电源	电源开关 ON(IG)	11～14V
E23-4(ST2)-E23-3(E1)	IN	起动机信号	电源开关 ON(IG)	0～1.5V
E23-11(SFTD)-E23-3(E1)	IN	变速器控制	操作左侧换挡拨板装置(−)	0～1.5V
			未操作左侧换挡拨板装置(−)	11～14V
E23-24(SFTU)-E23-3(E1)	IN	变速器控制	操作右侧换挡拨板装置(+)	0～1.5V
			未操作右侧换挡拨板装置(+)	11～14V
E23-27(BATT)-E23-3(E1)	IN	稳压电源	始终	10～14V
E23-29(ABFS)-E23-3(E1)	IN	空气囊激活信号	电源开关 ON(READY)	产生脉冲（波形8）
E23-30(TC)-E23-3(E1)	IN	诊断端子	电源开关 ON(IG)	11～14V
E23-31(LIN)-E23-3(E1)	IN/OUT	认证ECU通信信号	电源开关 ON(IG)	产生脉冲
E23-33(EVSW)-E23-3(E1)	IN	EV驱动模式开关（组合开关总成）信号	电源开关置于 ON(IG)位置，未操作EV驱动模式开关(组合开关总成)	11～14V
			电源开关置于 ON(IG)位置，操作EV驱动模式开关(组合开关总成)	0～1.5V
E23-27(PWR)-E23-3(E1)	IN	动力模式开关（组合开关总成）信号	电源开关置于 ON(IG)位置，未操作动力模式开关(组合开关总成)	11～14V
			电源开关置于 ON(IG)位置，操作动力模式开关(组合开关总成)	0～1.5V
E23-46(VSI4)-E23-49(E2X2)	IN	换挡传感器（VSX4）	电源开关置于 ON(IG)位置，换挡杆置于原始位置	0.68～1.62V
			电源开关置于 ON(IG)位置，换挡杆置于D位置	4.47～4.75V
			电源开关置于 ON(IG)位置，换挡杆置于N位置	3.53～4.47V
			电源开关置于 ON(IG)位置，换挡杆置于R位置	2.75～3.52V
			电源开关置于 ON(IG)位置，换挡杆置于S位置	1.63～2.70V

续表

端子编号(符号)	输入/输出	端子描述	条　件	规定状态
E23-48(VSI3)-E23-49(E2X2)	IN	换挡传感器(VSX3)	电源开关置于 ON(IG)位置，换挡杆置于原始位置	1.63～2.70V
			电源开关置于 ON(IG)位置，换挡杆置于 D 位置	3.53～4.17V
			电源开关置于 ON(IG)位置，换挡杆置于 N 位置	2.45～3.52V
			电源开关置于 ON(IG)位置，换挡杆置于 R 位置	1.63～2.45V
			电源开关置于 ON(IG)位置，换挡杆置于 S 位置	0.98～2.45V
E23-50(VSI2)-E23-51(E2X1)	IN	换挡传感器(VSX2)	电源开关置于 ON(IG)位置，换挡杆置于原始位置	2.45～3.52V
			电源开关置于 ON(IG)位置，换挡杆置于 D 位置	2.70～4.17V
			电源开关置于 ON(IG)位置，换挡杆置于 N 位置	2.45～3.52V
			电源开关置于 ON(IG)位置，换挡杆置于 R 位置	1.63～2.70V
			电源开关置于 ON(IG)位置，换挡杆置于 S 位置	1.63～2.45V
E23-52(VSI1)-E23-51(E2X1)	IN	换挡传感器(VSX1)	电源开关置于 ON(IG)位置，换挡杆置于原始位置	3.53～4.47V
			电源开关置于 ON(IG)位置，换挡杆置于 D 位置	1.63～2.40V
			电源开关置于 ON(IG)位置，换挡杆置于 N 位置	0.68～1.62V
			电源开关置于 ON(IG)位置，换挡杆置于 R 位置	0.40～0.67V
			电源开关置于 ON(IG)位置，换挡杆置于 S 位置	2.75～3.52V
E23-53(VCX2)-E23-49(E2X2)	OUT	换挡传感器电源(VCX2)	电源开关 ON(IG)	4.5～5.5V
E23-54(VCX1)-E23-51(E2X1)	OUT	换挡传感器电源(VCX1)	电源开关 ON(IG)	4.5～5.5V

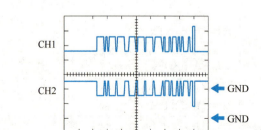

图 6-53　波形 1

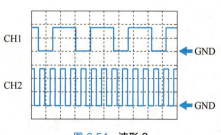

图 6-54　波形 2

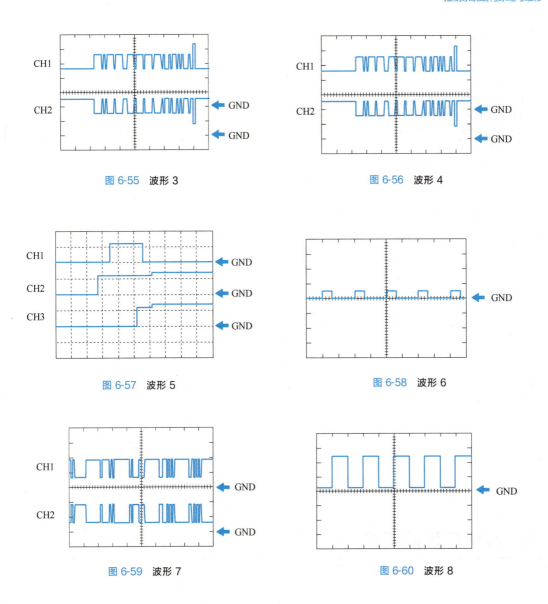

图 6-55 波形 3

图 6-56 波形 4

图 6-57 波形 5

图 6-58 波形 6

图 6-59 波形 7

图 6-60 波形 8

混合动力车辆控制 ECU 端子的外观顺序如图 6-61 所示。

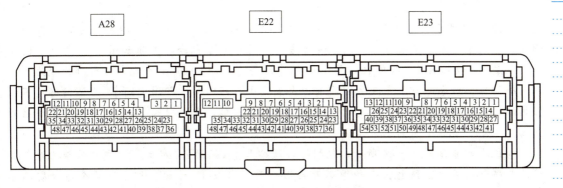

图 6-61 混合动力车辆控制 ECU 端子顺序图

学生项目实施评价表

你是否在教师的帮助下达成下面的任务目标?	是	否
知识目标		
掌握混合动力汽车控制系统主要零部件组成	☐	☐
掌握混合动力汽车控制系统主要零部件的功能	☐	☐
理解混合动力汽车各个子控制系统的工作原理	☐	☐
能力目标		
你是否能从维修手册查阅需要的信息?	☐	☐
你是否能读懂维修手册中的电路?	☐	☐
你是否会用故障诊断仪?	☐	☐
你是否会用控制系统故障诊断排除方法和流程进行故障排除?	☐	☐
素质目标		
你是否认识到混合动力汽车维修的高压危险?	☐	☐
你是否具备了混合动力汽车维修的安全意识?	☐	☐
你是否能收集与整理故障信息?	☐	☐
你是否深刻理解了电控系统故障诊断与排除方法、流程内在的思路和逻辑关系?	☐	☐
完成情况 　　所有上述表格必须是肯定回答。如果不是,应咨询教师是否需要增加学习活动,以达到要求的技能。 教师评语: 教师签字: 学生签字: 完成时间和日期:		

四、知识与技能拓展

混合动力汽车热管理控制系统

1. 热管理系统结构

如图6-62所示,热管理系统由4个基本部分组成,分别是发动机冷却部分,电机冷却部分,电池冷却部分,乘员舱空调系统部分。系统中发动机冷却部分如图6-63所示,包括冷却风扇3,散热器4,水泵12,阀14,图中线条为冷却液管路,发动机冷却部分分为大循环与小循环,当冷却液温度低于80℃时冷却液走小循环回路,即图中阀14右侧回路,不经散热器,当冷却液温度高于80℃时冷却液走大循环回路,即图中阀14左侧回路,经高温散热器4,两位三通阀14即代表节温器。

电机冷却部分如图6-64所示,包括冷却风扇1,散热器2,水泵17,图中线条为冷却液管路,当电机温度达到电机冷却循环开启温度时,水泵17开始工作,带动冷却介质循环流动。

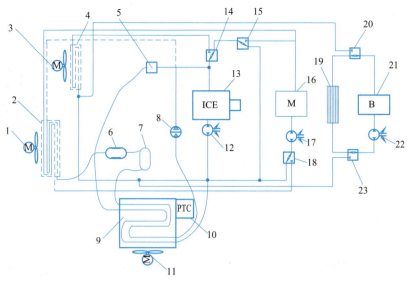

图 6-62 热管理系统结构示意图

1—低温风扇；2—低温散热器（冷凝器）；3—高温风扇；4—高温散热器（冷凝器）；5—取暖水阀；6—储液罐；7—膨胀阀；8—压缩机；9—蒸发器；10—PTC 加热器；11—鼓风机；12,17,22—水泵；13—发动机；14—节温阀；15,20,23—阀；16—电机；18—分流器；19—电池散热翅片；21—电池包

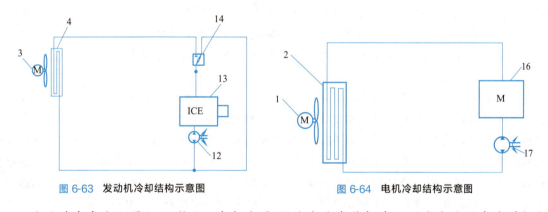

图 6-63 发动机冷却结构示意图　　　　图 6-64 电机冷却结构示意图

电池冷却部分如图 6-65 所示，包括水泵 22 和电池散热翅片 19，当电池温度达到电池冷却循环开启温度时，水泵 22 开始工作，冷却液从电池组中吸收热量维持电池工作在合理温度范围内，通过散热翅片 19 将热量散逸到空气中，这里对电池组采用间接液冷的冷却方式。

上述各部分中的冷却介质相同，这样可以保证各部分之间可以连通，利用冷却介质的流动将动力部件散发的热量进行传递。乘员舱空调系统部分如图 6-66 所示，包括冷却风扇 1，散热器 2，取暖水阀 5，储液罐 6，膨胀阀 7，压缩机 8，热交换器 9，PTC 加热器 10，鼓风机 11，水泵 12。当乘员舱有制冷需求时，冷却风扇 1，散热器 2，储液罐 6，膨胀阀 7，压缩机 8，热交换器 9，PTC 加热器 10 组成的空调冷却部分开始工作，通过鼓风机 11 将热交换器 9 中的冷空气送入乘员舱。乘员舱有加热需求时，如果此时发动机在工作并且发动机冷却液温度足够高，则开启取暖水阀 5，将发动机冷却液引入热交换器 9，鼓风机 11 工作将加热后的空气送入乘员舱，如果此时发动机未工作，则启动 PTC 加热器 10 来加热空气，同样通过鼓风机 11 将加热后的空气送入乘员舱。

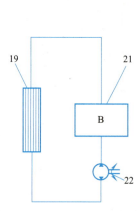
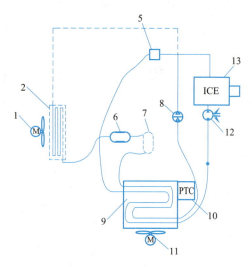

图 6-65 电池冷却结构示意图　　　　图 6-66 乘员舱空调系统结构示意图

2. 热管理控制系统工作过程

混合动力汽车的发动机、电机和电池都有各自的工作温度范围,在温度过低或过高时它们的性能会下降很多,导致无法有效工作,影响整车性能。在高温情况下可以依靠冷却系统对部件进行有效的冷却,但一般车辆中没有考虑在低温条件下对动力部件进行加热,热管理系统在低温条件下,能够利用动力部件之间的温度关系,在启动工作之前对动力部件进行合理的预热,能够在保证车辆正常行驶的前提下改善动力部件的工作效率和使用寿命。

（1）电池预热模式

发动机启动后温度不断上升,冷却液吸收发动机发出的热量,在冷却液温度升高至节温器开启温度时,一般为80℃,节温器开启,发动机大循环回路冷却,此时发动机达到最佳工作温度范围,大约为85~95℃之间,为了将发动机温度维持在这个温度范围之内,发动机散热器和冷却风扇会开启工作将发动机散发出的热量以冷却液为介质传递给空气,起到冷却的作用。此时利用发动机散发出的热量来给电池进行预热,热管理系统中利用发动机热量给电池进行预热部分结构图如图6-67所示。发动机大循环回路冷却,此时两位三通阀20与23分别切换至如图所示状态,将发动机冷却循环管路与电池冷却循环管路连通,发动机冷却液在流过散热器4,阀20之后流入电池组21,流过阀23之后流回发动机冷却回路。发动机冷却液将发动机热量带到动力电池组处,电池吸收冷却液中的热量,温度升高,此时电池

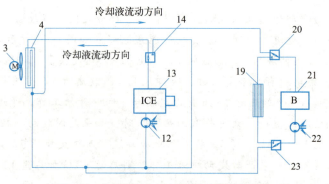

图 6-67 热管理系统电池预热部分结构示意图

冷却液不经过散热翅片。

（2）发动机预热

上述说明了在低温条件下，利用发动机热量给电池预热，而在车辆启动时电池温度大于0℃的情况下，则利用电机的热量给发动机进行预热，热管理系统中给发动机进行预热的结构示意图如图6-68所示。整车启动时电池温度高于0℃，电池SOC较高，整车可以依靠纯电动行驶较长的距离，在这个过程中电机不断发热，电机冷却风扇与电机散热器工作给电机

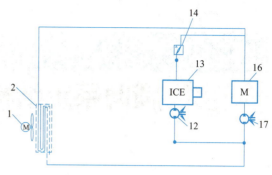

图 6-68　热管理系统发动机预热结构示意图

冷却，此时将发动机冷却回路与电机冷却回路连通，冷却液将电机的热量带到发动机处给发动机加热，持续加热到发动机温度接近冷却液温度或整车以电量维持模式行驶。

热管理系统针对发动机、电机和电池来说共有3种工作模式，工作模式一为发动机、电机与电池在工作过程中分别独立冷却，工作模式二为发动机给电池预热，工作模式三为电机给发动机预热。这里需要说明的是这3种工作模式的执行并不是绝对的，如模式一中，当整车在电量消耗模式下纯电动行驶，电机与电池分别根据自身温度进行独立冷却，此时发动机不启动，发动机不进行任何冷却，但这依然是工作模式一。3种工作模式在车辆行驶过程中可相互切换。

五、项目小结

本项目对混合动力汽车控制系统的零部件组成、功能和控制原理等知识与混合动力汽车控制系统故障诊断与排除的方法和流程进行了讲解。通过本项目的学习，在读者掌握以上知识的同时，需要初步具备故障信息收集与处理能力，能运用科学与高效的控制系统故障诊断与排除流程、故障诊断仪和维修手册完成从接车到故障排除整个流程。

 思考与练习

1. 混合动力汽车控制系统的零部件组成与功用。
2. 混合动力汽车控制系统包含哪几部分？
3. 混合动力汽车控制系统除了本项目所学习到的控制内容，还有其他控制内容吗？请利用网络进行资料收集后回答。
4. 混合动力汽车控制系统的工作原理。
5. 混合动力汽车控制ECU和ECM、电机ECU之间是什么关系？
6. 为什么故障诊断仪能提高维修效率？
7. 故障诊断仪里面的定格数据有什么用？
8. 是不是所有的故障都会储存故障代码？请简述故障代码与故障之间的关系。
9. 请简述混合动力汽车控制系统故障诊断与排除的流程。
10. 如果你接车时客户描述的故障现象不存在，你怎么处理？

项目七
辅助系统结构原理与维修

 思维导图：

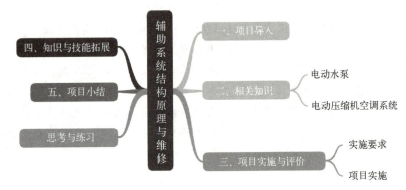

一、项目导入

故障案例：卡罗拉双擎 CVT 精英版车辆制冷效果不好，经维修技师检查，压缩机损坏需要更换。

为了提高燃油经济性，混合动力汽车的压缩机一般由电机驱动，并与压缩机集成在一起。驱动电机一般采用的都是交流电机，其工作需要来自和电池相连的逆变器总成输出的高压交流电，同时，混合动力车辆控制 ECU 可以通过对电机的控制来控制压缩机的转速。所以，混合动力汽车的空调压缩机无论是在结构上还是控制上都与常规的内燃机汽车的空调压缩机不同。除此之外，其他组成部分和常规内燃机汽车的空调系统组成相同。

本项目通过对混合动力汽车空调系统的电动压缩机进行讲解，在使读者掌握电动空调压缩机的构造、工作原理和控制原理等知识的同时，通过电动空调压缩机拆装项目的实施使读者掌握电动空调压缩机的维修技能。

和电动空调压缩机类似的还有发动机的冷却系统的水泵，其同样是采用电机进行驱动。本项目对电动水泵的构造和控制原理进行讲解，并通过电动水泵的拆装使读者具备电动水泵的维修能力。

知识目标：

① 掌握电动水泵的构造和工作原理；

② 理解电动水泵的控制原理；

③ 掌握电动空调压缩机的构造和工作原理；

④ 理解电动空调压缩机的控制原理。

能力目标：

① 具备电动水泵的维修能力，会更换水泵和运用故障诊断仪检查模式完成发动机冷却液补充；

② 具备电动空调压缩机的维修能力，能更换电动空调压缩机和检查压缩机机油；

③ 具备维修电动空调压缩机的高压电防护能力。

素质目标：

培养高压电安全意识。

二、相关知识

（一）电动水泵

1. 电动水泵的构造

混合动力汽车的发动机冷却系统一般采用带压力储液罐的压力强制循环系统。其水泵采用电动机驱动，相比机械式水泵，电动水泵不再依赖发动机动力，取消了传动皮带和皮带轮，可减少磨损并减轻重量，且断开至泵电动机的电源将有助于提高燃油经济性。除此之外，由于混合动力系统使发动机反复停机和重新启动，通过安装的电动发动机水泵总成，使发动机运行时的冷却液温度稳定。电动水泵根据 ECM 信号调节冷却液流量，进而提高了预热性能并减少冷却损失。混合动力汽车的发动机冷却系统结构如图 7-1 所示。

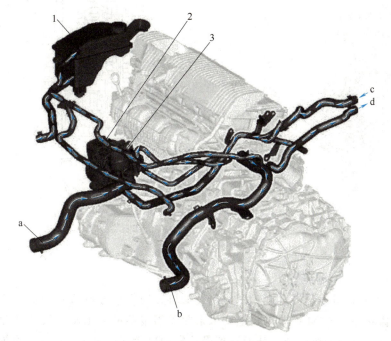

图 7-1 混合动力汽车的发动机冷却系统结构

1—储液罐总成；2—发动机水泵总成；3—节气门体总成；
a—自散热器总成；b—至散热器总成；c—自加热器散热器装置；d—至加热器散热器装置

混合动力汽车发动机冷却系统的循环示意图如图 7-2 所示，和常规内燃机汽车发动机冷却系统相同。

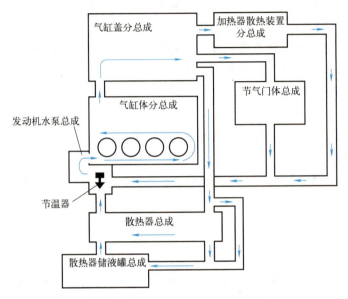

图 7-2　发动机冷却系统的循环示意图

电动水泵的结构如图 7-3 所示。

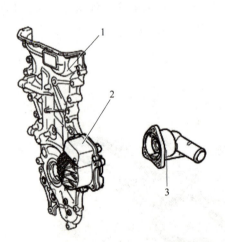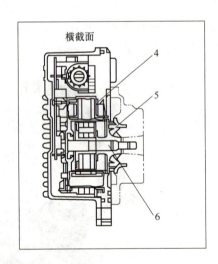

图 7-3　电动水泵的结构

1—正时皮带盖；2—发动机水泵总成；3—带节温器的进水口分总成；
4—定子；5—叶轮；6—轴

2. 电动水泵的控制原理

ECM 根据发动机冷却液温度、车速和发动机转速等信号调节发动机冷却液循环量以适应发动机工作状态。ECM 接收来自电动水泵驱动器电路的泵电动机转速脉冲信号，然后根据工作情况确定泵电动机转速，从而达到最佳发动机冷却液流量，因此，可加快发动机暖机速度，同时减少冷却损失。其控制原理图如图 7-4 所示。

项目七 辅助系统结构原理与维修　263

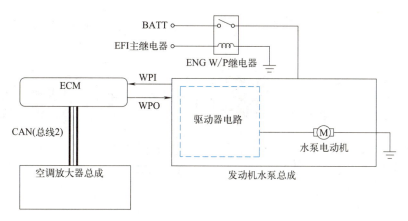

图 7-4　电动水泵的控制原理图

（二）电动压缩机空调系统

1. 电动压缩机空调系统的组成

电动压缩机空调系统主要由纯电动或混动压缩机、冷凝器、储液干燥器、膨胀阀、蒸发箱和控制电路等组成，如图 7-5 所示。低压管路：从节流阀出口至压缩机入口，沿程有蒸发箱、低压加注口、积累器。高压管路：从压缩机出口至节流阀入口，沿程有压缩机、冷凝器、干燥器、高压加注口、高低压开关、节流阀。

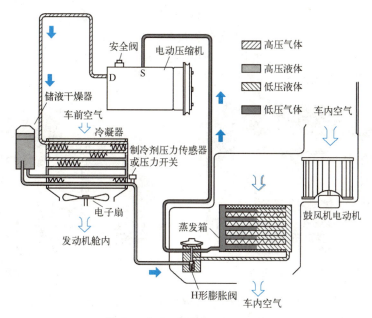

图 7-5　电动压缩机空调系统的组成

图 7-6 为电动压缩机空调系统（图右）和普通汽车空调系统（图左）。

2. 电动空调压缩机制冷原理

汽车空调整个制冷原理为四个过程循环。

① 压缩过程：压缩机吸入蒸发器出口处的低温低压的制冷剂气体，把它压缩成高温高压气体排出压缩机，如图 7-7 所示。

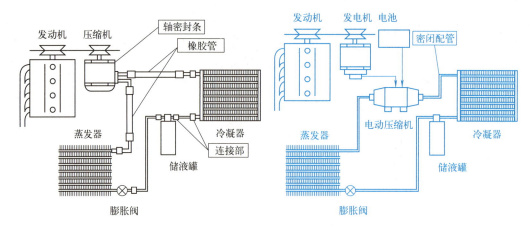

图 7-6　电动压缩机空调系统与普通汽车空调系统的对比

压缩过程就是聚热过程，将热量聚集而温度升高，以使热量从高温向低温传递。

此时冷媒的状态：在常温下压力高于沸点的压力冷媒是液态；压力低于沸点的压力冷媒是气态，而此时的冷媒虽处于高压但同时又处于高温，沸点和压力成正比例关系，压力越大，沸点温度越高。

如水在一个大气压下沸点温度为 100℃，在表压为 $1kgf/cm^2$（$1kgf/cm^2 \approx 98kPa$）下的沸点是 121℃。

汽车制冷剂：在一个大气压下沸点是 -29.8℃，在 $1kgf/cm^2$ 下沸点是 -10.6℃，在 $2kgf/cm^2$ 下的沸点是 0℃，$15kgf/cm^2$ 下沸点是 57℃。压缩机出口压力通常在 1.4～1.5MPa 但温度同时也在 50～60℃，因此这时冷媒还是气态。

② 放热过程：高温高压的过热制冷剂气体进入冷凝器，由于冷凝器的强制散热使温度降低，制冷剂气体冷凝成液体，并放出大量的热，如图 7-8 所示。

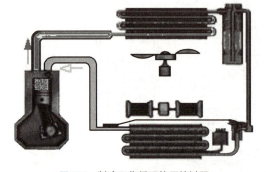

图 7-7　制冷工作循环的压缩过程

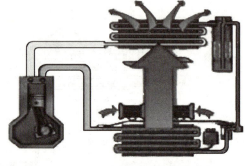

图 7-8　制冷工作循环的放热过程

③ 节流过程：温度和压力较高的制冷剂液体通过膨胀装置后体积变大，压力和温度急剧下降，以雾状（细小液滴）排出膨胀装置进入蒸发器，如图 7-9 所示。

④ 吸热过程：雾状制冷剂液体进入蒸发器，因此时制冷剂沸点远低于蒸发器内温度，故制冷剂液体蒸发成气体。在蒸发过程中大量吸收周围的热量。而后低温低压的制冷剂蒸气又进入压缩机进行下一循环，如图 7-10 所示。

上述过程周而复始地进行下去，便可达到降低蒸发器周围空气温度的目的。冷凝器和蒸发器都是热交换器。冷凝器温度高向外传递热量因此装在室外；蒸发器温度低吸收热量因此装于室内。

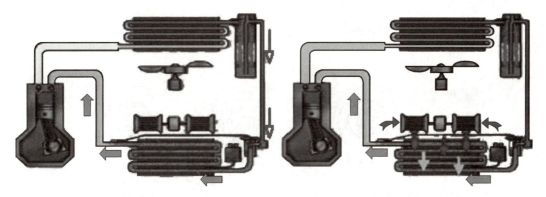

图 7-9　制冷工作循环的节流过程　　　　图 7-10　制冷工作循环的吸热过程

3. 电动空调压缩机的构造

汽车空调压缩机大致分为三类：

① 传统发动机驱动的类型。

② 使用发动机和电动机驱动的混合动力型，混合动力汽车空调压缩机就是此类型。

③ 单纯使用变频电动机驱动的类型，对于以电动机为主体（Strong-HEV 强混、EV 电动）的车辆，则供应电动压缩机。

混合动力汽车一般都采用了由电动机驱动的压缩机组合总成。除了由电动机驱动外，该压缩机的基本构造和工作原理与普通空调压缩机的相同。该总成的电动机又与逆变器集成一体。逆变器将 HV 蓄电池直流电转换成交流电使电动机旋转并驱动压缩机工作。所以，空调系统不依赖发动机即可运行，因此能提供舒适的空调环境并实现较低的油耗。

带电动机的压缩机总成由一对螺旋绕组固定卷轴和旋转卷轴、无刷电动机、机油分离器、电动机轴和空调逆变器组成，如图 7-11 所示。固定卷轴与外壳集成于一体。因为轴的旋转使旋转卷轴转动时保持原形，所以由这对卷轴隔开的空间发生变化以执行制冷剂气体的吸入、压缩和排放。将吸入端口直接安装在卷轴上方以便进行直接吸气，从而改善了吸气效率。此压缩机有内置机油分离器，可分离与制冷剂混合在一起的压缩机机油并使其在制冷剂循环中进行循环，从而降低了机油循环率。为使进入制冷剂循环中的湿气减至最少，压缩机的吸入和排放软管采用低透湿软管。

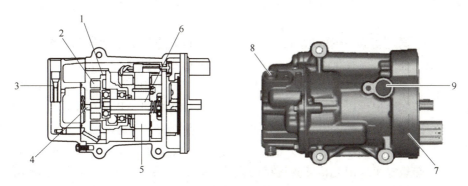

图 7-11　带电动机的空调压缩机的构造

1—旋转卷轴；2—固定卷轴；3—机油分离器；4—排放端口；5—无刷电动机；6—电动机轴；
7—空调逆变器；8—排放软管端口；9—吸入软管端口

4. 电动空调压缩机的工作原理

带电动机的压缩机总成完成制冷剂气体的吸入、压缩和排放，其工作原理如图 7-12 所示。

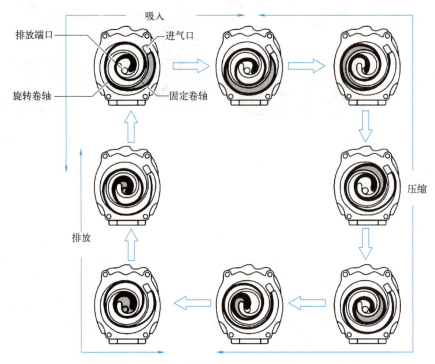

图 7-12 电动空调压缩机工作原理

吸入：由旋转卷轴和固定卷轴产生的压缩室内的容积随旋转卷轴的旋转而增大，从而从进气口吸入制冷剂气体。

压缩：从吸气过程完成时起，压缩室的容积随旋转卷轴的进一步旋转而逐渐缩小，因此，吸入的制冷剂气体逐渐压缩并发送至固定卷轴中央。旋转约 2 周时，制冷剂气体的压缩完成。

排放：制冷剂气体的压缩操作完成且制冷剂压力变高时，推动排放阀以将制冷剂气体从位于固定卷轴中央的排放端口排出。

5. 电动空调压缩机的转速控制

电动机由空调逆变器提供的三相交流电驱动，所以，车辆的空调控制系统不依赖发动机运行即可启动，因此，能提供舒适的空调系统并消耗较少的燃油。

混合动力车辆控制 ECU 通过空调放大器总成计算的所需电机的转速来控制压缩机转速。因此，制冷和除湿性以及功耗都得到了优化。压缩机电机使用高压交流电流。如果压缩机电机出现短路或断路，则混合动力车辆控制 ECU 将切断空调逆变器电路以停止对压缩机电机供电。如图 7-13 所示，空调放大器总成计算目标蒸发器温度，包括根据冷却器（车厢温度传感器）热敏电阻、阳光传感器进行的修正量，然后根据目标蒸发器温度和实际蒸发器温度（通过冷却器热敏电阻检测）计算目标压缩机电机转速，然后，空调放大器总成将目标转速发送至混合动力车辆控制 ECU。混合动力车辆控制 ECU 根据目标转速数据控制空调逆变器，以控制压缩机电机使其达到适合空调系统工作条件的转速。相应地，空调放大器总成将压缩机电机转速控制在不影响正常制冷性能或除雾性能的范围之内，因此，可以实现舒适性和低油耗。

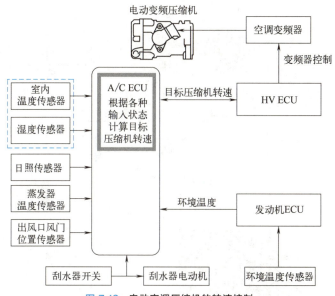

图 7-13 电动空调压缩机的转速控制

6. 带电池制冷的空调系统

如图 7-14 所示，奥迪 Q5 混合动力车辆空调系统不使用皮带驱动的空调压缩机而使用电动空调压缩机，该压缩机使用高压回路的电压来工作，并连接在功率控制电子装置上。如图 7-15 所示，在电动空调压缩机上，集成有空调压缩机控制单元，该控制单元连接在扩展 CAN 总线上。电动空调压缩机的转速是通过脉冲宽度调制（PWM）信号来调节的。

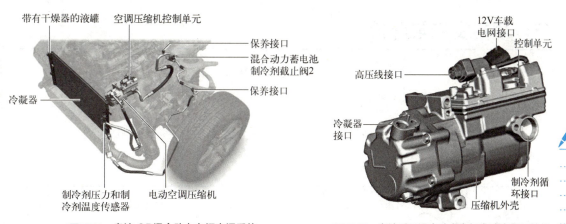

图 7-14 奥迪 Q5 混合动力车辆空调系统　　图 7-15 奥迪 Q5 混合动力车辆电动空调压缩机

图 7-16 为奥迪 Q5 混合动力车辆空调系统示意图，混合动力蓄电池制冷剂截止阀控制流向乘员舱的制冷剂，它由蓄电池控制单元来操控。该阀在断电时是打开着的，按需要会关闭（高压蓄电池快速冷却）。混合动力蓄电池制冷剂排放阀 2 控制流向高压蓄电池的制冷剂，它由蓄电池控制单元来操控。该阀在断电时是关闭着的，按需要会打开（高压蓄电池快速冷却）。

空调控制面板的"AC 开关"功能只是控制车内制冷的空调，混合动力蓄电池制冷截止阀 1 是对高压蓄电池进行冷却控制的，是单独激活该压缩机的。

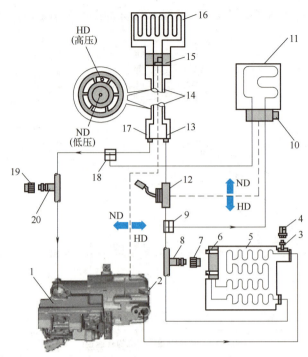

图 7-16 奥迪 Q5 混合动力车辆空调系统示意图

1—电动空调压缩机；2—超压排放阀；3—带阀门的接口；4—制冷剂压力和温度传感器；5—冷凝器；6—储液罐；7—盖罩；8—高压侧维护接口；9—至蓄电池冷却模块内蒸发器的接口；10—混合动力蓄电池制冷剂截止阀的膨胀阀；11—蓄电池冷却模块内蒸发器；12—混合动力蓄电池制冷剂截止阀；13—制冷剂管路高压侧的快速连接接头；14—带内部热交换器的制冷剂管路；15—膨胀阀；16—空调器内蒸发器；17—制冷剂管路低压侧的快速连接接头；18—至空调器内蒸发器的接口；19—封盖；20—低压侧维护接口

三、项目实施与评价

（一）实施要求

卡罗拉或者雷凌混合动力汽车、拆装工具、万用表和散热器盖检测仪（表 7-1）、故障诊断仪和冷却液。

表 7-1 工具

图示	名称	图示	名称
	万用表		散热器盖检测仪

（二）项目实施

项目实施一　电动水泵的拆装

① 零件位置。电动水泵零件位置如图 7-17 所示。

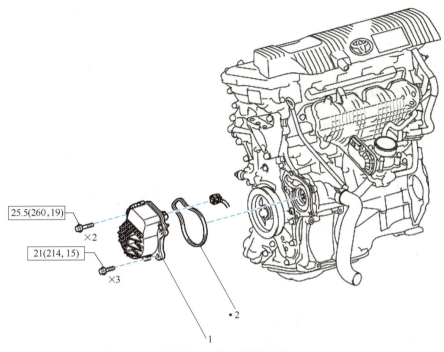

图 7-17 电动水泵零件位置

1—发动机水泵总成；2—衬垫； □—规定扭矩；●—不可重复零件

② 排空发动机冷却液。
③ 拆卸空气滤清器盖。
④ 拆卸 1 号空气滤清器进气口。
⑤ 拆卸发动机水泵总成。

a. 断开发动机水泵总成连接器。

b. 如图 7-18 所示，从正时链条盖总成上拆下 5 个螺栓和发动机水泵总成。

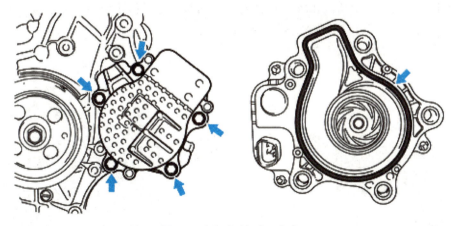

图 7-18 拆卸发动机水泵总成

c. 从发动机水泵上拆下衬垫。

⑥ 安装发动机水泵总成。

a. 将新衬垫安装到发动机水泵总成上，确保清洁接触表面。

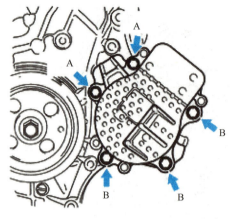

图 7-19 安装发动机水泵总成

b. 如图 7-19 所示，用 5 个螺栓将发动机水泵总成安装到正时链条盖分总成上，螺栓 A 的规定扭矩为 25.5N·m，螺栓 B 的规定扭矩为 21N·m。

c. 连接发动机水泵连接器。

⑦ 安装 1 号空气滤清器进气口。

⑧ 安装空气滤清器盖。

⑨ 加注冷却液。

a. 加注发动机冷却液至散热器储液罐总成的 B-HV 刻度线（如图 7-20 中 a 所示），规定容量：5.7L。不要用普通的水代替发动机冷却液。图中 FULL 刻度线是汽油发动机车型的冷却液刻度线，混合动力车辆必须加至 B-HV 刻度线。

b. 用手挤压散热器软管数次，然后检查发动机冷却液液位，如果发动机冷却液液位过低，则加注发动机冷却液。

c. 将发动机置于检查模式。

d. 安装储液罐盖，尽可能牢固紧固储液罐盖。

e. 对冷却系统进行放气。

启动发动机前，关闭空调开关，将加热器控制调节为最高温度设置，将鼓风机转速调节为低速设置。发动机暖机至带节温器的进水口分总成打开。带节温器的进水口分总成打开时，循环发动机冷却液几分钟。用手挤压散热器大循环软管并感觉发动机冷却液开始在散热器大循环软管内流动时的振动，可以确定带节温器的进水口分总成的开启时间。用手挤压散热器小循环软管和散热器大循环软管数次，以对系统进行放气。然后检查发动机冷却液液位，如果发动机冷却液液位过低，则加注发动机冷却液。注意：佩戴保护手套，小心散热器软管高温烫伤，使手远离风扇和 2 号风扇。

⑩ 检查冷却液是否泄漏。

a. 拆下储液罐盖。发动机和散热器总成仍很热时，不要拆下储液罐盖。高压高温的发动机冷却液和蒸汽可能会释放出来并导致严重烫伤。

b. 安装散热器盖检测仪，如图 7-21 中 a 所示。

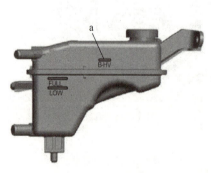

图 7-20 B-HV 刻度线

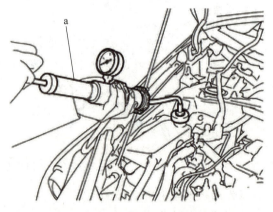

图 7-21 安装散热器盖检测仪

c. 将发动机置于检查模式。

d. 使发动机暖机。

e. 泵吸散热器盖检测仪至108kPa，然后检查并确认压力不下降。

如果压力下降，则检查软管、散热器总成和发动机水泵总成是否泄漏。如果没有发现发动机冷却液外部泄漏的迹象，则检查加热器芯、气缸体和气缸盖。

f. 拆下散热器盖检测仪。

g. 安装储液罐盖。

项目实施二　电动空调压缩机的拆装

① 零件位置，如图7-22所示。

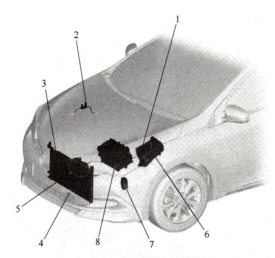

图 7-22　空调系统各零件位置

1—ECM；2—空调压力传感器；3—冷却器冷凝器总成；4—环境温度传感器；
5—带电动机的压缩机总成；6—发动机室继电器盒接线盒总成和除雾器继电器；
7—PTC加热器继电器；8—带转换器的逆变器总成

② 回收制冷系统中的制冷剂。

③ 拆卸维修塞把手。

④ 检查端子电压。

a. 断开发动机主线束。

b. 拆下蓄电池连接器盖总成。

c. 检查端子电压。佩戴绝缘手套，如图7-23所示，使用电压表直流750V或更高的测量范围测量2个相位连接器端子之间的电压，标准电压：0V。

d. 安装蓄电池的连接器盖。

e. 连接发动机主线束。

⑤ 拆卸发动机底罩。

⑥ 断开排放软管。

a. 如图7-24所示，拆下螺栓并从带电动机的压缩机总成上断开排放软管分总成。

b. 从排放软管分总成上拆下O形圈，使用乙烯绝缘带密封断开零件的开口处，防止湿气和异物进入。

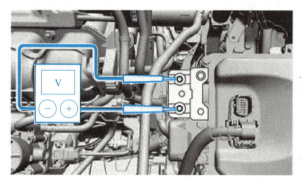

图 7-23 检查端子电压

图 7-24 断开排放软管

⑦ 断开吸入软管分总成。

a. 如图 7-25 所示,拆下螺栓并从带电动机的压缩机总成上断开吸入软管分总成。

b. 从吸入软管分总成上拆下 O 形圈,使用乙烯绝缘带密封断开零件的开口处,防止湿气和异物进入。

⑧ 拆卸带电动机的压缩机总成。

a. 如图 7-26 所示,分离 2 个卡夹。

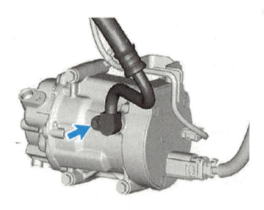

图 7-25 断开吸入软管

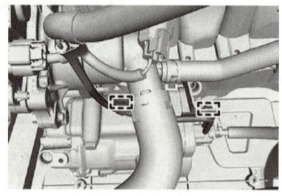

图 7-26 分离 2 个卡夹

b. 如图 7-27 所示,佩戴绝缘手套,使用螺丝刀滑动连接器(A)的绿色锁(a)以将其松开并断开连接器,用绝缘胶带将断开的端子和连接器绝缘。

c. 断开连接器(B)。

d. 如图 7-28 所示,拆下三个螺栓。

⑨ 检查压缩机机油。

如图 7-29 所示,更换新的带电动机的压缩机总成时,逐渐排放维修阀中的气体,并在安装前从新的带电动机的压缩机总成中排出以下量的机油。从新压缩机中排出的油量=新的带电动机的压缩机总成中的机油容量(110~125mL)-拆下的带电动机的压缩机总成中的残余油量。

如果安装新的带电动机的压缩机总成时没有排出一些机油,由于车辆管路中有残余的机油,油量会过大。系统内存在过多机油会妨碍制冷剂循环内的热交换,从而导致冷却不足。如果旧的带电动机的压缩机总成中残余的油量过少,则检查空调系统是否漏油。务必使用厂

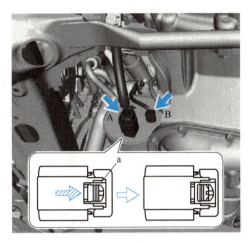

图 7-27 断开连接器

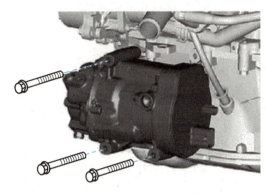

图 7-28 拆下带电动机的压缩机总成

家指定的压缩机油,否则压缩机总成绝缘性能将下降,从而导致漏电。

⑩ 安装带电动机的压缩机总成。

a. 按图 7-30 所示顺序用 3 个螺栓安装带电动机的压缩机总成,扭矩:25N·m。

图 7-29 排出新压缩机一定量的机油

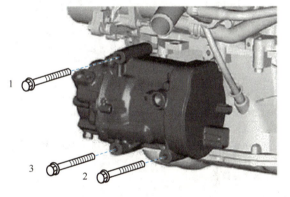

图 7-30 安装带电动机的压缩机总成

b. 连接连接器(B)。

c. 如图 7-31 所示,佩戴绝缘手套,连接连接器(A)并滑动绿色锁以将其牢固锁止。

d. 接合两个卡夹。

⑪ 连接吸入软管分总成。

a. 从吸入软管分总成上拆下乙烯绝缘带。

b. 在新 O 形圈和带电动机的压缩机总成的装配面上充分涂抹压缩机油。

c. 将 O 形圈安装到吸入软管分总成上。

d. 用螺栓将吸入软管安装到带电动机的压缩机总成上,扭矩:9.8N·m。

⑫ 连接排放软管分总成。

a. 从排放软管分总成上拆下乙烯绝缘带。

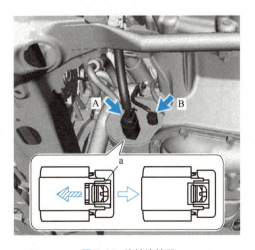

图 7-31 连接连接器

b. 在新O形圈和带电动机的压缩机总成的装配面上充分涂抹压缩机油。
c. 将O形圈安装到排放软管分总成上。
d. 用螺栓将排放软管安装到带电动机的压缩机总成上,扭矩:9.8N·m。
⑬ 安装发动机底罩。
⑭ 安装维修塞把手。
⑮ 连接蓄电池负极端子。
⑯ 加注制冷剂。
⑰ 压缩机暖机,检查制冷剂是否泄漏。

学生项目实施评价表

你是否在教师的帮助下达成下面的任务目标?	是	否
知识目标		
掌握电动水泵的构造和工作原理 理解电动水泵的控制原理 具备维修电动空调压缩机的高压电防护能力	☐	☐
掌握电动空调压缩机的构造和工作原理 理解电动空调压缩机的控制原理	☐	☐
能力目标		
你是否能对混合动力汽车维修进行高压电安全操作?	☐	☐
你是否会更换水泵和运用故障诊断仪检查模式完成发动机冷却液补充?	☐	☐
你是否能更换电动空调压缩机和检查压缩机机油?	☐	☐
你是否能在更换电动空调压缩机时对高压电进行安全防护?	☐	☐
素质目标		
你是否认识到混合动力汽车维修的高压危险?	☐	☐
你是否具备了混合动力汽车维修的安全意识?	☐	☐
完成情况 所有上述表格必须是肯定回答。如果不是,应咨询教师是否需要增加学习活动,以达到要求的技能。 教师评语: 教师签字: 学生签字: 完成时间和日期:		

四、知识与技能拓展

博世 iBooster 电制动系统

博世 iBooster 系统是针对新能源汽车开发的一款电制动系统,其构造如图 7-32 所示。
与常规液压制动系统不同的是,当驾驶员踩下制动踏板时,输入杆推动助力器阀体,同

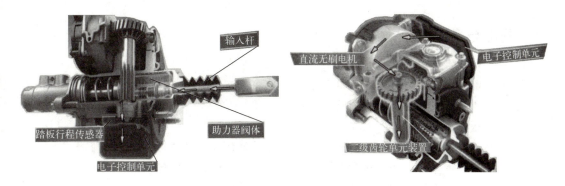

图 7-32 博世 iBooster 电制动系统结构

时踏板行程传感器把信号传给电子控制单元，电子控制单元处理信号之后，将信号传给电机，电机驱动齿轮放大机构，与输入杆一起推动助力器阀体，最终推动制动缸，实现制动。推动制动缸的力来自电机和输入杆，摆脱了传统的真空助力器，适用于混合动力汽车和纯电动汽车。电制动和传统的制动相比主要有以下优点。

1. 可以在同一车辆上实现多种制动模式和驾驶风格

传统的液压真空助力制动很难在同一辆车上实现不同风格的制动模式，也就是说你踩多少，制动力度就是多少。但 iBooster 制动可以根据电信号调节制动力度，所以很轻松在同一辆车上，实现多种模式的制动效果，驾驶者甚至可以自行调节制动灵敏度（如果厂商开放这方面权限的话）。另外，对于不同品牌和同品牌的不同车型，也能根据设计需求，调整制动的响应和反馈风格，让车辆更具乐趣。

2. 该系统不受真空助力影响，同时结合再生制动系统，可以平稳均衡行驶

由于采用电力作为制动力来源，iBooster 制动技术的最大好处就是脱离了以前的真空助力设备，也就是不用发动机或者电动泵带动真空助力泵来帮助刹车，简化了制动系统。同时，这套新技术也可以与再生制动等电制动手段结合，满足日常刹车的要求，降低制动系统的磨损，同时也能通过电机的反向作用，弥补刹车踏板在制动能量回收等状态下的力度反馈，让驾驶更为顺畅。

3. 可以和预防碰撞系统、自适应巡航等系统匹配

采用电控技术之后，iBooster 和各种主被动安全设备的合作也显得非常自然，包括帮助驾驶者实现自动或者紧急状态下的制动，这在 ACC、预防碰撞等功能中都是需要的。长远来看，iBooster 与未来的自动驾驶技术也有很好的合作前景。

五、项目小结

本项目主要对电动水泵和电动空调压缩机的构造、工作原理和控制原理（电路）等知识与电动水泵和电动空调压缩机拆装方法进行了讲解。通过本项目的学习，使读者掌握以上知识的同时认识到混合动力汽车冷却系统的水泵和空调系统的压缩机和常规内燃机汽车的不同，并会拆装电动水泵，运用故障诊断仪完成发动机冷却系统的冷却液补充，会拆装电动空调压缩机，对高压电进行防护和对压缩机机油进行检查。

思考与练习

1. 混合动力汽车的冷却系统和常规内燃机汽车的冷却系统有何不同?
2. 混合动力汽车的冷却系统的电动水泵有什么优点?
3. 讲述电动水泵的基本组成与构造。
4. 电动水泵是如何工作?
5. 混合动力汽车补充冷却液后进行泄漏检查时为什么要将发动机置于检查模式?
6. 混合动力汽车的空调系统和常规内燃机汽车的空调系统有何不同?
7. 混合动力汽车的空调系统的电动压缩机有什么优点?
8. 讲述电动空调压缩机的基本组成。
9. 电动空调压缩机是如何工作的?
10. 更换电动空调压缩机时,为什么要测量从新压缩机中排出的油量?排出的油量是如何控制的?

参 考 文 献

[1] 左思汽研. 2022年全球和中国混合动力汽车研究报告［R/OL］. 2022-07-27.
[2] 谭克诚. 混合动力汽车构造、原理与检修. 北京：化学工业出版社，2016.
[3] 杨光明. 新能源汽车结构与原理. 北京：化学工业出版社，2019.
[4] 徐东. 新能源汽车技术. 北京：化学工业出版社，2022.
[5] 张亚宁. 新能源汽车技术. 北京：化学工业出版社，2021.